변화하는 문화, 변화하는 리더

넥스트 리더십

| 에디 깁스 지음 · 이민호 옮김 |

쿰란출판사

Leadership Next

LeadershipNext

Originally published by InterVarsity Press as LeadershipNext by
Eddie Gibbs. © 2005 by Eddie Gibbs. Translated and printed by
permission of InterVarsity Press. P.O.Box 1400, Downers Grove, IL 60515, USA
Korean Edition 2010 © by Qumran Publishing House
All rights reserved.

추천사

우리 함께 퍼즐을 하나 풀어 보자. 나는 꽤 오랫동안 이 퍼즐을 풀지 못해 전전긍긍했다. 분명 답이 있으리라는 것은 알고 있었지만, 매번 좌절할 수밖에 없었다. 얼마 전 다른 사람이 이 퍼즐을 푸는 것을 보고 나서야 비로소 그 '비법'을 알게 되었다.

지시 사항은 다음과 같다.

종이에서 연필을 떼지 않은 채, 직선 4개로 점 9개를 모두 연결하시오.

얼마나 간단한가? 한번 해 보길 바란다.

• • •

• • •

• • •

처음 접한 사람은 도대체 어떻게 이 퍼즐을 풀어야 할지 당황스럽겠지만, 비법을 이미 알고 있는 사람이라면 간단히 풀 수 있을 것이다.

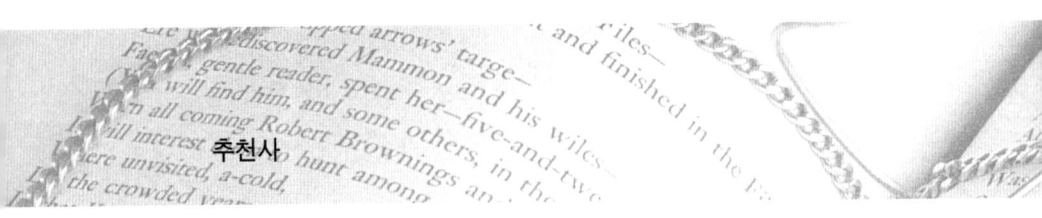

추천사

이것이 바로 문제의 핵심이다. 에디 깁스의 저서 《넥스트 리더십》은 서구사회에 불어 닥친 문화 변동 속에서도 자신의 교회를 성공적으로 이끌고 있는 리더들을 연구하여, 우리에게 그 비법을 알려주고 있다. 이 책을 통해 독자들은 에디 깁스가 발견한 비법을 공유할 수 있을 것이다. 그가 이 책에서 제시하고 있는 비법은 바로, "해묵은 사고의 틀에서 벗어나라!"(Don't rely on old ways of doing things!)는 것이다.

아직도 위의 퍼즐을 풀지 못해 고민하고 있는가? 오늘날 많은 교회 지도자들 또한 그와 같은 상황에 처해 있다. 그들은 왜 자신들이 받은 훈련이나 그간의 경험이 현실적 문제와 도전들을 해결하는 데 아무런 도움이 되지 않는지 의아해한다. 사실, 21세기 교회성장의 열쇠는 지금까지와는 전혀 다르다. 이제 과거의 전략은 통용되지 않는다.

예수께서는 역설적 표현을 사용하여 기독교 신앙의 핵심이 무엇인가를 가르쳐주시곤 하셨다.

네 원수가 배고파하거든 음식을 먹이라.

부유코자 한다면, 네가 가진 것을 먼저 드려라.

누군가 한쪽 뺨을 치거든, 다른 쪽 뺨도 마저 내밀어라.

구원 받기를 원한다면, 네 목숨을 버려라.

《넥스트 리더십》은 오늘날 교회들이 필요로 하는, 효과적인 교회 리더십에 대해 이야기하고 있다. 그런데 그것은 지금까지와는 다른 사고방식, 행동방식을 요구한다. 이처럼 우리에게 '새로운' 전략이 필요한 까닭은 현재 우리가 처한 상황과 시대의 흐름이 예전과 다르기 때문이다. 그리고 우리가 교회들을 이끌고 가야 할 곳은 과거가 아니라 미래이기 때문이다.

이 책에 담겨 있는 날카로운 통찰들에 당황하거나 긴장할 수도 있겠지만, 그만큼 당신은 유용한 정보와 지혜를 얻을 수 있을 것이다. 밤이 낮으로 바뀌듯, 시야가 트이고 전체를 조망할 수 있는 분별력과 새로운 사고방식을 발견하게 될 것이다. 꼭 잊지 말기 바란다. 해답의 열쇠는 "해묵은 사고의 틀에서 벗어나는 것"이다.

자, 그럼 퍼즐의 해답이 무엇인지 함께 보자.

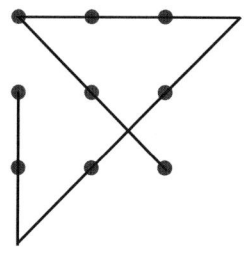

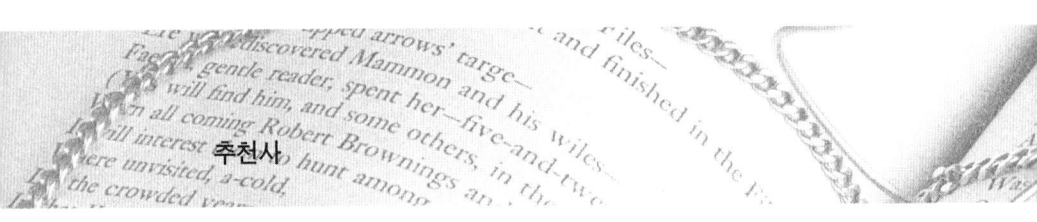

추천사

비법을 알게 된 여러분, 이제는 당신의 동료에게도 이 퍼즐에 대해 알려주길 바란다. 여전히 교회가 처한 문제 앞에서 어찌할 줄 몰라 암담해하고 있는 목회자에게, 교회성장의 퍼즐을 어떻게 풀어야 할지 고민하고 있는 평신도 리더들에게 문제해결의 '비법'을 담고 있는 이 책을 권장해 보길 바란다.

2010년 9월 20일
찰스 안
캘리포니아 몬로비아 Church Growth, Inc. 대표

옮긴이 서문

　우리는 습관적으로 '리더십'과 '성공'이라는 단어를 연결시키곤 한다. 그리고는 공동체의 성장과 발전의 책임을 리더에게 묻는다. 실제로 한 시대가 안정과 평온을 누릴 때에는 현명하고 성실한 리더십이 빛을 발하며, 리더는 계획한 바를 차근차근 실행에 옮기고 끝내 성공이라는 두 글자를 품에 안는다. 그렇게 근대의 문턱을 넘어선 후, 꽤 오랫동안 우리는 많은 성공 신화 앞에서 감동과 은혜의 역사를 체험해 왔다.

　그런데 곰곰이 생각해보면, 리더십-성공, 이 둘을 잇는 이음선 '-'이 의미하는 바가 늘 동일한 것만은 아니다. 이 짧은 선 안에는 '시대와 사회', 즉 시공간적 현실에 대한 치열한 고민이 감춰져 있다. 더욱이 한 치 앞도 가늠할 수 없는 격동의 시대에는 모든 계획과 경험적 지식이 쉽사리 좌절로 변모하기 때문에, 고민은 점점 더 치열해진다.

　이 책의 저자, 에디 깁스는 지금의 시대를 문화적 대변동의 시대라고 진단한다. 엄밀히 말해 그 말 자체는 그다지 새로울 것이 없다. 현대의 우리들은 늘 변화의 소용돌이, 격변, 혼란 등의 용어에 둘러싸여 살아가고 있기 때문이다. 하지만 이 변혁의 흐름상에서 교회 공동체가 리더십의 위기를 절감하고 있다는 지적에는 반문의 여지가 없을 것이다. 시대적 현상을 정확히 진단하고도 별다른 출구를 찾지

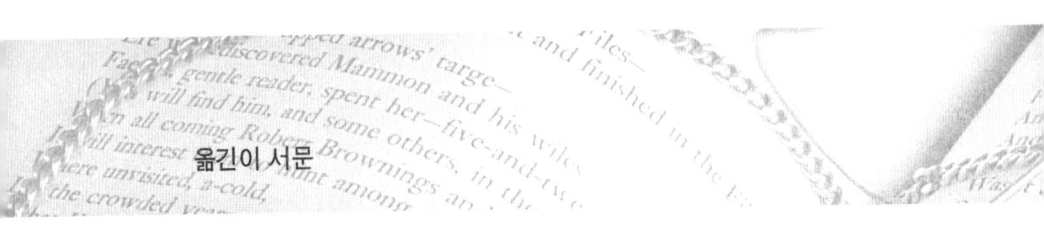

옮긴이 서문

못하고 있는 상황에서는 더욱 그렇다. 이 책을 시작하며 저자가 던지는 질문에 당황해하는 리더들도 있을 것이다. "그 모든 리더들은 어디로 갔는가?" 아니, 그 모든 리더들은 예전과 다름없이 자신의 자리에서 자신의 임무를 묵묵히 수행하고 있다. 다만 그 노력의 결과가 예전과는 다를 뿐이다.

저자는 이 시대에 교회 공동체와 리더들이 자신에게 주어진 사명을 감당하고 성장을 이어나가기 위해서는 '변화와 혁신'이 필요하다고 대답한다. 리더십의 변화, 교회의 변화. 주목해야 할 점은 그 대답이 단순한 이론적 탐구의 결과물이 아니라는 사실이다. 에디 깁스는 이 책에서 세계교회의 흐름을 성경적 관점으로 관찰, 분석한 후, 풍부한 현장 경험과 조사결과를 바탕으로 교회 리더십이 나아가야 할 방향을 구체적으로 제시하고 있다.

그는 교회는 물론 경제, 정치 분야에서의 성공 사례들과 현장 리더들의 생생한 체험담을 토대로 미래교회 공동체의 실질적인 모델을 제공하고 있다. 이는 변화를 지향한다 해도 그 '변화'가 의미하는 바, 그리고 변화의 구체적인 모델을 찾지 못해 고민하고 있는 리더들에게 유용한 청사진이 되어 줄 것이다.

이 책은 선교적 교회론에 기초하여 교회의 사명과 넥스트 리더십에 대해 논하고 있다. 포스트모더니즘 시대에 돌입한 후, 다원화된 문화와 교회의 미래, 선교에 관해 선교본질론, 복음환원주의(reductionism of the gospel) 등 여러 논의가 있어 왔다. 국내에도 선교적 교회론에 입각하여 선교에 대한 발상을 전환하고 선교와 교회 리더십을 일원화시키기 위해 애쓰는 교회나 선교단체들이 있지만, 아직까지 한국 교회들에게 '선교적 교회론'은 낯선 외국의 이론인 것이 사실이다.

하지만 다문화사회, 포스트모더니즘 문화 속에서 북미 및 유럽 교회들이 겪고 있는 문제들은 동시대 문화적 변동을 경험하고 있는 한국 교회들에게도 해당된다. 이 문화간의 갈등, 계급적 세대적 격차, 교회의 정체화, 노령화 등은 이미 한국 교회들이 직면하고 있는 도전들이며, 이러한 현실을 직시하고 있는 교회들은 '변화의 필요성'을 실감하고 있다. 이 책은 그러한 교회들에게 변화와 혁신의 한 방향을 명확히 제시하고 안내자의 역할을 톡톡히 해 줄 것이다.

이밖에도 이 책은 교회 리더십의 기능과 유형이 주어진 사명을 감당하기 위해 앞으로 어떻게 변화해야 하는가를 상세히 논하고 있다. 책 서문에서 저자가 책의 목적, 예상 독자는 물론 각장의 중심 테마까지 충분히 개괄하고 있기에 여기서 따로 설명하는 것은 불필요할 듯하다. 다만 이 책을 조금이나마 먼저 읽은 독자로서 사족처럼 한 가지 덧붙이자면, 이 책에서 말하는 '변화'가 지극히 현실적인 요구

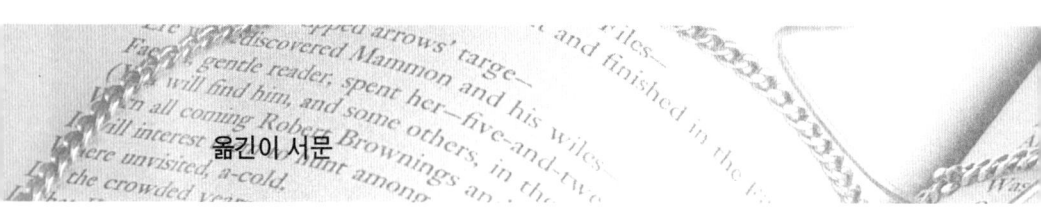

옮긴이 서문

라는 것이다. 한국 사회와 교회 문화에서 변화와 혁신은 그리 달갑게 받아들여지는 사고가 아니다. 늘 필요성을 절감하면서도 막상 현실에서는 단행하지 못하는 경우가 허다하다. 하지만 이 책을 읽다 보면, 혁신이란 미래지향적인 이상이나 전복의 움직임이 아니라 오늘날 우리가 대면하고 있는 문제들과 난관을 헤쳐나가기 위해 꼭 필요한, 지극히 현실적인 요구임을 알 수 있다. 이 책을 통해 리더십-성공을 잇는 열쇠, 성공적인 교회 리더십이 이 시대 교회의 존재방식(being the church)에 대한 고민에서 출발함을 인식하고, 그 고민을 함께해 줄 동반자를 만나보길 희망한다.

2010년 9월 20일
옮긴이 이민호

서문

○ 한국 독자들에게 드리는 글

이번 기회를 통해 《넥스트 리더십》을 한국 교회에 소개할 수 있게 되어 매우 기쁘게 생각한다. 한국 교회는 이미 문화적·종교적으로 상당한 발전을 이룩하였고, 지금도 의미 있는 도전을 준비하고 있다. 한국 교회의 이러한 사례는 북미와 유럽 교회의 젊은 지도자들에게 이로운 자극이 될 것이다.

이 책은 서양 문화를 토대로 그 위에 세워진 교회들을 위주로 연구하였다. 그럼에도 불구하고 내가 아끼는 많은 한국 신학생들은 북미, 유럽 교회들에서 나타난 여러 가지 이슈들이 오늘날 한국 교회에서 발생하고 있는 이슈들과 많이 연관되어 있다고 동의하였다. 오늘의 세계 경제 상황을 볼 때, 많은 아시아 국가들은 선진 기술 국가로 급성장하고 있는데, 그중에 한국이 대표적인 국가이다.

북미, 유럽 지역의 전통적 산업 경제는 지식 경제로 발전·성장하는 데 250년이라는 기간이 소요되었지만, 한국은 이러한 경제 발전을 단 50년 안에 이루어냈다. 이러한 관점에서 볼 때 오

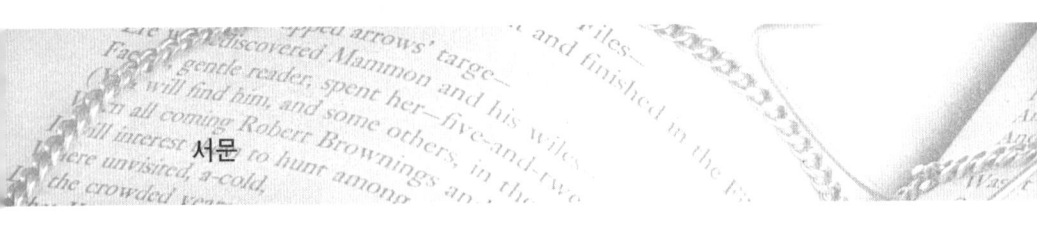

서문

늘날에는 북미, 유럽, 그리고 아시아의 세계관은 함께 공존하며 상호 작용하고 있다. 교회뿐 아니라 사회의 모든 기관들에게 유례 없는 도전을 던지고 있다.

만약 정치·경제적 영역의 지도자들이 어려움을 체험한다면 이러한 상황은 교회 지도자들에게 더 큰 어려움이 될 수 있다. 교회는 무덤에서 요람까지 거쳐 가는 모든 사람을 진심으로 환영하는 곳이며, 개인 삶 전체 영역에 그리스도의 복음의 영향력을 주는 곳이다. 다시 말해, 교회의 지도자들은 복잡하게 얽힌 오늘의 현실을 읽어 내고, 모든 세대와 계층의 교인들에게 명확히 설명해야 한다.

하지만 오늘의 교회는 기성 세대들이 감정적으로 받아들일 수 있는 변화가 제한적이기 때문에, 문화의 변화 가운데 보수적 성향으로 치우치는 경향이 있다. 교회가 기성 세대들을 돌본다는 명분 아래 부모와 조부모 세대와 너무나 다른 환경에서 자라온 자녀들과 손자 세대를 소외시킬 수는 없다.

《넥스트 리더십》은 우리를 오늘날까지 있게 한 기성 세대들의 노고와 희생을 무시하지 않으면서도, 교회의 미래를 걱정하는 리더들의 어려움에도 관심을 기울이고 있다. 또한 이 책은 리더십에 대한 성경적인 관점을 오늘날의 문화적 맥락에 적용하고

있으며, 영적 리더십의 핵심으로서 리더의 인격에 초점을 맞추고 있다.

나는 이 책이 한국 교회의 문화적 상황 안에서 계속적으로 논의되며 실험되는 데 공헌할 수 있기를 기도한다. 한국 교회는 전 세계 교회에 너무나 많은 공헌을 하고 있다. 나는 한국 교회가 커다란 문화적·지정학적 변화의 소용돌이 속에서 어떻게 생존할 뿐 아니라 부흥할 수 있는지를 몸소 보여줌으로써, 세계 교회에 더 많은 기여를 할 수 있으리라 확신하고 있다.

미국 캘리포니아 주 패서디나
에디 깁스

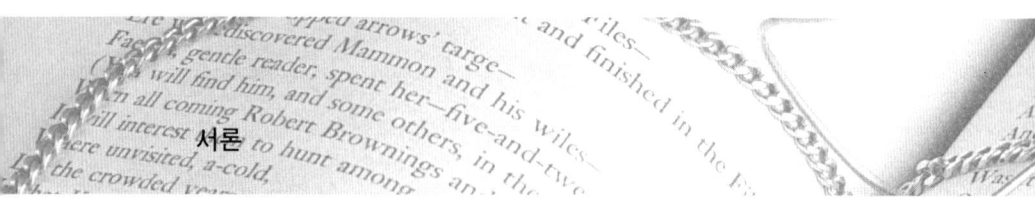

서론

○ 모든 리더들은 어디로 가버렸는가?

리더십은 신경을 많이 써야 하는 피곤한 작업이다. 리더들은 매일 새로운 도전에 직면하고 더 많은 결정을 내려야 한다. 그렇기 때문에 어떤 일을 지속적으로 추진해 나간다는 것은 매우 어렵다. 리더가 한 번 지치거나 정체되기 시작하면, 그는 장애물로 전락할 위험을 안고 있다. 우리의 일상에서도 그렇다면, 주변 문화가 뒤바뀌는 전환기의 상황에서는 더욱 그러할 것이다. 오늘날 우리는 전 세계적으로 놀라울 정도로 커다란 문화적 변화가 일어나는 것을 목도하고 있다. 특별히 선진국이나 기술 문명의 세계적 중심지인 도시들에서 확연히 관찰된다.

많은 기관과 조직들은 문화적 대변동의 흐름 속에서 리더십의 위기를 경험하고 있다. 대부분의 리더들은 수십 년 동안 열심히 일한 결과 조직의 정점에 오른 사람들이다. 그들은 수십 년간 열심히 일하면서 자신들이 쌓아 온 경험에 근거하여 자신만의 통찰력과 기술을 발전시켜 왔다. 그러나 이제 리더들은 자신들이 리더십을 펼쳐야 하는 이 시대가 그들이 커리어를 쌓아 왔던 과

거와는 매우 다르다는 것을 깨닫고 있다. 이 시대는 생소하고, 때로는 이해가 불가능하며, 너무나 많이 변해 있다. 내가 40년 전에 받았던 사역 훈련들은 이제는 이미 없어져 버렸거나, 극심한 변화를 겪고 있던 시대를 위한 훈련이었다. 그 결과 리더들이 직면한 커다란 도전은 새로운 지식과 기술을 습득하는 것뿐 아니라, 이미 알고 있는 지식을 떨쳐 버리는 것도 포함한다. 오늘날의 리더들은 자신의 오도된 자신감을 과감히 내버리고 선입견, 고정관념, 구시대적 사고방식 등을 제거할 수 있는 용기와 능력이 필요하다.

앞에서 말한 이 작업은 상당수의 리더들에게 매우 힘든 일이다. 그래서 리더십 훈련이 일종의 커다란 산업으로 발전해 왔다. 이 리더십 훈련이란 대개 두 가지 문제를 다루는 것이다. 첫째, 어떻게 리더를 전 세계적인 흐름을 이해하는 사람으로 다시 교육할 수 있는가의 문제이다. 둘째, 어떻게 새로운 세대의 리더들을 발견해 내고, 지원하며, 훈련하여 그들이 자신의 통찰력과 사업가적 기술을 활용하도록 할 것인가의 문제이다.

워런 베니스(Warren Bennis)는 "다음 세대의 리더들은 어디에서 올 것인가?"라고 질문했다.[1] 이것은 경영, 교육, 의료, 군사, 정부를 포함하여 모든 조직에서 일하는 리더들이 반드시 물어야

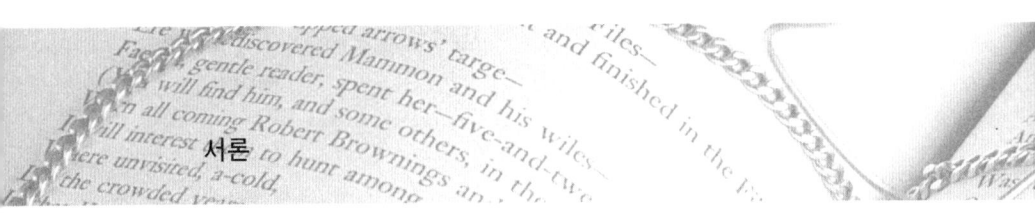

서론

하는 질문이다. 물론 교회도 예외가 아니다.

　이 책의 중심 테마는 교회의 리더십이지만, 리더십이라는 주제는 더 큰 맥락 속에서 다뤄져야 한다. 그렇게 함으로써 교회의 리더들은 자신들에게 다가오는 변화의 소용돌이가 교회에만 국한되지 않음을 알게 될 것이다. 문화적 격변은 매우 팽배해 있다. 이런 문화적 변동의 원인으로 서구 교회의 '주변화' 만을 생각하는 것은 옳지 않다. 그렇다고 줄어드는 신자들, 혹은 너무 과도하게 사용된 교회 재원의 탓만으로 돌릴 수도 없다. 사실은 교회가 엄청난 규모의 문화적 변화를 겪고 있다는 것에 원인이 있다. 우리 주변에서 일어나는 변화의 대부분은 더 이상 예측이 가능하거나 점진적으로 다가오지 않는다. 그것은 예상할 수 없으며, 혼란을 일으킨다.

　이 시대의 징조를 정확하게 읽고 해석해 내지 못한 교회들은 어두운 미래를 맞을 것이다. 유럽과 호주를 통틀어서 이것은 명확한 사실이 되고 있다. 유럽과 호주에서는 교단 구조가 점점 약해지고 거의 붕괴 직전까지 갔다. 물론 그들의 교단 구조가 북미와는 매우 다르다 할지라도, 그와 같은 문화적 변화는 전통적인 북미 교단에도 심각한 영향을 미치고 있다. 이런 경향은 미국보다는 캐나다에서 더욱 심하게 나타나고 있다. 왜냐하면 미국은

서구 사회 속에서 교인들의 숫자가 상대적으로 많은, 특이한 사례에 속하기 때문이다. 하지만 미국도 이런 경향에서 완전히 자유로운 것은 결코 아니다.

지난 30-40년 동안 출석 교인의 숫자가 줄고 있다는 사실을 부인할 사람은 거의 없을 것이다. 이제 남은 논쟁거리는, 인구 중 몇 퍼센트가 실제로 교회를 다니냐는 것이다. 여론 조사 결과는 대략 39-40% 사이의 인구가 교회를 출석하고 있다고 예측하고 있다. 하지만 실제 교회들이 보고하는 출석 교인 자료에 근거한 연구들은 18%라고 예측하고 있고, 만약 한 달에 한 번 나가는 사람들까지 합할 때에는 25%까지 올라간다고 주장하고 있다. 이것을 지역별로 나눠 본다면, 중서부와 남부가 가장 높은 교회 출석률을 나타내고, 동부나 서부의 해안 지역은 가장 낮은 비율을 보인다.

1960년대 중반 이래로 북미는 네 가지 조류에 직면하고 있다. 이 네 가지 흐름이 합해지면, 북미를 유럽이나 호주의 전철을 밟도록 하는 자극제가 된다. 첫 번째 흐름은 주류 교단에서 교인들이 줄고 있다는 점이다. "주류" 교단이라 불리던 전통적인 교단들은 현재 "주변" 교단이 되었다.[2] 두 번째, 유럽 교회와도 같이, 북미의 교회들은 35세 이하의 교인들을 심각할 정도로 빠르게

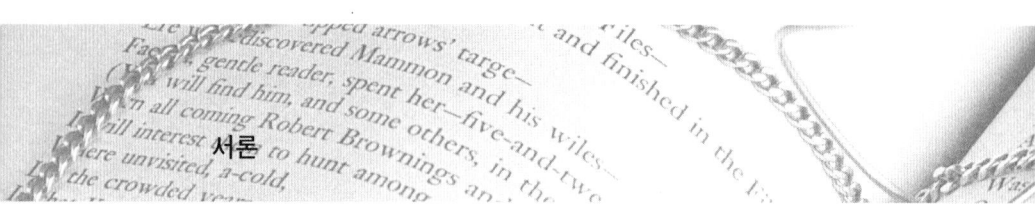

서론

잃고 있다. 세 번째, 교인이 줄어들고 교회 운영비가 늘어나면서, 많은 교회들이 교회 자체를 유지하는 것에 힘들어 하고 있다. 네 번째, 주류 교단에서 정년에 가까워지거나 아예 정년을 넘긴 목회자들을 대신할 후속 젊은 목회자들이 줄어들고 있다.

그러나 미국에서는 이런 심각한 경향이, 종교적인 기업가 정신의 결과로 나타난 상당수의 초대형 교회들의 출현, 교회 개척 운동 등 때문에 어느 정도 감춰지고 있다. 이런 초대형 교회나 교회 개척 운동은 기존 교회를 떠난 사람들의 일부를 흡수하고 있다. 하지만 이런 식의 성공은 모두에게 적용되는 새로운 성장의 경향이라고 보기는 어렵다. 사실 기존에 존재했던 출석 교인을 재분배하는 것에 지나지 않는다. 더 나아가, 이런 운동들은 이미 진행 중인 교인 감소의 경향을 되돌릴 만큼 강력한 영향을 미치지는 못하고 있다.

다른 서구 국가에서 뚜렷이 보이는 출석 교인의 감소와는 달리 미국은 어느 정도 유동적이다. 제2차 세계대전 이후 교외 지역이 급속도로 발달하면서 백인들은 교외로 나가게 되었고, 복음주의적 교회와 교회 개척의 열정도 그들을 따라 교외로 따라 나섰다. 이것은 도시에 있는 나이가 많고 가난한 백인들을 내버려 두는 결과를 낳았다. 그리고 이런 도시 중심부는 활발한 흑인

교회의 본산지였고, 나중에는 여기에 중남미, 아시아(특히 한국)에서 온 이민자들이 세운 '상점 교회'(storefront church)들이 합세했다. 이렇게 생긴 많은 교회들은 기존 교회 건물에 세를 얻어 들어가거나 나중에는 아예 건물을 사기도 했다. 그 교회 건물들은 교외 지역으로 나가 버린 교회가 남긴 건물이거나, 아니면 교인의 숫자가 거의 없어져 사라져 버린 교회의 건물들이었다.

미국에서 나타나는 교인 감소의 경향은 '베이비 부머'의 등장으로 인해 어느 정도 무마되었다. 1980년대와 1990년대 초반에 걸쳐서, 과거 베트남 전쟁과 워터게이트 사건 등으로 교회를 등지고 떠나버린 상당수의 베이비 부머들이 교회로 다시 돌아왔다. 많은 베이비 부머들은 결혼을 하고 가정생활을 시작하면서 교회에 대해 새롭게 생각하기 시작했다. 더 나아가, 다시 교회로 돌아온 베이비 부머들 중 80%는 자신이 자라 온 교회와는 다른 교회를 선택한 것으로 보고되었다. 사실 많은 사람들은 더 이상 교단적 전통에 의해 교회를 선택하지 않는다. 대신에 구도자적 열정에 이끌리거나 자신의 필요를 충족시키는 양질의 다양한 교회 프로그램을 보고 교회에 등록하고 있다.

소비자의 관점에서 기독교 사역을 펼치는 것을 통해 이런 사람들을 많이 끌어들일 수 있었다. 하지만 대부분의 교회는 성도

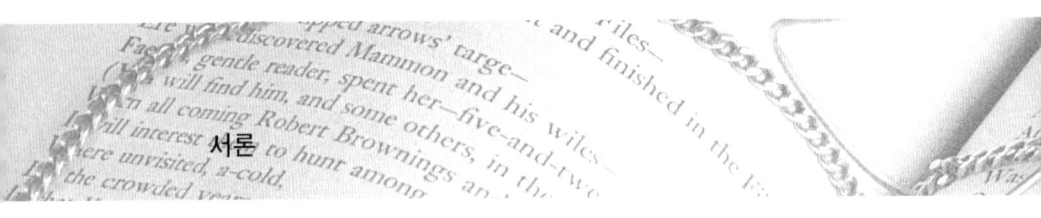

서론

들의 삶을 변화시키지 못했고, 성도들에게 격려, 영적 성장, 책임감, 사역 등을 제공할 수 있는 개인적인 친분 관계를 맺는 것도 실패했다. 옛말에 "쉽게 오면 쉽게 간다"는 것이 교인들, 특히 다시 교회로 돌아온 베이비 부머들에게 잘 들어맞는 말이 되었다. 많은 사람들은 신선한 종교적 자극, 흥미, 재밋거리 등을 찾아 교회를 바꾸었다. 미국은 서구에 비하면 매우 활발한 종교 시장을 갖고 있는데, 헌신은 피하면서도 재미는 추구하며 교회를 찾아 쇼핑하듯이 돌아다니는 사람들의 비율이 늘어나고 있다.[3]

미국, 유럽, 호주에서는 교회에서 35세 이하의 젊은이들의 숫자가 줄고 있다.[4] 이것을 설명하는 여러 가지 접근법이 있겠지만, 가장 흔한 설명은 예배의 스타일이 너무 낡았거나 혹은 설교가 환경 보존, 성적 관심, 삶의 질, 인터넷, 가상 사회와 같은 젊은이들이 일상에서 부딪히는 문제를 무시한다는 것이다.

이 책은 그동안 자주 간과되어 왔던 주제를 다룰 것이다. 그것은 35세 이하의 젊은이들이 교회를 떠나는 현상과 리더와 무슨 관계가 있느냐는 것이다. 젊은이들은 통제의 문화, 소극적인 권한 위임의 문화가 지배하는 교단과 조직에서 떠나고 있다. 이런 식의 리더십 스타일은 40세가 넘은 사람들에게서 주로 나타난다. 그들이 생각하는 리더십과 조직 관리는 계획(Plan)하고, 이끌

고(Lead), 조직(Organize)하고, 통제(Control)하는 순서로 진행된다. 이런 식의 낡은 리더십은 정보가 제한되고 독점되며, 상황 예측이 가능하고, 변화도 순차적으로 일어나는 상황에서는 어느 정도 통했다. 하지만 그런 환경은 더 이상 존재하지 않는다. 게리 헤멜(Gary Hemel)이 기업 경영가들에게 물어 본 질문은 "우리는 세상이 변화하는 속도만큼 빠르게 배우고 있는가?"였다.[5] 문화적 격동기에, 교회는 현재의 리더십 구조가 견고하며 성경적으로 검증을 받은 것이기에 안전하다는 식의 잘못된 관념에 안주해서는 안 된다.

이 책은 젊은 리더들에게 초점을 맞추면서도 특별히 교회를 개척하거나 새로운 운동을 일으킨 리더들, 혹은 기존의 교회 안에서 참신한 구조를 발전시킴으로써 선교적 책임감을 다하려는 리더들에게 주목하고 있다. 물론 장로교, 성공회, 조합 교회 등 다양한 교단적 전통 안에서의 리더십 문제를 모두 다루기 위해서는 책 한 권으로 부족할 것이다.

우리가 머릿속에 갖고 있는 사도, 선지자, 복음 전하는 자, 목사, 교사와 같은 직임은 우리가 생각하는 것 이상으로 근대성이라는 관념 체계에 의해 굴절된 것일 수 있다. 그러므로 우리는 1세기나 2세기의 기독교 관점에서 이 직임들을 재검토할 필요가

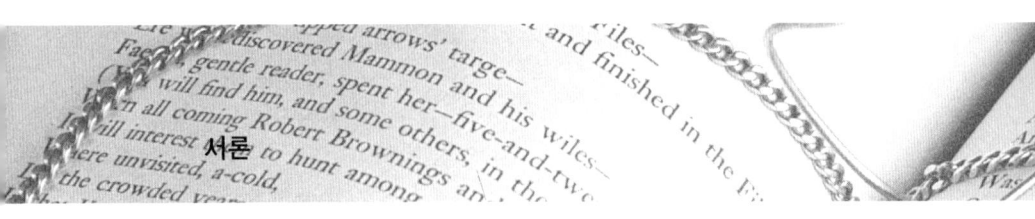

서론

있다. 초대 교회는 어떻게 그렇게 짧은 기간 동안 그 많은 리더들을 훈련하고, 파송함으로써 지중해 일대에 많은 교회를 개척할 수 있었을까? 어떻게 1세기의 기독교회는 문화적으로 주변부에 밀려 있었으며, 다신교의 도전을 받았고, 교회 부지나 훈련 센터를 갖지도 못했으면서 그렇게 빨리 부흥하고 성장할 수 있었을까?

1세기나 2세기의 교회와는 대조적으로, 21세기의 교회들은 서구 사회에서 왜 능력 있는 리더들을 많이 배출해 내지 못하고, 기존 교회를 부흥시키지도 못하며, 새로운 교회를 개척해 내지도 못하는 것일까? 더 나아가, 비록 여러 문제는 있지만 성장을 거듭하고 있는 남반구의 교회들에게서 북반구의 교회들은 무엇을 배울 수 있는가? 선교적 기회와 도전이 그 어느 때보다도 많은 지금, 다음 세대의 리더를 규정하는 조건은 무엇이란 말인가? 그리고 어떻게 하면 북반구와 남반구의 교회들이 예수 그리스도의 진정한 제자가 되어 급변하는 세상에서 복음을 충실하게 전할 것인가?

이런 문제들을 다루면서 나는 새로운 방식으로 사물을 보고 일을 수행하는 방법을 알려준 많은 젊은 리더들에게 감사를 표하고 싶다. 그리고 배우려고 하는 열정이 가득한 사람들에게 자

신의 지혜를 기꺼이 나눠 준 고령의 리더들에게도 감사의 마음을 전하고 싶다. 내가 들은 이야기들은 거의 대부분 교회에서 온 것이고, 성경 이외에 읽은 책은 대부분 비즈니스 계통과 관련이 있다. 사실 기업 경영의 세계에서 기독교 작가든, 서구 사회의 세속화가 가져온 도덕적 혼돈과 영적 빈곤함을 극복하려 영적 가치를 찾는 사람들이든, 그들이 다루는 주제는 모두 비슷하였다.

나는 내 연구가 완성되지 않은 진행 중인 작업이라는 것을 잘 알고 있다. 이 세상이 계속 변화하고 혼돈 속에 있기 때문에 나의 작업 역시 진행형일 수밖에 없다. 더욱이 "이머징 교회"(emerging church)는 기존 교단에서 나타나는 현상으로서 네트워킹 운동의 성격을 띠고 있는데, 아직은 젊고 계속 발전하고 있는 상태이다. 어떤 사람들은 이머징 교회가 "운동"이라 불리기에는 아직 응집력이 모자라며 탈중심화되어 있는 상태라고 말한다. 어떤 학자들은 운동보다는 "대화"라는 관점에서 접근하려고 한다. 이머징 교회는 일상의 대화처럼 공통의 가치가 있으면서도 커다란 차이점도 드러내는, 일종의 스펙트럼과도 같다는 것이다.

나는 여기서 내가 만난 리더들의 실명을 거론하는 것을 피하고자 한다. 왜냐하면 너무나 많은 젊은 리더들이 나름대로 노력하고 앞으로 나아가는 과정에서 많은 실패를 경험했기 때문이다.

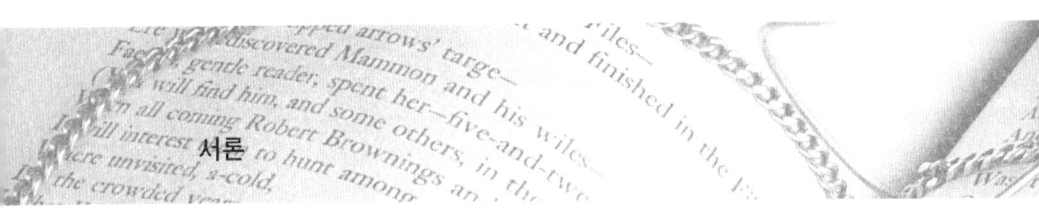

서론

내가 이름을 거명하지 않는 것을 보고 다행이라고 생각하는 모든 사람들에게, 나는 그들의 열정과 약점 모두에 대해서 감사의 뜻을 표하고 싶다. 그들의 열정과 약점은 신선하고 타인에게 힘을 주는 요소들이었다.

첫째로, 나는 두 부류의 독자들을 마음속에 두고 이 책을 집필했다. 세계관이 근대성의 전제와 도전에 의해 형성된 리더들로서, 그들은 아직도 기독교 국가(Christendom)의 관점에서 사역과 전도를 이해하고 있다. 이런 리더들은 전부는 아니더라도 상당수가 40세가 넘은 사람들이다. 다수의 젊은 리더들도 이런 세계관을 가지고 있다. 왜냐하면 그들은 "교회"에 대한 전통적인 관념을 주입받고, 전통적인 전제에 근거한 사역 훈련을 받았기 때문이다. 나도 이런 독자들과 매우 비슷한 부류에 속한다. 나는 그들에게 이머징 교회의 리더들이 사물을 어떻게 다르게 보며, 어떻게 색다른 유형의 리더십을 구사하는지를 보여주고자 한다.

둘째로, 이 책은 나이가 많은 사람이 젊은 리더들에게 주는 권면의 내용으로 채워져 있다. 특히 여러 가지 위험과 사람들에게서 받는 몰이해를 감수하면서까지, 이렇게 외로운 길을 가야만 하는지 고민하고 있는 젊은 리더들에게 보여주기 위해 이 책이 쓰여졌다. 나는 또한 그들이 유의할 점과 맹점들에 대해서 지적

할 것이다. 그 점들은 이머징 교회가 나아갈 방향을 논할 때 반드시 짚어야 할 쟁점이다. 사실 근대와 탈근대는 서로 대화하고 각자의 말을 들어야 한다. 왜냐하면 각각은 그들만의 가치 있는 관점을 갖고 있기 때문이다. 다양한 세계관이 공존하며 다른 문화를 모르고서는 사역이 되지 않는 현재와 같은 상황에서는 더욱 중요한 의미를 띤다. 여러 가지 교회론에 대해 비판을 하는 것은 상당히 신학적인 작업이다. 하지만 그런 신학적 비판은 과거 콘스탄티누스 황제 때나 기독교 국가 시절의 교회론의 관점에서 수행되기보다는, 선교적인 시각과 하나님 나라의 관점에서 수행될 것이다. 이 책은 특별히 교회가 조직 유지의 틀에서 과감히 벗어나 현대 문화를 포용하려고 나설 때 제기될 수 있는 여러 가지 리더십에 관련된 이슈를 다루고 있다. 그렇게 함으로써 나는 기존의 교회론의 공격에 대응하는, 이머징 교회의 젊은 리더들의 접근 방식에 대해서도 신학적 비판을 던지고자 한다.

마지막으로, 나는 이 책을 성공회에서 40년 동안 목회자로 일했던 사람으로서 저술했다. 많은 긴장과 불확실성이 이 시대를 풍미하고 있지만, 나는 오늘날의 도전과 기회를 그 어떤 시대와도 바꾸지 않을 것이다. 서구의 교회는 기독교 국가 시절에 오도된 확실성이 다스리던 시대에서 벗어나 이제는 주님이 원하셨던

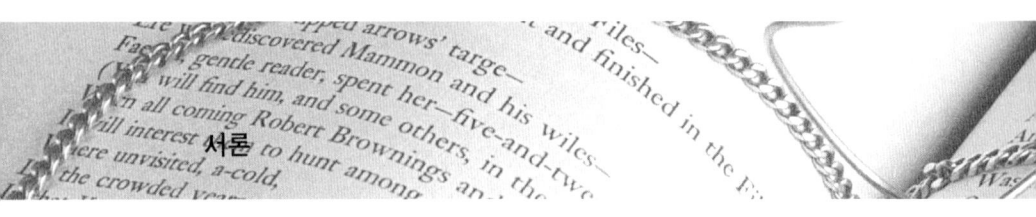

서론

교회로 거듭나야 하는 시점에 있다. 그것은 불확실성 속에서도 그리스도를 변함없이 신뢰하는 것이며, 미지의 미래를 향해 그분을 좇아 나아가는 것이고, 다른 이들을 우리의 신앙의 여정에 초대하여 다 함께 "길이요 진리요 생명이신" 예수 그리스도의 발자취를 따라가는 것이다.

이 책의 개관

1장에서, 나는 예측이 거의 불가능한 급격한 변화라는 문화적 맥락하에서 리더십을 재정의할 것이다. 이런 문화적 변동은 시대의 징조를 파악하여 **빠르고 적절히 대처할 줄 아는 리더**를 요구한다. 이것은 나이가 든 리더들에게는 리더십에 대해 갖고 있는 가정을 되짚어 보고, 새로운 관점과 기술을 배우도록 촉구한다. 그리고 기존의 조직틀에 갇혀 있는 사람들과 더 넓은 문화적 맥락에 노출된 사람들 사이에서 드러나는 리더십 유형의 차이를 확연히 드러내 보일 것이다. 이런 차이는 전적이지는 않지만 부분적으로 세대 차이와 관련되어 있다.

2장은, 리더십의 기능과 유형의 변화는 선택 사항이 아니라 필수 사항임을 주장한다. 정보 혁명 시대는 애매모호함이 그 특

징이다. 한편으로 세계화는 경제적이고 종교적인 권력 집단이 일으키는 거대한 흐름을 드러낸다. 이것은 종종 문명 간의 충돌을 야기한다. 그러나 다른 한편으로 세계화는 정보 교환의 수많은 네트워크의 출현을 다룬다. 여기에는 CNN이나 알 자지라(Al Jazeera) 방송과도 같이 중앙 통제적 요소도 있는가 하면, 인터넷과 같이 탈규제, 탈중심화된 요소도 있다. 한편으로는, 다국적 기업이나 서구의 군대와도 같이 거대한 조직은 엄청난 영향력을 행사한다. 하지만 다른 한편으로, 테러 집단의 작은 점조직은 세계인의 이목을 끌고 상당한 피해를 입히기도 한다. 그리고 북미와 유럽에서는 적은 수의 직원을 고용한 작은 회사들이 새로운 일자리의 80%를 만들어 내고 있다.

전 세계 교회들의 성장과 관련하여, 우리는 북반구에서뿐 아니라 남반구에서도 초대형 교회의 출현을 목도하고 있다. 하지만 동시에 가정, 카페, 학교, 주민센터, 선술집, 사무실, 호텔, 야외 등지에서 작은 기독교 소그룹의 확산을 지켜보고 있다. 덩치가 큰 "코끼리"가 대부분의 주목을 받지만, 가장 실질적인 성장은 작은 "벼룩"들의 재생산에서 이룩될지도 모른다. 대개 이머징 교회의 리더들은 코끼리라기보다는 벼룩에 해당한다. 이런 주장이 복음에 충실하기 위해서는 적은 숫자가 요구된다는 "남

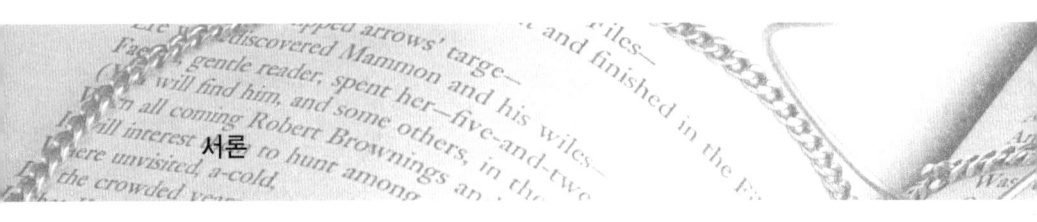

서론

은 자 신학"(remnant theology)에서 비롯된 것은 아니다. 오히려 이것은 교회의 중심이 세상을 향해 나아갈 수 있는 사람들로 구성된, 소규모의 재생산이 가능한 조직이어야 함을 의미한다.

3장은, 마태복음에 기술된 지상 명령을 2장에서 다룬 선교적 교회론의 관점에서 재검토한다. 3장은 지상 명령이 현대 교회에 제기하는 도전을 기술하고 있다. 그것은 교인들을 매일 하나님과 동행하는 제자로 변화시키는 것에 우선순위를 두라는 도전이다. 그렇게 함으로써, 교회는 교인들의 삶 자체가 하나님이 그들을 부르신 생활의 터전에서 전도 행위가 될 수 있도록 훈련하게 될 것이다. 이것은 교회에 **간다**(Going)는 관점에서 교회가 **된다**(Being)는 관점으로의 전환을 보여주는 것이기도 하다.

4장에서, 나는 교회가 위계적이고 통제적인 리더십에서 벗어나 탈중심적이고 지방 분권적인 리더십으로 나아가야 한다고 주장한다. 이런 식의 리더십은 강한 유대감과 상호 책임의 기반에서 가능하다.

5장은, 이런 리더십 유형의 변화가 품고 있는 커다란 의미를 다루고 있다. 리더십 유형의 변화는 팀을 구성하여 일하는 것을 요청한다. 그것은 비단 교회의 목회자나 유급 직원들 사이에서 뿐 아니라, 자원봉사자들과 교인들 사이에서도 필요한 일이다.

교회는 대중이 모인 집단으로 생각하기보다는 여러 팀이 연합한 집합체로 생각해야 한다. 팀 형성이라는 개념은 단순하지만, 팀을 발전시키고 유지하는 것은 매우 복잡한 일이다.

6장, 7장, 8장은, 많은 젊은 리더들이 보여주고 있는 리더십의 자질, 행동, 태도 등을 다루고 있다. 이 장들에서 요약된 목록들은 임의대로 형성된 것이 아니라 탈근대 사회의 문화 속에서 선교적 책임감을 다하려는 젊은 리더들이 보여준 일관된 특징이다.

많은 부분에서 젊은 리더들은 나이가 든 리더들보다 유리한 입장에 있다. 그 이유는 그들이 정보 혁명 시대에서 자라났기 때문이다. 정보 혁명 시대는 젊은 세대들이 알고 있는 유일한 문화적 맥락이다. 하지만 나이가 많은 리더들은 정보 혁명 시대를 알기 위해서 과거의 많은 선입견을 버려야 하고, 다른 젊은 리더들에게 배워야 하며, 탈근대적인 설명과 해석에 귀를 기울여야 하는 등의 대가를 치러야 한다.

하지만 배움이란 일방통행이 아니다. 나이가 많은 리더들은 기여할 부분이 많이 있고, 젊은 리더들의 약점과 맹점에 대해서 목소리를 높일 필요가 있다. 더 나아가 많은 젊은 리더들은 선교 훈련을 받아 본 적이 없으며, 자신이 몸담고 있는 문화적 맥락에 매우 함몰되어 있어서 그것을 평가할 비판적 시각을 잃어버릴

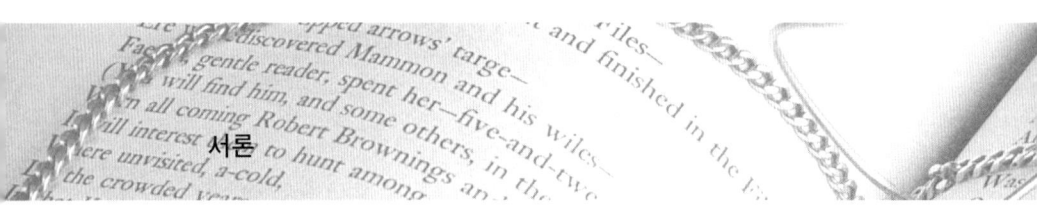

서론

수도 있다. 우리가 복음과 교회를 상황에 맞게 조정해 나가는 것은, 순진한 관점이 아닌 비판적인 관점에서 진행되어야 한다. 즉 모든 문화는, 그것이 근대이건 탈근대이건 나름대로의 좋은 점, 중립적인 점, 파괴적인 점을 동시에 갖고 있다는 것을 인식할 필요가 있다.

9장은, 리더십이 치러야 할 대가에 대해 말하고 있다. 복음의 본질과 연관하여 지불해야 할 대가, 십자가의 메시지에 대한 세상의 적대심과 관련하여 치러야 할 대가는 항상 존재한다. 현재의 문화적인 구도에서는 교회 안에서의 잘못된 인식에서 비롯된 대가가 존재한다. 그리고 새로운 시도와 대안적인 구조는 언제나 위험을 감수해야 한다.

마지막 10장은, 21세기에 새로운 리더가 어떻게 발견되고, 사역을 위해서 어떻게 훈련될 수 있는지에 대해 다루고 있다. 특히 영국와 북미, 호주에서 발전하고 있는 혁신적인 접근법들을 소개한다. 그리고 기존의 리더들과 신학교들이 품을 수 있는 여러 가지 대응에 대해서 다루고 있으며, 젊은 리더들에게 새로운 배움의 기회를 선용하도록 촉구하고 있다. 많은 사람들은 평생 학습에 대해 열려 있으며, 다학문적인 지식과 기술을 발전시키고 있다. 하지만 배우고 싶은 것만을 취사선택하는 것에서 벗어나

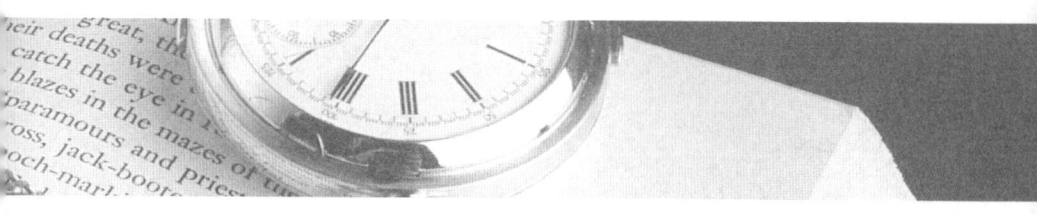

야 한다. 이제는 공동체적 학습(가상 공간이나 일대일)을 포함시켜야 하며, 사람들이 자의적으로 선택하지는 않았지만, 그들의 개념적 지평과 통찰력을 넓혀 줄 만한 영역에 대한 학습을 포함시켜야 한다.

   변화하는 문화 속에서 글을 쓴다는 것은 늘 어렵다. 사도행전 20장 20절에 나온 비전은, 시간이 지나고 나서 보면 더 쉽게 보인다. 하지만 현재 진행 중인 변화가 너무나 크기 때문에, 우리는 이 시대를 부인하거나 과소평가하면서 살아서는 안 된다. 만약 우리가 이런 유혹에 무너진다면, 어느 순간 우리가 그동안 해온 일이 너무나 작은 데다 너무 늦었다는 사실에 몸부림칠 것이다. 그리고 그것은 교회의 긴 역사 속에서 늘 일어났던 일이기도 하다.

차례

·····ο 추천사 _ 03
·····ο 옮긴이 서문 _ 07
·····ο 서문 _ 11
·····ο 서론 _ 14

1. 리더십을 다시 정의하다 _ 33

2. 리더십 스타일은 왜 바뀌어야 하는가? _ 71

3. 지상 명령을 열정적으로 수행하는 리더 _ 102

4. 무엇이 다른가? _ 131

5. 팀 구성 _ 155

6. 리더십의 특질 _ 188

7. 리더십 활동 _ 220

8. 리더십 태도 _ 243

9. 리더십의 대가 _ 268

10. 새로운 리더십의 출현과 발전 _ 294

ο 각주 _ 325
ο 참고문헌 _ 339

1
리더십을 다시 정의하다

흔히들 리더십은 워낙 자명하여 따로 규정할 필요가 없는 것이라고 생각한다. 리더에 대해서도, 늘 앞장서서 방향을 제시하며 추종하는 무리들을 설득하는 사람이라고 간단히 규정해 버리기 일쑤다. 하지만 이러한 생각들은 그릇된 오해의 소산이다. 일반적으로 생각하는 리더십은 흡사 관광 가이드에 가깝다. 낯선 땅에서 우리를 보호해 주고, 맨 앞에서 눈에 띄는 색깔의 우산을 받쳐 들고 우리에게 나아갈 방향을 알려주는 사람. 그러나 이는 지극히 제한적인 의미의 리더십에 불과하며, 이처럼 편협한 시각으로는 현대 상황에 맞는 리더십에 대해 올바로 생각하기 어렵다. 오늘날 서구 사회에서 선교에 임하는 교회들은 보다 폭넓은 시각을 가지고, 문화 활동에 참여하여, 그것의 흐름을 이끌고 있는 리더십에 대해 관심을 가져야 한다.

리더십은 생각보다 훨씬 복잡하다. 특히 오늘날과 같은 문화에서 리더십을 고려할 때에는 성경적 사고와 세상의 지혜를 두루 이용해야 한다. 물론 비즈니스 업계의 리더십과 그 모델을 그대로 교회에 적용할 수는 없다. 이는 당연한 말이다. 다만 최근 비즈니스 업계에서 주목하고 있는 가치 지향적 리더십은 꽤 유용할 수 있다. 가치 지향적 리더십은 공동체 구성원 각각의 타고난 재능을 인정한다. 이러한 관점에서 보면, 리더십은 위계적 조직의 정점에 서 있는 한 사람에 의해 확정되는 것이 아니라, 조직의 모든 계층에서 나타나는 것이다. 기독교 사상가 역시 이 점에 주목하면서 가치 지향적 리더십에 담긴 시각들을 검토하고 있다. 그들은 비즈니스 업계에서 이야기하고 있는 가치지향적 리더십을 분별력 있게 신학적 논의에 끌어들이는 데 상당 부분 공헌했다.

세속적인 것과 영적인 것은 서로 대립하고 충돌하는 것이 아니라 공생하는 것이다. 오늘날 세속적인 영역에서는 주목할 만한 사고의 전환이 수없이 일어나고 있다. 예를 들어, 오랫동안 비즈니스 업계에서 중시되었던 목표 관리 철학은, 그것이 착취를 부추기고 조작적이며 파괴적이라는 사실이 증명되면서 이제는 사실상 무효화되었다. 최근 들어 영리 분야, 비영리 분야를 막론하고 리더십 관련 서적들이 많이 출간되고 있는데, 대부분의 책에서 리더십의 비전들을 현실화시키기 위해서는 겸손과 섬김의 자세, 영성, 그리고 현재에도 유효한 기존 가치들이 필수적이라고 강조하고 있다. 이는 매우 반가운 현상이다. 왜냐하면 위에서 언급한 리더십 구성 요소들은 신약성경에 명시된 리더십의 참뜻과 일치하기 때문이다.

변화하는 리더십

리더십은 매우 복잡한 주제이며 한 문장으로 정의할 수 없다. 각각의 개인이 갖고 있는 리더십의 특성이 다르기 때문에, 리더십은 상황에 따라 다양한 형태를 취한다. 안타깝게도 우리는 정확한 방향 감각을 갖고 공동체를 이끌어 갈 사람들에게 권한을 위임하는 리더십을 별로 경험해 본 적이 없다. 그보다는 리더십이 아예 없거나 형편없는 경우가 훨씬 많다. 그래서 리더십이 부재하는 상황을 통해 리더십의 특성을 분석하는 것이 우리에게는 훨씬 용이하다.

케니스 클로크(Kenneth Cloke)와 조앤 골드스미스(Joan Goldsmith)는 단체나 공동체에서의 리더십 부재를 두 가지 카테고리로 나눠 설명하고 있다. 좀비 상태(zombification)와 위축 상태(atrophication), 이 둘은 리더십이 자유 방임적이거나 통제적인 단체들에게서 발견되는, 방어적 대응 상태를 말한다. 그들은 "사람들의 사고가 마비되는 것은 이루지 못한 기대, 치유되지 않은 고통, 끝이 보이지 않는 후회, 해소되지 않는 논쟁, 그리고 반복되는 실망에 대한 자연스런 반응이다"라고 관찰한다.[1] 다시 말해, 사람들이 스스로 생각하기를 멈추고 무기력해지는 것이다. 오늘날 이러한 상태에 빠져 있는 교회들이 너무나 많다. 클로크와 골드스미스는 좀비 상태, 위축 상태에 빠진 단체들에게서 나타나는 징후들을 몇 가지 제시하였는데, 조금 수정하여 열거해 보겠다.

- 통찰력 있고 충분히 근거를 가지고 있는 사람들이 벌을 받는다. 다시 말해, 있는 그대로의 상황을 말하면 제재를 받는다.

- 리더들은 더 이상 진실을 말하지 않고, 공동체가 맞닥뜨린 문제들에 관해 거짓말을 하거나 침묵한다.
- 어떻게 하면 성공할 수 있는가에 대해서는 더 이상 이야기하지 않고 다만 그들이 왜 실패했는가만 따져 물으며, 업무적인 부분뿐만 아니라 사람됨 자체를 문제 삼는다.
- 업무 전달이 상보적·참여적으로 이루어지는 것이 아니라, 비판적·위계적으로 이루어진다.
- 타인을 배려하지 않는 정직, 발전 없는 성실, 그리고 대화 없는 존중이 만연한다.[2]

이상의 지표들이 비즈니스 업계에 정확히 맞아떨어진다면, 교회에도 광범위하게 적용될 수 있다. 교회 리더들의 사고율, 발병률은 걱정스러울 정도로 매우 높다. 많은 리더들이 병을 유발하는 스트레스와 과로 그리고 환멸감에 시달리다 완전히 폐인이 되어 사역지를 떠나고 있다. 교회는 제 기능을 수행하지 못한 채, 리더들이 병이 들자 리더들을 빠르게 교체하면서 그들에게 책임을 전가하고 있다. 그리고 달리 갈 곳이 없어 옴짝달싹 못하게 된 리더들은 은퇴할 때까지 방패 삼을 가시가 없는 고슴도치처럼 웅크리고 앉아 자리만 지키고 있다.

하지만 모든 상황이 절망적이고 암울한 것은 아니다. 고령의 리더들 중에는 과도기를 성공적으로 벗어나, 지금도 정열적으로 교회 성도들을 이끌고 있는 리더들이 있다. 1980-90년대에 선두에 서서 구도자 중심의 초대형 교회들을 이끌었던 리더들은 얼마간 극심한 고통을 겪었으나, 지금은 30세 미만의 성도들을 이끌며 그들에게 다가

갈 수 있는 21세기형 리더의 모습을 보여주고 있다. 반면, 1960년대 반(反)문화 운동을 주도했던 진취적 리더들 중 몇몇은 오늘날의 문화적 시련과 도전들에 누구보다도 보수적으로 대응하고 있다. 그들은 예전에 누렸던 선구자적 위상에 타격을 입은 채, 새로운 도전에 임할 엄두를 내지 못하고 있다.

내가 아는 한, 두세 명의 초대형 교회 목사들은 사역의 우선순위가 무엇인가를 재차 질문하고, 관계 중심의 교회를 원하는 사람들이 늘어나고 있다는 것을 명확히 알고 있다. 그들은 예배가 예전과 같이 정해진 연출에 따라 상투적으로 진행되지 않도록 성도들의 적극적인 참여를 유도하고 있으며, 서로에 대한 헌신 그리고 세계 선교에 중점을 두고 있다. 이러한 사유의 전환은 베이비붐 세대 목사들에게서뿐 아니라 젊은 리더들에게서도 두드러지게 나타난다. 그들은 젊은 세대들의 이동률을 눈치 채지 못할 정도로 성공적으로 젊은 회중을 교회로 이끌고 있다.

초대형 교회에서 X세대 성도들의 모임은 분명 성공적으로 자리를 잡았다. 이에 관해 한 여학생이 예리한 분석을 한 적이 있다. 그녀는 성공 지향적 복음과 자조적 기독교(self-help Christianity)를 문제로 지적하면서, 이 두 가지에는 진정성이 결여되어 있으며 소그룹 구성원들은 서로에 대해 거의 책임을 지지 않는다고 지적한다. 그녀는 이머징 교회에 관한 내 강의를 들었는데, 그 수업 과제로 제출한 보고서에서 다음과 같이 서술하고 있다. "그들의 음악은 경쾌하지만 삶을 변화시키는 그리스도와의, 그리고 교회와의 진정한 관계 맺음이 결여되어 있기 때문에, 예배는 하나님을 경외하고 그분의 임재를 찬양하기보다는 그저 록밴드의 음악에 맞춰 노래를 부르고 감정적 흥분 상태를 일으키는 데 그친다."

이것은 단순히 비판을 즐기는 외부 사람의 관점이 아니다. 애초에 그녀 자신도 그녀가 기술하고 있는 사람들 중 한 사람인 것이다.

오늘날 하나님께서 들어 쓰시고 있는 리더들은 소비자 중심의 교회 모델이 이 시대에 적합하지 않음을 정확히 인식하고 있는 젊은 리더들이다. 물론 그 세대에도 기독교 문화 속에서 안전하게 숨죽이고 있는 리더들이나 신학교를 다니며 보수적 성향이 몸에 밴 리더들이 있다(그렇다고 모든 신학 교육이 시대 역행적이라는 말은 아니다). 그러한 성향의 리더들을 제외한다면, 젊은 세대 리더들은 대부분 교회와 대중문화 사이의 골이 깊어지고 있음을 명확히 인지하고 있다.

21세기 교회는 선교에 관해 풍부한 지식을 가진, 사상가와 사도의 리더십을 원하고 있다. 선교적 리더십에 따라 이 시대의 상황에 맞게 인류 구원에 관한 성경 말씀을 참신하게 읽어낼 수 있는 리더가 필요하다. 오늘날 사회는 세계화의 영향으로 다문화 사회로 변모하고 있다. 선교학은 한때 전문가들만이 배우는 학문으로 여겼지만, 이제는 우리 모두가 선교를 위해 성경과 신학 그리고 교회사의 레퍼토리를 배워야 한다. 신학 교육의 최대 비극은 선교학과 교회학을 분리한 것이다. 그로 인해 두 학문 모두가 궁핍해졌으며, 선교 없는 교회, 교회 없는 선교가 양산되기 시작했다. 이제는 지적 엘리트주의와 그보다 더 쓸모없는 속물근성을 청산하고, 남반구의 교회들로부터 유용한 교훈을 얻어야 할 것이다.

리더십을 재정의하다

교회 전통이나 정황에 대해서는 잠시 접어 두고, 시대를 초월하여 교회에 적용할 수 있는 리더십에 대해 생각해 보자. 로버트 클린턴(J. Robert Clinton)은 리더십을 다음과 같이 정의하고 있다. "기독교 리더는 하나님이 주신 능력과 책임감으로 하나님께서 선택하신 백성을 감화시켜 그분의 계획하심을 따르도록 영향력을 주는 사람이다."[3] 클린턴은, 리더십이 하나님께로부터 소명 아래 온다는 사실에 주목했다. 성경도 이 점에 대해 강조하고 있다.

아브라함, 요셉, 모세, 기드온, 다윗, 이사야, 그리고 예수 그리스도의 열두 제자와 사도 바울이 어떻게 리더가 되었는지만 봐도 알 수 있다. 미리암, 드보라, 도르가, 브리스길라가 펼친 리더십이나, 복음 전도자 빌립의 네 딸들이 예언자로서 행한 활동들도 마찬가지이다. 이들이 타고난 능력과 경험이 있어 선택받은 것은 분명 아니다. 그들이 어떻게 부르심을 받았는지 각각의 경우를 살펴보면, 하나님께서 그들을 통해 계획하심을 이루고자 그들을 준비시키셨음을 알 수 있다. 그들의 역할은 리더십 책임을 맡은 무리에게 "영향력"을 주었지, 지배하지 않았다. 클린턴은 **무리**(group)라는 표현을 써서 리더십의 확장 가능성을 시사하였다. 실제로 그들 중 몇몇은 자신보다 유명하고 영향력을 지닌 다른 리더에게 조언을 해주거나 멘토링하면서 배후에서 리더십을 행사하였다.

이러한 리더십은 1980년대 리더십 분야에서 중점을 두었던, 권력적이고 기업가적인 리더십과는 매우 상이하다. 기업가적 리더십은 영웅적이고 "카리스마 넘치는" 개성을 소유한 리더에 의해 발휘된다. 세간에서 이야기하는 **카리스마**는 영적 은사에 해당하는 것이 아니라, 매력 있고 우쭐대며 사람들을 만족시킬 만한 허풍을 떨 줄 아는, 말솜씨가 유창한 사람에게 해당하는 말이다. 다행히도 최근 들어 기업가적 리더십에 이의를 제기하는 목소리가 커지고 있다. 유명세와 카리스마에 의존한 리더십은 오래 지속되지 못하며, 결국에는 조직 내 영향력이 감소한다는 것이 밝혀졌다.

제임스 쿠제스(James Kouzes)와 배리 포스너(Barry Posner)는 리더십에 대해 다음과 같이 이야기한다. "리더십이 카리스마 있는 소수의 개인에게 귀속된 사적 소유물이라고 생각해서는 안 된다. 리더십은 평범한 사람들이 행하는 일종의 과정(process)으로, 누구든지 자신을 포함한 모든 사람들이 최상의 능력을 발휘할 수 있도록 이끌 수 있다. 리더십은 모두가 한 번도 가본 적 없는 낯선 땅으로 사람들을 인도해 가는, 당신의 능력을 말한다."[4] 스티븐 번스타인(Steven Bernstein)과 앤서니 스미스(Anthony Smith) 역시 같은 관점에서 리더십에 대해 설명하고 있다.

> 이제 많은 사람들이 리더십을 **집단적인** 행동으로 이해하고 있다. 구성원들과 대등하게 조화를 이루고 있으며, 구성원 모두의 능력과 동기를 끌어올리기 위해, 그리고 의미 있는 변화를 위해 합심하여 행동한다. 다시 말해서, 리더십이란 여러 사람이 함께 과정에 참여하고 영향력을 주는 행위를 말한다.[5]

오늘날의 상황에 맞는 교회 리더십을 정의할 때도, 리더십이 교회를 구성하고 있는 모든 수준에 있는 사람들에게 적용되는 것임을 잊지 말아야 한다. 예수 그리스도의 제자들은 모두 주변 사람들에게 영향력을 주는 **실질적인**(de facto) 리더였다. 누군가를 리더로 세울 때 고려해야 할 것은 단 하나, 그가 따를 만한 사람인가 하는 것이다! 그리고 특정한 상황에서 누가 리더로 활약할 것인가 하는 선택의 문제는 주어진 일의 성격에 따라 달라지며, 적재적소에 그에 맞는 은사를 받은 사람들을 기용할 수 있느냐에 좌우된다. 로버트 뱅크스(Robert Banks)와 버니스 레드베터(Bernice M. Ledbetter)가 말하는 리더십은 보다 광범위하다. 그들에 따르면, "리더십은 삶 속에서 나아갈 방향을 제시해 주는 개인, 그룹, 단체 모두를 포괄하는 개념이다. 누구든지 사람들에게 영향력을 행사하고 권한을 위임하여 그들이 삶 속에서 변화를 체험하도록 이끈다면 그는 리더십을 지닌 것이며, 그 기간은 길든 짧든 상관없다."[6]

이쯤에서 협의의 리더십과 광의의 리더십을 구분해 보자. 월터 라이트(Walter Wright)는 두 가지의 차이점을 명확히 제시한다.

> 만일 리더가 권위와 책임을 지닌 사람이라면, 모든 기독교인이 리더는 아니다. 다시 말해, 소수만이 리더이고, 대부분은 리더가 아니다. 반면, 리더가 타인과의 관계 속에서 그의 행동, 가치, 태도에 영향을 주는 사람이라면, 모든 기독교인은 리더여야 한다. 보다 정확히 말하자면, 모든 기독교인은 리더십을 행사해야 하며, 주위 사람들의 삶을 변화시키고자 시도해야 한다.[7]

여기서는 먼저 협의의 리더십에 대해 생각해 보자. 그에 관한 설명들이 거의 대부분 타인에게 영향을 주는 모든 기독교인들에게 동일하게 해당하기는 하지만 말이다. 리더십에 대한 월터 라이트의 정의는 협의와 광의의 리더십을 모두 포괄한다. "리더십은 일종의 관계이다. 즉 어떤 사람이 타인과의 관계에서 그의 사고와 행동, 믿음, 가치 등에 영향력을 행사하고자 한다면, 그 관계가 리더십인 것이다."[8]

리더들은 홀로 활동하지 않으며, 팀이 시의적절하게 임무를 바꿔 나갈 수 있도록 지원해 준다. 때로는 자유롭게 물러나 휴식을 취하기도 한다. 이 모습은 사이클 경기 도중에 중압감을 해소하려고 팀 동료에게 리더십을 양도하고 뒤로 물러나는 선수의 모습과 흡사하다. 철새인 거위들은 본능적으로 이와 같은 전략을 취한다. 거위들은 전형적인 V자 대형으로 이동하는데, 선두를 지켰던 거위가 지치면 그 거위는 뒤로 물러나고, 다른 거위가 다시 선두에 선다.

팀으로 활동하는 운동선수들 사이에서 이것은 이기적이거나 경쟁적인 행동이 아니라 일종의 배려이다. 선두에 서 있던 사람이 지쳐 휴식이 필요하다면 그가 다시 한번 리더십을 발휘할 수 있도록 배려해 주는 것이다. 이와 달리, 개별적으로 경기를 치를 때에는 우위를 점유하기 위해 서로 싸운다. 그때에는 체력이 고갈되어도 쉴 수 없고, 서로 간의 기질이 충돌하며, 득점을 얻기 위해서는 상대 선수의 약점을 무자비하게 이용하기도 한다. 이머징 교회에서 이야기하는 리더십의 요지는, 팀 전체가 리더십 책임을 분담하는 것이다. 다음은 과거에 만연했던 1인 목사 리더십에 대응하는 지역 교회 내 팀 리더십의 중요성에 대해 상세히 살펴보자.

섬김의 리더십을 재조명하다

일부 교회의 전통 안에서는 일반적으로 명성을 좇고 권세를 부리는 스타일의 리더십이 팽배해 있었다. 이에 대해 예수 그리스도가 보여준 섬김의 리더십은 유용한 대안을 제시해 준다. 종의 개념을 강조하다 보면 리더십을 포기하게 되는 경우가 있다. 종의 첫 번째 소임이, 시중을 들라고 종용하는 사람들의 요구를 들어 주는 것이라 잘못 오해할 경우 특히 그렇다. 이는 예수 그리스도가 종으로서 행한 소임을 심각하게 곡해한 것이다. 예수 그리스도는 하늘에 계신 아버지의 첫 번째 종이었다.

예수 그리스도는 언제나 하나님 아버지의 인도에 따라 사역의 방향을 정했다. 대중의 요구에 무턱대고 응하기보다, 최우선 목적을 달성하는 데 주력했다. 가버나움에서 병자들을 돌본 후, 다음날 새벽 도움을 구하는 군중들을 다시 만나 달라 청하는 시몬에게 예수 그리스도는 다음과 같이 대답하였다.

"우리가 다른 가까운 마을들로 가자 거기서도 전도하리니 내가 이를 위하여 왔노라"(막 1:38).

예수 그리스도의 대답은 어찌 보면 너무 매정한 것이었지만, 그가 군중들의 요구에 따라 사역 일정을 정하였더라면 그는 아버지께서 맡기신 사명을 완수하지 못하였을 것이다. 섬기는 리더로서 예수 그리스도는 그 누구보다도 하나님 아버지께 충성하였다. 그가 자신을 배신하고 추방하고 끝내 십자가에 못 박을 예루살렘을 인도한 것은,

그것이 하나님께 순종하는 길이었기 때문이다.

비즈니스 스쿨에서 기독교 학자로 활동하고 있는 셜리 로엘스(Shirley Roels)는 섬김의 리더십에 대한 일반적인 관점에 대해 비판하고 있다.

> 이는 성경에 나오는 예수 그리스도의 리더십을 정확히 재현한 것인가? 일반적으로 섬김의 리더십은, 리더가 다른 사람들의 생각을 받아들이고 실행해야 한다는 의미로 쓰이고 있다. 섬김의 리더십은 예수 그리스도를 모델로 하고 있으나, 엄밀히 말해 예수 그리스도는 사람들의 종이 아니었다. 그분의 경우는 전혀 다르게 정의되는데, 예수 그리스도의 섬김은 오직 하나님의 뜻과 결합되어 있기 때문이다.[9]

예수 그리스도는 다른 무엇보다 하늘 아버지의 명령을 이행하는 데 전념하였지, 추종자들이나 군중들의 요구를 우선시하지 않았다. 그는 "주의 종"으로서의 임무를 완수했다. 구약에서 주의 종은 결코 미천한 사람을 가리키는 말이 아니다. 반대로 그것은 이스라엘의 국가 지도자를 지칭하는 영예로운 호칭이었으며, 무엇보다도 이사야가 언급한 '종 되신 왕'과 관련이 있다. 이는 예수 그리스도와 동일시되는, 하나님께서 보내신 특별한 사자(使者)를 말한다. 초대 교회 역시 주의 종을 '종 되신 왕'으로 간주했었다.

오늘날 교회 리더들에게 섬김의 리더십을 적용할 때에는 매우 신중을 기해야 한다. **우리는** 예수 그리스도가 아니다. 우리는 선택적으로 순종하려 하고, 죄 많은 성향을 지니고 있으며, 우리의 삶 속에서 하나님의 뜻을 온전히 이해할 수 없다. 그래서 우리는 하나님의 뜻을 이해하기 위해, 그리고 그분의 인도하심을 따르기 위해 매일매일 힘겨운 싸움을 벌인다. 섬김의 리더십으로 우리가 저지르는 모든 일을 정당화할 수 없고, 우리의 인간적 나약함, 잘못된 겸손, 책임 방기를 성스럽게 포장할 수도 없다.

《Servant Leadership》이라는 혁신적인 저서를 발간한 퀘이커 교도 로버트 그린리프(Robert Greenleaf)는 진보적인 사상가였다. 그는 섬김의 리더십을 정확히 이해하여 동시대적으로 응용하려 하였다. 1977년에 쓴 글에서, 그린리프는 AT&T에서 매니저로 활동하는 동안 생각한 바를 설명하였지만, 그의 사유가 세속적 리더십에 영향을 주기까지는 10년의 세월이 걸렸다. 그는 예수 그리스도의 삶과 사역으로부터 영감을 얻어 모델을 구상하였다. 그린리프에게 있어 진정한 섬김의 리더는 솔선수범할 준비가 되어 있는 리더이다. 이때 중요한 것은, 섬김의 리더는 행동을 실천하기 전에, 하나님께서 그들에게 원하시는 바가 무엇인지 알기 위하여 주변 사람들의 목소리를 통해 말씀하시는 하나님의 음성을 구한다는 것이다. 그들은 오랫동안 믿음을 갖고 소망을 품고서 잠을성과 인내를 견지하면서 헌신을 다한다. 그들은 눈코 뜰 새 없이 바쁜 와중에도, 가혹하게 몰아치는 일상적인 요구들을 모두 제쳐 두고 시간을 내어 다시 중심을 잡고 힘을 재충전한다.

자신의 한계를 잘 알고 있는 섬김의 리더에게 이러한 훈련은 매우 유용하다. 이 훈련을 통해 그들은 자신의 통찰력을 증명하고 다음 단계를 예측할 수 있게 된다. 주어진 상황이나 앞으로의 일을 분별할 때, 그들은 부분적으로 주어지는 정보들을 연결하여 일관된 패턴을 찾는다. 그린리프는 이를 "패턴에 대한 감각"이라고 정의하였는데,

이러한 직감을 지닌 리더들은 단순히 비판에 머물지 않고 개념화한다. 그린리프는 다음과 같이 꾸짖는다.

> 너무도 많은 사람들이 비평가나 전문가가 되는 것에 만족하고 있다. 그러나 이는 지적 낭비이며 "연구"로 퇴보하는 것이다. 이로 인해 아무도 불완전한 세상을 개선할 수 있는 제도를 마련하려 하지 않는다. 그들은 이 힘들고 위험한 임무를 수행할 준비가 되어 있지 않으며, 또한 떠맡으려고도 하지 않는다. **저 먼 곳이** 아니라 **바로 코앞에** 있는 "문제"도 보지 않으려고 눈을 감는다. 요컨대, 이 시대의 적은 타고난 종들(natural servants)이다. 사람들을 이끌 힘을 지녔으면서도 이끌지 않는 종, 종이 아닌 자를 따르기로 작정한 종들이다.[10]

상황에 맞게 구체화된 리더십

리더십을 일반화하여 정의할 수는 있다. 하지만 리더십은 상황에 따라 그리고 개인의 개성에 따라 상당히 달라진다. 따라서 특정 시대, 지역, 문화에 귀속된 리더십을 가져와 무작정 적용할 수는 없다. 성경적 리더십 모델을 연구할 때 꼭 염두에 두어야 하는 것이 바로 이 점이다. 오늘날의 상황에서도 보편적으로 통용될 수 있는 요소들이 무엇인지 분별하지 않은 채 무조건적으로 성경적인 리더십을 강요한다면 문제가 발생할 수밖에 없다. 성경에 나오는 리더십 모델들이 언제나 재생 가능한 것은 아니지만, 현재 우리가 처한 상황과 유사한 환경에서 나온 리더십이라면 그로부터 유용한 교훈을 얻을 수 있을 것이다.

예를 들어, 거대한 족장 가문을 이끌었던 아브라함은 그에 적합한 리더십 스타일을 구사하였다. 요셉은 노예의 신분에서 벗어나 애굽의 국무총리가 되기 전에도, 즉 보디발의 집 사무를 맡아 일할 때나 감옥에 있을 때에도 총무로서 그리고 장기수로서 리더다운 면모를 보여주었다. 오랫동안 고초를 겪으면서도 요셉은 의연함과 인내를 잃지 않았고, 신뢰받을 만한 사람이었다. 그리고 그는 하나님께서 그에게 지혜와 전략을 세우는 놀라운 은사를 주셨음을 증명해 보였다. 모세는 오랜 준비 기간 끝에 하나님의 부르심을 받고 이스라엘 백성들을 애굽으로부터 해방시켰다. 모세의 충실한 부관, 여호수아는 군사령관으로서 성공을 거두었고, 능숙하게 군사를 이끌어 가나안을 정복하였다. 다윗은 신권 정치를 펼친 왕들 중 가장 위대한 왕이 되었다. 그 후 수십 년간, 이스라엘의 선지자들은 담대한 반체제 인사로서 리더십을 펼쳤다. 그들은 하나님의 말씀을 듣지 않거나 마음에 새기지 않는 민족과 그 리더들을 향해 하나님의 말씀을 들으라고 소리쳤다.

신약으로 넘어오면, 예수 그리스도의 리더십 모델이 나온다. 예수 그리스도는 하늘나라의 복음을 선포하셨다. 그는 보잘것없는 열두 제자를 교회의 기둥으로 선택하셨고, 제자들이 그를 대신하여 세상에 나아가 복음을 전할 수 있도록 훈련시키셨다. 제자들은 예수 그리스도와 동행하며 그분의 말씀과 가르침 그리고 그분이 행한 모든 것을 마음에 새겨 리더십을 키워 나갔다.

현재, 전통적으로 고수되고 있는 목사 리더십은 기존의 위계질서와 지위 그리고 자기 과신을 그대로 답습하고 있다. 그 결과 추종자들은 의존적이거나 권한이 없으며, 불만에 가득 차 있다. 이러한 상황에서 교회가 제 기능을 수행하지 못하게 되자, 기성 리더들은 불합리한 요구들에 짓눌려 허우적거리고 있다. 그래서 상당수의 목사들이 폐인이 되거나 도덕적으로 부패하여 교회를 떠났고, 조기 은퇴하거나 다른 일자리를 구하는 목사들도 많이 있다. 이와 달리, 새로운 리더들은 체제 유지보다는 효과적인 선교 사역에 보다 열의를 보이고 있다. 그들은 기존 멤버들을 대상으로 한 **교회 내** 사역보다는, 세상을 변화시킬 **교회에 의한** 사역을 중시한다.

리더십의 유형

상황에 따라 요구되는 리더십의 은사들도 다르다. 복잡하게 얽혀 있는 도전들을 완수하기 위해서는 팀워크가 필요하며, 리더십에 관한 폭넓은 지식을 섭렵해야 한다. 새롭게 바뀐 낯선 환경 속에서 사역하려면, **창의적인** 개인들이 필요하다. 다시 말해 "기존의 틀에서 벗어나" 독창적으로 생각할 수 있는 사람들, 위험을 감수하고 모험을 감행할 수 있는 사람들이 필요하다.

이제 주요 의사 결정권자들의 **실천** 유형을 살펴보기로 하자. 그들은 나무보다는 숲 전체의 큰 그림을 그릴 줄 안다. 즉 결정적인 요인을 판별해 내고 선택의 결과를 평가할 수 있는 능력을 갖추고 있다. 또한 그들은 숲의 나무들, 곧 세부 사항들을 하나하나 짚어 가면서 확신과 열정을 가지고 "우선 과제를 선별하여 실현"해 나간다. 리더가 이 모든 일을 혼자 하는 것은 아니다. 이 일을 실행하기 위해서는 리더 곁에 맡겨진 소임을 경영할 수 있는 사람들, 차후 일을 예측할 수 있는 사람들이 있어야 한다. 이들과 함께할 때 리더는 BHAG("Big

Hairy Audacious Goal"), 곧 크고, 대담하며, 도전적인 목표를 이룰 수 있다. 짐 콜린스(Jim Collins)와 제리 포래스(Jerry Porras)에 따르면, "진정한 BHAG는 명확하며 불가피한 것이다. 또한 BHAG는 모든 노력을 통합하는 일종의 구심점이다. 그것을 중심으로 훌륭한 팀 스피릿이 만들어지기도 한다. 요컨대, 진정한 BHAG는 명확한 결승선인 것이다."[11] 리더십 팀은 모든 비전의 실천들을 하나로 연결하는, 최우선 목표를 확인하고 확고히 실행해 나간다.

창의적이고 실천적인 타입의 리더는, 경영 능력을 갖춘 **업무 지향형** 인재들을 신뢰한다. 그리고 업무 지향형 리더는 **대인 관계**에 능숙한 리더들의 도움을 받아야 한다. 대인 관계 능력을 갖춘 리더들은 팀을 구성하고 팀원들을 통합하는 역할을 맡아 분쟁을 해결하고, 팀의 도덕성을 회복시킨다. 이러한 리더들은, 사람들이 자신의 가치를 인식할 수 있도록 용기를 북돋우며 자신감을 불어넣는다.[12]

성격, 카리스마, 그리고 역량

한 사람에게 이 모든 은사와 능력을 기대하는 것은 지극히 불합리하다. 완벽한 개인은 있을 수 없다. 따라서 리더십은 한 사람이 아닌 팀을 기반으로 해야 한다. 어떤 상황에서든 리더십은 결코 만만치 않은 도전이다. 교회의 규모 또한 상관없다. 비즈니스 업계나 군대의 리더십과는 달리, 교회 리더십은 교회를 찾는 모든 이들을 일생 동안 끌어안아야 한다. 그리고 교회의 BHAG는 오직 예수 그리스도의 복음을 전파하는 것뿐이다. 그 외 다른 어떤 것도 교회의 목표가 될 수 없다. 교회의 BHAG는 신뢰할 만한 복음 증거자에 의해 실현되는데,

그들은 개인과 단체의 삶 속에서 복음을 전파하고 그 말씀의 능력과 축복을 증거하여 교회의 목표를 실현해 나간다.

이처럼 엄청난 일을 혼자 하려 들면 실패할 수밖에 없다. 교회 리더는 매 단계에서 성령의 능력과 인도하심을 구하고, 팀을 위해 헌신하고 자신의 장점을 공유할 팀원들의 지원을 받아야 한다. 리더는 전체의 편의를 위해 그의 가치를 희생해야 하는 상황에 끊임없이 직면한다. 비즈니스 업계나 정치 분야에서와 마찬가지로 교회에서도, 리더십은 결정을 잘못해서라기보다는 리더가 성격적으로 결함이 있을 경우 실패할 확률이 더 크다. 그런데 **성격**은 **역량**과 분리된 것이 아니다. 우리에게 필요한 리더십은, 비전을 위해 위험을 감내하며 기업가적 모험심을 지닌, 성령께 감화 받은 리더십이라는 사실을 잊지 말아야 한다. 특히 방향 감각을 상실한 채 고통 받고 있는 현대 교회, 생존을 위해 치열하게 경쟁하고 있는 교회, 스스로를 사회 주변부로 내몰아 그 영향력이 증발해 버린 교회들은 그와 같은 리더십을 갖춰야 한다. 그렇다면 상황을 역전시킬 사람은 누구인가?

전 역사에 걸쳐, 하나님은 그분의 이름을 높이고 그분의 권능에 힘입어 위대한 일을 행하고자 하는 차세대 리더들을 부르시고 준비시키셨다. 주로 비즈니스 리더십에 대해 저술한 진 립먼 블루먼(Jean Lipman-Bluman)에 따르면, 고통의 시대에는 진보적인 비전을 옹호하는 카리스마 리더들이 등장한다. 기계적으로 돌아가야 하는 사회의 일상이 제대로 작동하지 않을 때에는 카리스마 있는 리더가 시대적으로 요청되는 것이다. 립먼 블루먼은, 그들의 활약을 고통이 낳은 헌신이라 표현했다.[13] 점점 더 많은 교회 선임 리더들은 전통적인 방식으로 훈련받은 잠재적 리더들의 문제점을 인식하고 있다. 그들에게는 불확실한 미래에서 교회를 세우고 이끌어 나갈 만한 비전과 열정 그리고 위기 극복 능력이 결여되어 있다.

립먼 블루먼의 말을 인용하자면, 이제 우리는 안정을 지향하는 **거래적** 리더십에서 벗어나 **변혁적** 리더십을 추구해야 한다.[14] 거래적 리더는 주어진 구조에 순응하고, 추종자들을 만족시키며, 모두가 만족할 만한 타협점을 찾아낼 줄 안다. 반면, "기존의 틀에서 벗어나" 생각할 줄 아는 변혁적 리더는 구조를 개혁하려 한다. 변혁적 리더는 주위 사람들을 지적으로, 자극하고 의미 있는 도전을 제시하여 그들의 삶을 형성, 변혁해 나간다.[15] 그리고 통합형 리더십은 35세 미만의 리더들이나 이에 적합한 여성 리더들 사이에서 두드러진다. 반면, 빌더 세대와 베이비붐 세대 리더들 사이에서는 통제적 리더십(Controlling Leadership)이 지배적인데, 이 리더십하에서 교회의 단체 문화가 확립되었다. 통제적 리더십은 이제 통합적 임파워링 리더십(Empowering Leadership: 사람을 세우는 리더십)에게 그 지위를 양보해야 한다. 통합적 임파워링 리더십을 통해 교회는 새로운 선교적 도전들과 기회들에 응할 수 있는 새 시대의 교회로 다시 태어날 것이다.

리더십 매트릭스

오랫동안 교회는 한 개인에게 리더십에 필요한 모든 자질들을 요구해 왔다. 하지만 이는, 역사적으로 위대한 업적을 남긴 하나님의 리더들이 어떻게 세움 받았는가를 완전히 간과한 처사이다. 예수 그리스도와 함께 사역을 시작한 이들은 완벽한 자질을 갖춘 인물들이 아니었다. 만일 주님이 모든 자질을 갖춘 사람을 원했다면, 그의 열두 제자 중 그 누구도 선택받지 못했을 것이다. 예수 그리스도는, 지금은 비록 보잘것없으나 가르침을 잘 따르고 곁에 계시는 예수 그리스도를 통해 자신의 삶을 바꿔 나갈 수 있는 사람들을 선택하셨다. 그러나 예수 그리스도의 승천 후 성령이 임하시기 전까지 제자들은 그분의 사역을 전개할 수 없었다. 그래서 예수 그리스도는 제자들에게 예루살렘을 떠나지 말고 하나님 아버지께서 약속하신 것을 기다리라고 명한 것이다(눅 24:49; 행 1:4).

리스 앤더슨(Leith Anderson)은, 리더십과 리더는 동일한 것이 아니기 때문에 리더십에 필요한 자질과 특성은 확정할 수 없다고 주장한다. 그에 따르면 "리더십은 추종자들과 단체들, 제반 상황과 능력, 그리고 역사로 이루어진 매트릭스(Matrix)이다."[16] 앤더슨은 오늘날과 같이 빠르게 변화하는, 예측 불가능한 세상에 맞는 리더십의 본성에 대해 혁신적으로 재고하고 있다. 그의 견해는 교회 리더십에 국한되지 않는다. 시스템 이론에 크게 기여한 바 있는 피터 셍게(Peter Senge)는 다음과 같이 설명하고 있다.

> 장래에는 '앞서 나가는' 사람들, 자기 자신과 소속된 단체를 근본적으로 변화시키기 위해 성심껏 헌신하는 사람들이 리더가 될 것이다. 그들은 지속적으로 새로운 능력과 재능을 계발하고 지식을 섭렵하여 단체를 이끌어 나간다. 그들은 특정한 누군가가 아니라 단체에 속해 있는 사람들 중에서 생겨난다.[17]

피터 셍게만큼 공헌도가 높은 워런 베니스는, "이제 우리는 조직의 최상층에 군림하고 있는 소수의 개인적 특성이 아닌, 조직적 역량이 리더십을 형성하는 시대로 향해 가야 한다"고 강력히 주장한다.[18] 그들의 견해는 그리스도의 몸 된 교회에 대한 이 책의 관점과 일치한다. 교회는 살아 있는 유기체이며, 교회의 모든 구성원들은 (1) 다른 구성원들과의 관계 속에서 자신의 가치를 발견하고, (2) 교회 구성원들은 서로의 잠재력을 최대한 이끌어 낼 수 있는 관계를 맺고 있으며, (3) 상호 협력하면서 교회의 발전에 다양한 기여를 한다.

이러한 관점에서 리더십을 재정의한다면, 오늘날 많은 교회들을 불구로 만든 개인주의적, 이기주의적 신앙생활을 해결할 수 있는 대안을 찾을 수 있다. "자기만족적 성찰"(navel gazing)을 통해서는 결코 개인의 정체성과 의미를 얻을 수 없다. 개인은 전체에 속해 있으며, 역사와 희망을 공유하고 있는 공동체 안에서 건전하게 성장한다. 그리고 공동체의 정체성과 활동 분야(purposeful activity)는 공동체의 앞으로의 여정과 활동 방향에 따라 결정된다.

변화하는 시대를 위한 새로운 리더

과거에 통용되던 리더십 스타일은 새롭게 펼쳐진 21세기 사회에는 적합하지 않을 것이다. 미래가 예측 불가능하기 때문에, 장기적인 계획에 따라 선결(先決)된 지침들은 별로 소용이 없다. 비즈니스 업계나 그 밖의 단체들과 마찬가지로 교회도 JIT(just-in-time) 방식, 다시 말해 상황에 따라 적시에 계획을 수정하는 능력을 기르고 대안 시나리오를 마련할 수 있어야 한다. 이쯤에서 manage(관리하다)라는 단어의 원래 의미를 되새겨 볼 필요가 있다. 통치자들이 "manage"를 "통제하다"는 의미로 도용하기 전에는, "통제할 수 없는, 예측하기 어려운 주위 상황에 신속하고 적절하게 대응한다는 뜻"의, "coping"(대처하다)을 의미했다. 목회 사역 분야에서는 아직까지 "manage"를 대처하다의 의미로 사용하고 있다. 가정 내 불화를 겪고 있거나 비극적 상황에 봉착한 이들을 어떻게 관리(manage)하느냐고 물을 때, 그것은 어떻게 대처(coping)하느냐는 의미이다.

오늘날과 같이 빠르게 변화하는 시대에는 경험이 지식의 필연적인 기반은 아니다. 과거의 해법과 대안은 현재의 과제들에 적합하거나 적절한 해답을 제공하지 못한다. 그러므로 오랜 시간 리더로 일했던 사람들이 당면한 커다란 과제는 새로운 지식과 기술을 습득하는 것이 아니다. 오히려 이미 증명된 사실이라고 생각했던 과거의 익숙한 것들에서 과감히 벗어나는 것이다.

그러므로 새롭게 사역을 시작하는 교회 리더들 중에는 통제적 리더십에서 임파워링 리더십으로 스타일을 바꾸기 위해 의도적으로 행동하는 사람들이 있다. 하지만 그 계획은 대부분 실패하고 있다. 지원자가 부족하거나 임무를 맡은 담당자들이 무능력하며 구성원들이 오랜 관습에 젖어 있기 때문에, 결국에는 리더 혼자 일을 처리한다. 리더들이 이러한 시스템의 덫에서 헤어나오지 못하는 이유는, **그들 스스로** 이 일을 하지 않으면 일이 처리되지 않을 것이라 가정하기 때문이다. 임파워링 리더, 즉 사람을 세우고 그에게 권한을 위임하는 리더는 책임 분배를 할 줄 알아야 한다. 책임이 "영적" 영역과 "성례"(聖禮)를 담당하고 있는 목사로부터 평신도들의 어깨 위로 옮겨지면, 평신도들은 자금 조달이나 자산 관리와 같은 실질적 문제들을 맡게 된다. 그렇게 해서 목사들과 평신도 지도자들이 함께 사역, 선교, 교회 관리의 영역에서 영적, 현실적 문제들을 검토해 나가게 된다.

워런 베니스는, 지적 혁명과 세계화에 따른 도전들을 감수하기 위해서는 새로운 리더들이 필요하다고 주장한다. 이때 새로운 리더란 단순히 젊은 리더를 말하는 것이 아니라 참신한 역량을 갖춘 리더를 가리킨다. 실제로 워런 베니스는 우리 모두에게 30세 미만의 청년층과 70세 이상의 노년층의 충고를 귀담아 들으라고 권고한다.[19] 젊은 세대는 신선한 관점을 제시하며, 나이 든 사람은 뛰어난 식견을 가지고 있다. 그들은 권력을 탐하지 않으며 젊은이들에게 선두를 양보한다.

지혜를 구하고 신뢰를 쌓으라

젊은이의 목소리에 귀를 기울이라는 충고는 쉽게 납득이 가지만, "70세 이상" 노인의 조언을 마음에 새기라는 말은 제법 충격적일 수 있다. 나이 든 이들의 말은 두 가지 면에서 큰 도움이 될 수 있다. 그들은 더 이상 자신의 지위나 입장을 방어할 필요가 없기 때문에 누구보다 객관적으로 생각할 수 있다. 특히 80대 고령층들은 생의 마지막 비상을 위해 놀라운 비전을 제시하기도 한다. 어떤 변화도 그들의 삶에 영향을 미칠 수 없기에, 그들은 변화를 겁내지 않는다. 나는 고령의 리더들에게 멘토링을 받고 싶어하는 젊은 리더들을 많이 보았다(조부모를 공경하고 베이비붐 세대 부모들과 친밀한 경우가 특히 그러하다). 이러한 사실을 알고 있다면, 이머징 교회를 잠시 스쳐 지나가는 젊은이들의 유행이라 치부할 수 없을 것이다. 단일 세대로 구성된 무리들은 교회를 편파적으로 이끌어 갈 위험이 있다. 35세 미만의 젊은이들 사이에서 우위를 점하고 있는 교회들의 성도 연령대를 살펴보면 약 15-20% 정도가 60세 이상이다. 나이 든 성도들은 교회 구성원들에게 필요한 멘토링, 책임감, 격려, 그리고 현명한 조언을 제공한다.[20]

젊은 리더들은 전형적으로 선임 리더들과는 다른 스타일의 리더십을 펼친다. 이때 문제가 되는 것은, 세대가 다른 리더십들이 서로 분리되어 있다는 것이다. 빌 이섬(Bill Easum)은 "오늘날 영향력 있는 리더들은 대부분 30세 미만이며, 우리는 그들의 말을 들으려 하지 않는다"고 지적한다.[21]

젊은 리더들은, 권위가 단순히 지위나 직함에서 오는 것이 아니라 주어지는 것임을 잘 알고 있다. 신뢰받을 만하고 자질을 갖추어야 권위를 인정받을 수 있다. 젊은 리더들은 권위를 행사한다고 해서 자동적으로 리더십이 생기는 것이 아님을 알고 있다. 리더십은 권한(power)을 적절히 분배할 때 나타나며, 권한은 자신의 전문 지식을 활용할 때 주어진다. 권한은 신뢰를 바탕으로 형성되며, 친밀하고 폭넓은 인간관계가 그것을 더욱 강화시킨다. 영국의 경제 평론가 찰스 핸디(Charles Handy)는 8인의 조정 선수들의 이야기를 예로 든다. 노를 젓지 않는 콕스(키잡이)가 잘못 지시를 하여 보트가 뒤로 갔다는 이야기이다. 찰스 핸디가 이 이야기를 할 때 청중 가운데 사공이 한 사람 있었는데, 그는 이렇게 반문했다. "배가 빠르게 뒤로 가는 것도 팀원들이 의사소통을 하지 않았다면, 서로의 능력을 전적으로 신뢰하지 않았다면, 공통의 목적에 집중하지 않았다면, 목표 달성을 위해 최선을 다하지 않았다면, 어떻게 가능했겠습니까?"[22]

미래의 리더는 변화하는 주변 상황과 더불어 성장, 발전해야 한다. 그는 예측하지 못한 상황에 신속히 대응해야 한다는 것을 알고 있다.

그는 저자세로 수많은 비난을 감수하는 모험가이다. 미래의 리더는 변화의 필요성을 절감하면서 변화에 주력하는 개인들이다. 그는 끝을 모르는 호기심의 소유자이기도 하다. 그 호기심이 그로 하여금 겉보기에는 조각나 보이는 정보들 사이에서 연결고리를 찾아내도록 할 것이다. 성장하는 단체의 리더는 일생 동안 배움에 전념한다. 그리고 늘 배움의 자세를 유지하고 있기에 그는 언제나 겸손하다. 그는 쉽게 말하지 않으며, 자신의 지적 한계를 인정하고 끊임없이 질문을 던진다. 리더는 지속적으로 새로운 관점들을 흡수하여 성장하며 과정을 수정해나간다. 만일 그가 배우기를 멈춘다면, 그는 더 이상 리더가 아니다.

리더십 챌린지

지금까지 발생론적 관점에서 리더십을 재정의하고 리더십의 다양한 수준들을 살펴보면서 시대적, 문화적, 지역적 상황이 리더십에 얼마나 많은 영향을 주었는가를 확인하였다. 여기에서는 리더십 챌린지(challenges)에 주목해 보자. 리더십 챌린지에 관한 논의는 전통적 교회 문화와 포스트모던 시대의 문화 그리고 현재 점증하고 있는 신(新)이교도 문화를 비교, 대조하는 과정에서 보다 명확해질 것이다.

21세기 교회 리더는 기존의 가설들과 정책들 그리고 절차들을 모두 재검토할 수 있어야 한다. 오늘날의 문화적 상황에서 효과적으로 선교 사역을 감당하려면, 현재 섬기고 있는 교회와 리더십의 시대적 타당성을 검토해야 한다. 그것이 선교에 방해가 되는지 아니면 유용한 경로인지를 따져 보고 개혁을 추진해야 한다. 대부분의 경우, 리더의 사명은 교회로 하여금 절망적인 현실을 직시하고 무지와 망설임이 빚어낸 격한 반발들을 극복할 수 있게 하는 것이다.

리더는 제도의 계승과 보존을 넘어서 선교 중심의 제자 공동체를 선도한다.

리더가 해야 할 최우선 과제는, 교회가 하나님께서 명하신 선교의 사명 위에 바로 설 수 있도록 교회학과 선교학을 재결합시키는 것이다. 기독교계가 우위를 점유했던 지난 수 세기 동안, 교회와 선교의 분리가 이루어졌다. 선교는 하나님께서 분부하신 사명이다. 선교는 세대를 뛰어넘어 인간을 향한 하나님의 마음이자 인도하심이며 인내하심이다. 선교는 삼위일체의 세 인격이 각기 독특한 역할을 하면서도 연합하여 추구하는 과업이다.

따라서 교회가 맡겨진 사명을 진심으로 실천하고자 한다면, 예수 그리스도가 이 땅에서 사역할 때 늘 하나님 아버지와 성령과 함께 동행하며 그분들과 긴밀한 관계를 유지했음을 명심하고, 예수 그리스도의 사역으로부터 선교의 모델과 영감, 동기, 그리고 지혜를 얻어야 할 것이다. 요한은 그의 복음서에서 늘 이 점을 강조하였다. 요한복음 17장 18절에는, 하나님 아버지께 예수 그리스도가 그의 제자들에 대해 어떻게 말씀하셨는지 나온다.

> "아버지께서 나를 세상에 보내신 것같이 나도 그들을 세상에 보내었고"(요 17:18).

그리고 요한복음 20장 21절에는, 부활 후 마가 다락방에 모인 제자들에게 예수 그리스도가 건넨 다짐과 도전이 기록되어 있다.

"너희에게 평강이 있을지어다 아버지께서 나를 보내신 것같이 나도 너희를 보내노라"(요 20:21).

예수 그리스도의 사명의 핵심은, 가까이에서 그분을 따르는 무리들을 훈련시키는 것이었다. 그들은 (1) 예수 그리스도의 가르침을 듣고 배우며, (2) 매 순간 사람들과 교제하는 예수 그리스도를 지켜보았다. 그때 예수 그리스도는 사람들의 요구에 응하기도 하고 그들의 추측을 반박하기도 하였다. (3) 그리고 그들은 예수 그리스도의 인도와 감독하에 일하면서 훈련을 받았다. 그들은 첫 번째로 훈련받은 자들(제자들)이었고, 제자가 된 후에 예수 그리스도의 개인적 대변인(사도들)으로서 세상에 보냄 받았다.

세상의 모든 이들을 제자 삼으라고 명령 받은 자들은 바로 제자들이었다. 다시 말해서 다른 사람들을 전도하여 그를 그리스도의 제자로 세우기 위해서는, 우리가 먼저 제자 훈련을 받고 예수 그리스도의 제자가 되어야 한다. 더욱이 예수 그리스도는, 믿는 자들의 신앙 공동체가 세상을 변화시키기 위해 세상에 나가 말씀을 전파하고 사역을 계속해 나갈 것이라 예견하였다. 따라서 그리스도가 계신 하늘나라의 복음을 선포할 때에야 비로소 신앙 공동체가 하나님의 종이라 할 수 있으며, 다시 오실 그리스도께서 이 땅을 다스린다는 하나님의 계획(God-ordered)을 예언하는 증표로서 기능한다 할 것이다.

이처럼 예수 그리스도의 부름에 대한 응답이 복음 전파와 선교라면, 잠재적 리더는 어떠한 정체성을 갖고 무엇을 준비해야 하는가? 분명한 것은, 예수 그리스도의 말씀에 따라 변화되고 그분의 인도에 따라 방향을 재조정해야 한다는 것이다. 그렇지 않으면 그는 신뢰를 받지 못할 것이다. 그리고 리더 훈련은 그가 준비하고 있는 선교에 맞게 행해져야 한다. 사회 주변부로부터 타 문화와 소통하기 위해서는 선교학적 통찰력과 더불어 신학적 지식을 갖춰야 한다. 하지만 지금의 사역 훈련은 대부분 하나님의 양들을 돌보고, 그 "일터"(shop)를 유지하는 데 초점이 맞춰져 있다. 전통적으로 논의되는 신학적 논제 역시 기독교적 사고방식에 따라 구성되어 있으며, 거의 다 신학 분파들 간의 내부 논쟁에 관한 것이다. 반면, 선교적 신학은 믿지 않는 자들과 타 종교인과의 대화를 중요시 여긴다.

그리고 리더는 사상이 이끄는 전도주의를 넘어서 가치에 의거한 제자 공동체를 선도한다.

그동안 쓰여 온 **복음주의**라는 말은 잘못되었다. 예수 그리스도의 복음을 주의(-ism)로 칭하여 그것을 일종의 사상으로 환원시키는 잘못을 저지르고 있는 것이다. 복음은 논리적으로 증명된 추상적인 명제들이 아니다. 복음의 핵심은 선포되고 주어진 소식이다. 이 소식은 이야기, 인물과 밀접하게 관련되어 있는데, 우리 역시 그 이야기의 일부로 초대받았다. 따라서 복음주의(evangel*ism*)라 칭하지 말고, 신약에서와 같은 방식으로 명칭을 수정해야 한다. 신약에서 복음 전도(Evangel*ization*)는 예수 그리스도가 그의 삶과 죽음 그리고 부활을 통해 실현한 복음 선포를 의미한다.

일반적으로 통용되고 있는 복음**주의**는 예수 그리스도를 구주로 영접할 수 있도록 인도하는 것을 말한다. 다시 말해 우리의 죄를 대속하며, 우리에게 하늘나라 백성의 주권을 부여한 예수 그리스도를 구주로 영접하도록 하는 것이다. 이것이 복음에 내포된 중요한 진리라는 것은 분명하다. 하지만 복음은 더 많은 진리를 담고 있다. 복음은 **사후의** 삶에 대해서만이 아니라 죽음 **이전의** 삶을 어떻게 살아갈 것인가에 대해 이야기하고 있다. 신약에 따르면 영생에는 지금 이 땅의 삶이 포함되며, 현재는 곧 영생의 전조이다.

리더에게는 공동체 구성원들에게 세례 언약의 의미들을 상세하게 알려줘야 할 의무가 있다. 예수 그리스도의 죽음 그리고 부활과 개인적으로 또 공동체적으로 동일시된다는 것이 무엇을 의미하는지 조목조목 설명해 주어야 한다. 세례는, 우리를 대신해 하나님께서 행하신 일들을 증거하며, 그리스도와 우리가 한 몸이 되었음을 나타낸다. 이때 그리스도와의 동일시를 주관적이거나 개인적인 서약으로 한정시킬 수는 없다. 세례를 받고 그리스도인이 된다는 것은, 다양성과 불완전성을 지닌 이 땅의 모든 교회와 한 몸이 되었음을 의미한다. 왜냐하면 교회가 곧 그리스도의 몸이기 때문이다(고전 12:13). 세례를 통해 우리는 신앙 공동체의 구성원이라는 새로운 정체성을 부여 받는다. 즉, 세례는 전적으로 공동체적 행위(corporate act)이며, 더 나아가 그리스도의 몸의 지체가 되며 그리스도의 사명으로 세례를 받는다는 의미이다. 그리스도의 사명은 모든 교회의 사역이며, 세례 받은 자들은 받은 바 은사를 활용하여 성령의 인도에 따라 사역에 공헌해야 한다.

하늘나라의 복음을 전파하는 데 있어 교회가 신뢰를 얻으려면, 먼저 겸손과 정직, 성실, 순결한 삶, 정의, 그리고 긍휼 같은 하늘나라의 가치들을 증명할 수 있어야 한다. 리더는 세례 언약의 관점에서 이 가치들과 각각의 속성을 설명하고, 본을 보이고, 그가 섬기는 교회와 서로 책임지는 관계를 맺어야 한다. 이러한 관점에서 리더십을 보면, 잠재적 리더에게 있어 동일시가 어떤 의미인지, 그리고 어떤 방식으로 그들을 훈련시켜야 할 것인지 살펴볼 수 있다. 지금까지는 경쟁적 실천과 개인적 성과에 기반한 학술적 풍토가 주를 이루었으나, 이제 그것은 재평가될 필요가 있다. 즉 기존의 방식으로 잠재적 리더가 개성을 창출하고, 관계 형성 능력을 고양시키며, 사역에 필요한 역량을 갖출 수 있는지 냉정하게 검토해야 한다는 것이다.

리더는 정보 교환을 넘어서 말씀에 근거한 영성 형성을 추구한다.

대부분의 개신교 교회에서 사역은 정보 교환을 중심으로 이루어진다. 목회자는 교사로 봉사하며 설교나 성경 공부, 기타 강연을 통해 지식과 지혜를 전달한다. 반면, 선교적 교회는 정보 생산보다는 성경적, 신학적 주제와 연결된 문제들에 관심이 많다. 선교적 리더는 정보 "생산"만큼이나 정보 "수용"에 많은 주의를 기울인다. 무엇이 수용되고 반영되고 영향을 주었는가? 그는 끊임없이 "그래서 뭐?"라고 질문을 던진다. 선교적 리더에게 있어 너무 쉬운 지식은 활용할 수 없는 지식일 때가 있다. 다시 말해, 정보 교환 중심의 사역 방식은 흔히 신학교 교육 과목과 평가 기준들에 의해 자주 보강된다.

전통 교파에 소속된, 한 대형 교회의 목사와 이야기를 한 적이 있다. 그는 매우 성공한 목사였다. 그는 교회를 개척하여 12,000명 이상의 성도가 출석하는 교회로 부흥시켰다. 많은 리더들이 그의 성공을 부러워하겠지만 그는 점점 불안을 느끼고 있었다. 그는 "어떻게 해야 삶을 변화시킬 수 있는가?" 하는 질문에 항상 시달렸다. 우리 교회 성도들은 일반 사람들과는 질적으로 다른 삶을 살아가고 있는가? 그리스도를 따르리라 고백한 성도들을 주의 깊게 살피고 그들과 교제한다면, 세울 수 있으리라 예상했던 "미래의 세계"(watching world)

는 어떤 모습이었나? 그리스도의 사람들은 누구보다 신뢰할 만하고 솔직한가? 그들은 검소하게 살아가고 있는가? 다른 무엇보다 결혼을 하고 부모가 되는 것을 우선시하면서 건전한 가정을 꾸려 가고 있는가? 그들은 일터에서도 복음의 가치들을 드러내고 있는가? 아니면 그리스도 안에서 신앙을 고백하지 않은 사람들과 전혀 다를 바 없는가?

우리는, 사도들에 의해 세워진 토대 위에 튼튼한 건물을 세울 수 있도록 질 좋은 건축 자재들을 주의하여 선별해야 한다.

"만일 누구든지 금이나 은이나 보석이나 나무나 풀이나 짚으로 이 터 위에 세우면 각 사람의 공적이 나타날 터인데 그날이 공적을 밝히리니 이는 불로 나타내고 그 불이 각 사람의 공적이 어떠한 것을 시험할 것임이라 만일 누구든지 그 위에 세운 공적이 그대로 있으면 상을 받고 누구든지 그 공적이 불타면 해를 받으리니 그러나 자신은 구원을 얻되 불 가운데서 받은 것 같으리라"(고전 3:12-15).

그러므로 겉모습은 중요치 않다. 신앙 공동체 설립을 도울 때 교회 개척자들이 염두에 두어야 하는 것은, 공동체가 불리한 여건 속에서도 존속할 수 있는가 하는 것이다. 그리고 이보다 더 우선시해야 하는 것은, 다시 오실 주께서 행하실 최후의 심판을 그들이 통과할 수 있는가이다.

서구 교회뿐만 아니라 빠르게 성장하고 있는 아프리카, 중남미, 그리고 아시아의 교회에도 충분히 훈련받은 교회 구성원이 부족한 상황이다. 믿는 자들의 삶에 변화가 일어나려면, 삶의 모든 속성을 포괄하는 제자도가 복음 위에 그리고 그 밖의 신약 말씀 위에 바로

서야 한다. 제자도에 관해서는 마태복음이 특히 도움이 된다. 마태복음에는 제자도의 개념이 기록되어 있는데, 이는 초대 교회 교인들에게 가르치셨던 그리스도인으로서의 정체성 확립에 관한 말씀에서 찾아볼 수 있다. 열두 제자도 제자 훈련 과정에서 놀라운 삶의 변화를 직접 체험한 후에야 비로소 제자 양성 사역에 착수할 수 있었다.

초대 교회 당시에는 제자도에 관한 포괄적인 기준 목록을 확립할 필요가 없었다. 그런데 관련 문제들은 시대와 여건에 따라 바뀌어 왔다. 이로 인해 성도 개개인은 신앙 공동체 안에서 지혜와 판단을 얻고, 다른 구성원과 상호 책임 있는 관계를 형성한다. 이와 같은 교제 안에서 근본적인 변화가 일어나기 시작한다. 1987년에 발표된 통계 결과에 따르면, 교회에 다니는 사람이나 다니지 않는 사람이나 가치 면에서 별반 차이가 없었다. 당시 여론 조사를 보면, "교회 다니는 사람들의 도덕적 관점과 행동은 다른 사람들과 크게 차이가 나지 않는다. 그들도 거짓말을 하고 속임수를 쓰며 도둑질하고 도난 신고를 하지 않는다."[23] 오직 예배 외 다른 활동들에 참여하며 교회에 헌신하는 사람들만이 큰 차이를 보였는데, 통계적으로 그들은 다른 사람들보다 진실되고 인종적 편견이 없으며 물질에 연연하지 않았다.

제자도를 "해야 할 일과 하지 말아야 할 일"로 나눠 목록화하다 보면 율법주의에 빠지거나 비판적인 태도를 취하기 쉽다. 비판적인 태도는 타인이 속한 문화의 특성들을 고려하지 않은 채 그를 판단하는 것을 말한다. 그리스도를 따르는 사람들 사이에도 문화적 격차가 분명히 존재한다. 따라서 그리스도인은 서로를 이해하는 마음으로 경청하는 자세를 갖고, 신약에 상세하게 언급되어 있는 하나님 나라의 가치들에 따라 상대방에 대해 의무를 다해야 한다. 마지막으로,

개인의 삶 속에 그리고 제자 공동체 가운데 성령의 임재가 없다면, 그리스도를 닮아가는 삶의 변화란 있을 수 없다(롬 8:5; 고전 6:19; 갈 5:22-25; 엡 5:18). 믿는 자들은 하나님 나라의 가치를 증거하고 그들에게 주어진 임무(mission)를 감당하면서 그리스도 안에서 살겠다는 마음가짐을 다잡아 나가야 한다.

리더는 통제적 위계질서를 넘어 그리스도 추종자들의 능력 네트워크(empowerd networks)를 선도한다.

현재 젊은 리더들은 평등주의적 리더십을 제시하고 있다. 오늘날과 같이 다양하고 빠르게 변화하는 사회에서, 선두에 선 사람들은 신속하게 올바른 결정을 내릴 수 있는 지식과 능력을 갖추어야 한다. 교회만이 아니라 오늘날 대부분의 단체들이 이 문제에 직면해 있다. 단체들은 새로운 리더십을 계발하고 보다 나은 리더십을 선별, 양성해야 한다.

빠르게 변화하는 현대 사회에서 조직을 선도하기 위해서는, 무관심한 태도를 보이거나 모든 것을 다 아는 듯 행동해서는 안 된다. 리더는 모든 일에 배우는 자세로 임해야 하며, 특히 한 번도 경험해 보지 못한 상황에 직면했을 때는 더욱더 겸손한 자세로 배워야 한다. 그리고 리더가 다른 사람에게 능률적으로 권한을 위임할 수 있으려면 우선 자신의 전문 분야에서 역량을 입증해야 한다. 이때 리더는 자신이 알고 있는 것과 모르고 있는 것을 명확히 판단할 수 있어야 한다. 이 두 가지는 다른 사람에게 권한을 부여하는 데 있어 필수적인 요소이다.

사실상 리더십은 거의 연결 작업으로 이루어진다. 리더십은 조각난 정보들 사이에서 접점을 찾아 연결하고, 도전에 대처할 수 있는 재량을 겸비한 사람들을 서로 연결시켜 주는 것이다. 리더의 임무는, (1) 리더십 팀과 지혜를 합하여 전체적인 상황을 검토하고, (2) 임무에 따라 조직력과 대인 기술을 갖춘 사람들을 한데 모으는 것이다. 이를 수행하기 위해서는 단선적인 사고방식에서 벗어나 기성 관념에 얽매이지 않고 수평적으로 사고할 수 있도록 훈련받아야 한다. 그리고 실생활에서 부딪치게 되는 도전들은 광범위하고 수준이 다양하기 때문에, 리더는 간단한 문제들도 처리할 수 있는 능력을 길러야 한다.

주 1회 모임을 넘어서 현재 진행 중인 선교 사역에 종사할 수 있는 팀을 구성한다.

신약에 나오는 지역 교회는 매주 한두 시간 모임을 갖는 사람들의 그룹 또는 무리가 아니다. 성경은 이 점을 강조하고 있다. 신약의 지역 교회는 팀 연맹으로 보아야 한다. 그들은 신앙고백을 준수하고 주변 사람들에게 봉사함으로써 서로를 지지하고 용기를 북돋아 주었다. 그리스도의 몸 된 교회 안에서 사역과 선교는 관계 형성으로부터 시작된다. 프랜시스 헤셀바인(Frances Hesselbein)은, 미래의 단체는 선교 사역을 중시하고 가치들에 기반해 있으며, 인구에 따라 움직일 뿐만 아니라 관계 형성을 지향할 것이라고 예측했다. 관계 형성을 지향한다는 것은 단체의 구성원들이 항상 다른 사람을 위해 일할 준비가 되어 있음을 뜻한다.[24]

팀 구성에는 상당한 요령이 필요하다. 팀 구성은 리더십 훈련에서 필수 과정에 속하며, 팀 리더십을 필요로 하는 사역에서는 필수불가결한 요소이다. 건강한 팀에서는 모든 팀원이 자신은 존중받고 있으며 가치 있는 일에 참여하고 있다고 확신한다. 그들은 또한 모든 팀원이 자신의 능력과 지혜, 판단력을 가지고 팀에 공헌하고 있음을 알고 있다. 서로를 높이는 관계 속에서 팀원들은 서로를 인정한다. 팀원들이 함께 힘을 합쳐 해결책을 찾고 특정 사안들을 다룰 전략들을 모색해 나간다면 시너지 효과를 낼 수 있다. 팀 구성은, 유급 직원들과 함께 일할 때도 그렇지만 봉사자들과 함께 일할 때 더 가치가 있다. 그러므로 차세대 리더가 현대 교회를 이끌어 나가기에 적합한 사역 능력을 양성하기 위해서는 팀 구성에 관해 훈련받아야 한다.

개인적 자아 실현의 복음을 넘어서 봉사 지향적 신앙 공동체로 나가야 한다.

젊은 리더들은 대부분의 선임 리더들보다는 총체적인 관점에서 다방면에 걸친 그리스도의 사역을 해석하고 있다. 그들은 그리스도의 가장 큰 계명(네 이웃을 네 몸과 같이 사랑하라)과 지상 명령(너희는 가서 모든 민족을 제자로 삼으라)을 엄밀하게 범주화하여 구분하지 않는다. 진정한 제자는 그 둘을 구별하지 않는다. 하나님께서 이 세상을 사랑하사 그 외아들을 주셨고, 그 아들은 우리가 그의 선교 사역을 이을 수 있도록 우리 마음속에 사랑을 넘치도록 부어 주었다.

젊은 리더들이 가장 고민하는 것은, 어떻게 하면 사람들을 교회로 불러 모을 것인가가 아니라 교회를 세상으로 이끌고 갈 최상의 방법은 무엇인가이다. 그들은 세상으로부터 사람들을 끌어내려 하기보다 사회 속에서 활동하고자 한다. 사역 리더를 선발하고 훈련시킬 때, 교회는 이 활동의 중요성을 기준으로 삼아야 한다. 예를 들어, 세상 일에 시달리다 압박감에서 벗어나고자 교회 내에서 사역하고자 하는 사람들을 선발해서는 안 된다. 아울러 세상에서 별다른 경험을 쌓지 못한 사람들은 사역에 헌신하기 전에, 선교사 지망생이 선교를 떠나기 전에 현지 적응 훈련과 타 문화 체험을 하는 것처럼 세상 경험을 할 필요가 있다.

    네 이웃을 네 몸과 같이 사랑하라 하신 계명은, 어떤 물질적 보상을 바라고 수행하는 전도의 수단이 아니다. 그런데 예수 그리스도의 제자들은 그리스도의 영 안에서 사람들을 측은히 여기며 사회 정의를 실천하였다. 그들의 봉사 활동 자체가 하나님 나라의 복음이 되어, 예수 그리스도가 복음의 근원이며 그들이 증거하는 이가 예수 그리스도이심을 드러내었다. 만일 어떤 의도를 숨기고 있다면, 그 행동은 사랑에서 비롯된 것이 아니라 조작된 것이다. 진정한 사랑은 아무런 조건 없이, 대가를 바라지 않고 솔선수범하는 것이다. 사람들이 예수 그리스도를 구세주로 영접하면, 그 결과 사람들은 복음에 대해 무언가 반응한다. 대개 그 반응은 그들이 행하는 사역의 독특성으로 표현된다. 굶주린 자를 먹이고, 집 없는 자들에게 살 곳을 마련해 주거나, 버림받고 학대받은 이들을 위해 피난처를 제공하는 사역에 종사하는 사람들은, 그들이 섬기는 주의 성품들을 드러내 보인다.

    예수 그리스도의 추종자들이 보여주는 개인적 자질들과 사심 없는 헌신은, 여러 가지 궁금증을 자아내고 사람들을 끌어당기는 강한 매력이 있다. 이 사역에 몸담은 사람들은 그들이 섬기는 그리스도를 기꺼이 증거한다. 그렇다고 단지 전도를 위해 그들이 봉사하는 것은 아니다. 그들은 영적 반응이 일어나건 일어나지 않건 개의치 않으며, 아낌없이 조건 없이 봉사한다. 도움이 필요한 사람들에게 봉사하는 데에는 영적인 것과 물적인 것의 구분은 필요하지 않다. 그들은 예수 그리스도의 이름을 증거할 수 있는 기회가 주어지건 그렇지 않건 상관없이, 다만 예수 그리스도의 이름을 찬송하고 영화롭게 하기 위해 사역한다.

교회 내부적 사역을 넘어서 사회를 변화시키는 제자 공동체를 선도한다.

모든 지역 회중들은 다음과 같은 문제에 대해 생각해야 한다. '주께서 우리를 부르실 그날, 하룻밤 새 우리가 인근 지역으로부터 사라진다면, 주위 사람들이나 주변 공동체들은 우리가 더 이상 그들과 함께 있지 않음을 어떻게 알 수 있을까?' 선교적 교회는 단순히 교회의 구성원들의 요구에만 부응하지 않고, 그들이 살고 있는 세상에서 영향력을 행사할 수 있는 제자 그룹들을 양성한다.

대부분의 경우, 선교적 교회는 많은 선교 사역을 수행하기 위해 분산적으로 배치되어 있다. 선교적 교회는 공동의 예배(corporate worship)를 드리기 위해 매주 모이는 것만큼이나 분산 활동을 중시한다. 선교적 교회에서 리더의 임무는, 교회 구성원들이 각자의 사역지에서 하나님 나라의 대변인으로 활동하며 자신의 선교 사역 미션을 확인할 수 있도록 돕는 것이다. 리더는 사역에 적합한 구조를 정착시켜 그리스도를 따르는 팀 구성을 돕는다. 그러면 이 팀들은 사명감을 갖고 자신의 제자도에 담겨진 가치들을 실현해 나간다.[25]

이상이 리더십을 정의할 때 고려해야 하는 광범위한 의제들이다. 리더는 조직의 수호자나 수행자로서의 역할에 만족할 수 없다. 그는 사도의 역할을 수행하기 위해 부름 받았기에, 세상 속으로 교회를 보내고 그들과 동행해야 한다. 그리고 믿는 자들 자신이 살고 일하고 있는 공동체들과 교전하고 있는, 그 주변부에서 활동해야 한다.

요약

이 장에서는, 전통적 교회들이 "선교 중심의 신앙 공동체"로 발돋움하기 위해 넘어서야 하는 도전들에 대해 살펴보았다. 정보화 사회에 필요한 리더십은 개인의 능력이 아니라 팀 기능이다. 다시 말해 이 시대의 리더십은 개성과 은사 그리고 경험들을 보유한 팀 구성원들이 함께 사역할 때 형성된다. 앞서 확인한 바와 같이, 리더십은 개성과 카리스마 그리고 자신감을 모두 포괄한다. 이머징 교회에서 리더십은 회중들 안에서부터 일어날 것이며, 각자 다른 위치에서 모든 사람들이 리더십의 역량을 발휘할 것이다. 그러므로 교회는 이제 리더십이란 공동체 전체에 스며드는 가치임을 이해해야 한다.

리더십 스타일은 왜 바뀌어야 하는가?

이 장에서는 21세기 세계적 변화의 추세들과 그 특성들을 전반적으로 그리고 근본적으로 살펴보고자 한다. 오늘날 사회는 변혁의 물살에 휩쓸려 강한 충격을 받고 있다. 만일 교회가 그 물살을 피해 갈 수 있으리라 여기고 교회 문화라는 보호용 고치를 틀고 그 속에 숨어 있다면, 그것은 참으로 위험한 일이다. 이 시대의 교회는 그러한 유혹을 뿌리칠 수 있어야 한다. 그리고 리더십 스타일 역시 교회가 직면한 도전들을 고려하여 바뀌어야 한다. 이것은 이머징 교회의 기업가적 리더들뿐만 아니라 기성 교회의 리더들에게도 해당되는 문제이다. 단순히 새 리더가 필요하다고 주장하는 것이 아니다. 우리에게는 **다른** 스타일의 리더가 필요하다. 차세대 리더들과 더불어 현재 활동 중인 리더들 역시, 점점 더 복잡해지는 사역 환경 속에서 교회를 효과적으로 이끌어 나갈 수 있도록 새로운 통찰력과 수행 능력을 양성해야 한다.

현대 서구 사회에서 교회는 더 이상 사회적 가치를 구성하는 중심 제도가 아니다. 사회적, 정서적, 정신적 요구들을 충족시키지 못하고 있으며, 앞 장에서 언급한 바 있는 정체성 형성에 기여하지 못하고 있다. 오늘날과 같은 포스트 콘스탄티누스 시대에서는 교회가 할 수 있는 역할이 제한적이며, 예전보다 훨씬 협소하다는 것이 일반적인 인식이자 교회 구성원의 생각이다.

현대 사회에서의 교회의 위상을 평가하고 보다 나은 미래를 구상하려면, 우선 앞으로의 방향성에 대해 진지하게 고찰해 보아야 한다. 이대로 쇠퇴하여 결국에는 시대에 뒤쳐지게 될 것인지, 아니면 활력을 되찾기 위해 근본적으로 개혁을 시행해 나갈 것인지 자문해 보아야 한다. 신약 시대 교회는 역동성을 띠고 있었고, 교회 설립 후 첫 3세기 동안 로마제국에 강력한 영향력을 행사하였다. 미래 사회에서 교회가 나아갈 방향은 신흥 리더십(emerging leadership)의 자질과 비전에 따라 대부분 결정될 것이다.

오늘날의 문화는 응집력이 적고, 파편화된 소집단들 간의 경쟁에 의해 특징지어진다. 이 점을 고려해 볼 때, 변혁은 지역 교회들과 임시 파트너들(informal cohorts)을 중심으로 대중적으로 발의될 때 가능해질 것이다. 아래로부터 시작된 창의적 발의는 변혁을 일으키고 성공적으로 이끌어 갈 수 있는 잠재력을 지니고 있다. 반면 교회는 딱딱한 관료 체제를 유지하며 의사 결정 과정에 따라 지시를 내리고 있기 때문에 정체되기 쉽다. 일률적인 방식은 다양하게 변화하는 환경에는 적합지 않다. 그러므로 교회 선임 리더는 발의 수용자(initiative-takers)로 그리고 허가 수여자(permission-givers)로 일하는 방법을 배워야 하며, 동시에 강한 책임감으로 무장해야 할 것이다.

벼룩과 코끼리

찰스 핸디는 상업 분야에서의 기술 혁신은 대부분 코끼리들이 아닌 벼룩들에 의해 야기된다고 말한다. "현재 조직 사회는 벼룩들과 코끼리들로 빠르게 나뉘고 있다!" 핸디의 주장에 따르면, 코끼리들이 "새로운 아이디어를 내는 것은 대부분 벼룩들이다"는 사실에 주목하고 있는 반면, 벼룩들은 코끼리 몸에서 떨어져 나와 바깥에서 살고 싶어한다. 하지만 벼룩에게는 코끼리가 필요하다. 이와 마찬가지로 모든 사회에는 창의적인 벼룩과 경쟁력을 갖춘 코끼리 모두가 필요하다.¹

핸디의 의견이 비록 상업 분야에 관한 것이지만, 현재 교회의 상황과도 맞아떨어진다. 변혁을 이룬 교회들을 살펴보면, 그 변혁의 주역이 대체로 지위가 낮은 사람들이라는 것을 알 수 있다. 따라서 위계적 체제를 갖춘 교회의 리더는 변혁의 움직임에 지속적으로 관심을 갖고 그들과 교류하며 지지를 보내야 할 것이다. 전통적 교회의 리더는 여기서 한 걸음 더 나아가야 한다. 그는 과도기에 있는 교회들이 창의적인 "벼룩" 리더십을 확립하고 장려할 수 있는 새로운 방안들을 요구하고 있음을 인식해야 한다.

대부분의 변화가 소규모로 그리고 지역적으로 시작되었다는 점에서, 현대는 작은 일의 날(a day of small thinings)이라고 할 수 있다. 여기서 '작은 일'은 사소하고 미미한 일을 가리키는 말이 절대 아니다. 작은 일들이 항상 큰일이 되는 것은 아니지만, 벼룩은 코끼리보다 훨씬 빠른 속도로 재생산이 가능하다. 따라서 벼룩은 코끼리보다 파급력이 훨씬 클 수 있다!

종교 다원주의와 대면한 서구 교회

비록 미국에서는 유럽, 캐나다, 호주에 비해 세속화가 더디게 진행되고 있기는 하나, 세속화는 교회를 사회 주변부로 몰아냈다.[2] 서구 사회 전반에 미쳤던 교회의 영향력은 서서히 저하되고 있다. 이처럼 세속화가 기독교계를 완전히 해체하고 있음에도 불구하고 초월에 대한 사람들의 욕망은 시들지 않고 있다. 오히려 최근 수십 년 동안 영성은 사회 활동의 강한 원동력으로 다시 부각되고 있다.[3] 영성은 의미를 찾기 위해 내면을 탐구하는 것, 선택의 결과들을 탐험하는 것으로 정의된다. 일반적으로 이것은 개인적인 선택에 따른 종교에의 헌신이나 절충적으로 혼합된 종교의 창안으로 이어진다. 때로 이것은 "골라 짜 맞춘"(mix-and-match) 또는 "스뫼르고스보르드식"(smorgasbord) 영성이라 불리기도 한다.

기독교계하에서 우위를 점유했던 교회는 이제 사회에서 점점 더 소외되고 있고, 종교적 환경이 다원화됨에 따라 서로 경쟁하고 있다. 이 소외와 경쟁이 지시하는 바를 알려면, 대형 체인 서점들에서 "종교와 영성" 관련 서적들이 어디에 그리고 어느 정도의 규모로 진열되어 있는가를 대충 훑어보면 된다. 종교적 다원주의는 국제 이민 증가로 보다 강화되고 있다. 현재 서구 국가들에는 회교, 힌두교, 시크교, 불교, 유교 등 다양한 종교를 가진 사람들이 속속 유입되고 있다. 그 결과 많은 기독교인들이 매일매일 다른 종교를 가진 사람들과 만나고 있다.

이러한 스뫼르고스보르드식 영성은 전통적 스타일의 기독교 활동에는 별 반응을 보이지 않는다. '우리에게 오라'(come-to-us)라는 초대 형식의 복음 전도 전략은 전혀 효과가 없다. 이제 우리에게는 새로운 사도적 스타일의 리더십이 필요하다. 새로운 리더십은, 주변 공동체 사역이 점차 초문화적(cross-cultural)으로 바뀌고 있으며 기독교인들에게는 이 상황에 적합한 통찰력과 훈련이 필요하다는 것을 직시해야 한다. 요컨대, 선교 전략들을 홍보하는 것만으로는 부족하다. 예를 들어, 종교적으로 다원화된 사회에서는 변증론을 수용하는 모험을 감행해야 한다. 기독교 변증론은 더 이상 유신론 대 무신론에 관한 이론이 아니다. 신성(deity)과 인간 조건(human condition)에 대한 상이한 해석들이 넘쳐나는 상황에서, 우리가 가지고 있는 기독교인 자체의 이해와 관련된다. 캐나다 출신 신학자 존 스택하우스 주니어(John G. Stackhouse Jr.)는 종교 다원주의하에서의 기독교 변증론의 필요성을 역설하였다.

> 오늘날에는 어느 누구도 북미 사람들에게 주어진 사상적 선택의 범위를 이해할 수도 완전히 파악할 수도 없다. 따라서 '나의 사상은 어느 누구의 것보다 우월하다'는 주장은, 완전히 증명 불가능한 것은 아닐지라도 증명하기 어렵다는 것이 곧바로 판명될 것이다. 그러므로 자기만의 사상에 대한 열의를 표현하려면 이러한 상황에 적합한 방식으로 해야 할 것이다.[4]

숙련된 선교사의 역량이 발휘되는 지점이 바로 여기이다.

현재 미국과 영국 내 해외 선교 단체들과 귀국한 선교 인사들은 그간의 경험에서 나온 식견들을 교회와 공유하고 있으며, 도시 교회 개척 사업에 인사들을 배치하고 있다. 미국 남침례교총회의 선교위원회(Southern Baptist Mission Board)와 영국 성공회선교협회(Church Mission Society of the Church of England), 그리고 OM국제선교회(Operation Mobilization), 예수전도단(Youth With A Mission)과 같은 단체가 그 예라 할 수 있다. 그리고 다문화적 도시 환경에서 자란 젊은 이들의 헌신 또한 중요하다. 그들은 자신과는 다른 민족성, 문화를 지닌 사람들과 자연스럽게 어울리며 성장하였기 때문에, 교회가 초문화적 감수성을 갖출 수 있도록 이끌고 있다. 어찌 보면 다문화적 도시 환경이야말로 최적의 선교 훈련소이다. 서구 교회는 앞으로 다른 지역에 있는 교회들, 즉 타 종교 전통이 지배적인 문화에서 기독교인들이 소수 공동체로 살아가고 있는 지역의 교회들로부터 배울 것이 많다.

이러한 다원론적 교류 방식은 여러 측면에서 서구 기독교인들을 자극하고 있다. 소수 그룹들은 그들의 신앙과 신념이 불화하는 문화적 환경 속에서 살아남기 위해서라도 단결할 수 있다. 그들에게 있어 예배당과 종교 행사장은 그들의 사회적 정체성을 재강화하는 장소이다. 그들은 그곳에 모여 믿음을 회복하고 신앙을 거듭 확인하면서 그룹을 지탱해 나간다. 다른 이들에게는 수상쩍어 보일 수도 있고 위협적으로 느껴질 수도 있다. 심지어 배척하거나 적대감을 품는 이들이 있을 수 있다. 이런 환경 속에서 살아가다 보면, 개인적으로 또는 가족 단위로 '이 사회 주류 문화 내에서 사회적·경제적으로 성공하기 위해서는 믿음과 실천에 있어 어느 정도 타협이 필요하다'는 유혹에 빠질 수 있다. 그렇게 그들은 서서히 명목상의 기독교인으로 전락하게 된다.[5] 명목상의 기독교인들은 타 종교의 신앙을 갖고 있으며 그들보다 훨씬 신앙이 깊은 이들에게 매료되거나 도전 받기도 한다. 특히 젊은이들이 이와 같은 유명론에 빠지기 쉬운데, 그들은 늘 자아 정체성에 대해 갈등하며 전 세계적으로 지배적인 청년 문화를 받아들일 것인가 아니면 자신의 문화적 정체성을 고수할 것인가 고민한다.

인내인가, 무관심인가?

현대 서구 사회에서는 계시에 기초한 일신교 신앙들이 인내란 명분 아래 도전 받고 있다. 종교적 배타주의에 대한 저항이 널리 퍼져 있으며, 전통적인 기독교 교파들(예를 들어 가톨릭, 정통 유대교(orthodox), 프로테스탄트) 간의 배타주의는 물론, 기독교와 타 종교들(이슬람, 힌두교, 시크교) 간의 배타주의 역시 비판받고 있다. 서구 사람들이 보기에 인내란 단순히 종교적 무관심이나 철학적 상대주의를 가리킨다. 이러한 종교적 무관심은 유신론자는 물론 무신론자들에게도 영향을 줄 수 있다.

《Atlantic Monthly》에서 조너선 라우치(Jonathan Rauch)는, 그의 종교에 관해 질문을 받았을 때 다음과 같이 대답했다고 한다.

> "유신론자죠"라고 말하려다, "나는 스스로를 유신론자라고 불렀었다"고 대답했다. 지금도 여전히 하나님을 믿지 않지만, 어떤 식으로든 내가 스스로를 유신론자라고 생각했었다는 것은 사실이다. 그러다 어느 순간 나는 깨달았다. 나는 "무관심주의자"(apatheist)다!

이어서 그는 기독교인 친구들 역시 자신과 같은 무관심을 지니고 있다고 지적했다.

> 내 친구들 중에는, 하나님과의 내밀하고 사적인 관계 속에서 자신의 삶을 꾸려 나가고 있는 기독교인들이 있다. 그런데 그들은 내가 완고한 무신론의 유대인 동성애자라는 것에 대해 조금도 걱정하지 않는다. 그들의 태도에서 무관심주의의 중요한 특성을 발견할 수 있다. 즉 무관심주의자들은 다른 사람들이 하나님에 대해 어떻게 생각하는지 전혀 신경 쓰지 않는다.[6]

선교적 대응

콘스탄티누스 시대 이후 교회는 다원화 사회 발전 과정에서 뒤처져 후진 그룹이 되었으나, 교회가 이를 인정하지 않고 있다. 많은 보수 기독교인들이 공격적인 태도를 취하거나 음모론을 제기하며 반박하고는 있지만, 이러한 대응은 결국 그들이 불안을 느끼고 있음을 반증한다. 음모론은 힘의 균형을 깨뜨리려고 비밀리에 음모와 계략을 꾸미고 있는 세속적인 휴머니스트나 극단적인 회교도와 같은 무리들이 있다는, 근거 없는 확신에서 비롯된 것이다. 어떤 보수 기독교인들은 여전히 이전 시대에 기독교가 누렸던 위세와 특권, 권력의 복권을 꿈꾸고 있겠지만, 그것은 거의 불가능한 일이다. 교회 리더는 이와 같은 두려움이나 헛된 열망을 버리고, 믿음에서 유래한 소망을 품고 미래를 바라볼 줄 알아야 한다. 믿음에서 유래한 소망이란, 교회는 새로운 환경에 적응하고 생존할 것이며 더 나아가 번성할 것이라는 확신을 말한다.

이렇게 확신할 수 있는 근거는, 첫째로 교회는 오늘날과 같은 다원화된 환경 속에서 생겨났으며, 둘째로 초대 교회도 이러한 환경 속에서 사회 주변부로부터 활동을 시작하여 놀랍도록 확장되었다는 것이다. 따라서 미래에 대한 전망을 근본적으로 변화시킬 수 있도록 교회는 새로운 유형의 리더를 받아들이고, 그에게 권한을 부여하고 지원을 아끼지 말아야 한다. 여기서 말하는 새로운 유형의 리더는 선교적 리더를 말한다. 그는 선교적 확신을 지니고 있으며 현대 다문화 사회에서 활동할 수 있는 초문화적 선교 훈련을 받은 리더이다. 선교적 리더는 사회의 인정을 기대하지 않는다. 그는 지배적인 여론에 휩쓸리지 않고 미지의 바다에 배를 띄우는 선교의 모험을 실천할 준비가 되어 있다.

리더십의 임무는 훨씬 복잡하다. 교회의 회중은 각기 다른 문화를 지닌 네 세대로 구성되어 있으며, 리더십은 이들을 모두 아우를 수 있어야 한다. 대부분의 경우, 교회는 침묵의 세대(1924-1945), 베이비붐 세대(1946-1964), X세대(1965-1981), 끝으로 현재 20대 중반이 최고령인 Y세대로 구성되어 있다.[7] 각 세대는 세계관을 형성하는 사회적, 정치적 동향과 국제적 사건들(전쟁, 과학 발전, 경기 변동과 같은)에 의해 구성된다. 사회가 급속히 변화함에 따라 리더는 각 세대가 서로의 입장과 의견을 이해할 수 있도록 중재할 수 있어야 한다. 찰스 핸디는 이러한 리더의 사명에 대해 강조하면서 "나이 듦의 패러독스란, 모든 세대가 자신들은 선대로부터 정당하게 구분된다는 것을 자각하고 있으면서도 후대에게는 그들과 동일할 것을 요구한다는 것"이라고 설명했다.[8]

시대의 징후

이 장을 집필하기 시작하면서, 나는 릭 마셜(Rick Marshall)에게 "당신이 생각하는 가장 중요한 문화적 발전은 어떤 것들인지 알려 달라"고 부탁했었다. 릭 마셜은 빌리 그레이엄(Billy Graham) 목사의 크루세이드(crusade)에서 디렉터로 십 수년간 일했으며 문화적 동향에 관해 관심이 많은 사람이다. 그의 말을 듣고 나는 다음과 같은 판단을 확신할 수 있었다.

경제 발전. 그동안 중산 계층의 삶의 수준은 눈에 띄게 높아졌다. 그런데 기대치가 높은 만큼 재정적 압박은 갈수록 심해지고, 소비주의가 날로 양산되고 있다. 대부분의 가정에서 평균 생활 수준을 유지하거나 높이기 위해 맞벌이를 하고 있다. 이로 인해 사람들은 결혼에 대한 중압감에 시달리고 있으며, 맞벌이 부부의 아이, 점증하는 이혼율에 따른 한 부모의 아이, 그리고 부모의 다툼과 별거로 인한 상처로 고통받는 불안정하고 사나운 아이의 세대가 등장했다. 더욱이 동거 커플, 동성애 커플, 그리고 혼외 자녀가 증가하고 있다. 이런 상황 하에서는 시간적으로 여유 있는 사람들이 드물기 때문에 지원자 모집이 더 어려워진다. 따라서 안정적인 핵가족에 대한 이상을 붙잡고 있는 한, 교회는 상당수의 성도들을 소외시키는 결과를 낳게 될 것이다.

인구 변화. 유럽과 북아메리카의 인구는 고령화되어 가고 있다. 이는 단순히 저출산율 때문이 아니라 평균 수명이 늘어가고 있기 때문이다. 따라서 교회 성도 역시 점차 고령화되고 있다. 사역에 있어 이는 두 가지 함의를 갖는다. 첫째, 목사는 노년층의 요구를 충족시켜야 하며, 둘째, 그들은 교회가 변하는 것을 원하지 않는다는 것이다. 이러한 노년층의 요구에 부응하자면, 교회는 결국 40세 미만의 성도들과 완전히 단절되고 말 것이다.

우리 사회의 인종의 구성 또한 변하고 있다. 국제적 경기 불안으로 인해 아시아, 아프리카, 라틴아메리카, 동유럽으로부터 이민자가 대거 유입되었고, 그들은 이 사회의 새로운 거주민, 시민, 정기 노동자로 자리잡고 있다. 많은 교회 구성원들이 다른 종교를 가진 사람들과 함께 일하고 살고 있으며, 아이들 중에는 다른 신앙을 가진 아이와 사귀는 아이들도 있다. 그 결과 목사들, 심지어 백인 교회 목사들도 초문화 사역의 필요성을 절감하고 있다. 따라서 이 시대의 목사들은 주변 공동체 내부에서 발생할 수 있는 문화적 오해와 대립에 대해 긴장을 늦춰서는 안 된다.

정보화 시대. 오늘날 사회는 산업화 시대에서 정보화 시대로 이행하고 있다. 매일 새로운 정보들이 쏟아져 나오고, 신기술 분야는 기하급수적으로 성장하고 있다. 우리가 알아야 한다고 느끼는 것과 실제로 알고 있는 것의 격차는 날로 커져 간다. 통제적 리더는 자신이 모든 것을 알아야 한다고 생각하기 때문에, 극심한 불안에 시달리게 된다.

정보화 시대의 또 다른 특징은, 상상 가능한 모든 주제에 관한 지식을 인터넷을 통해 광범위하게 얻을 수 있다는 것이다. "지식의 민주화"로 인해 소수의 특권층은 더 이상 "지식을 독점"할 수 없게 되었다. 이 시대 리더들에게 있어 이와 같은 변화가 갖는 함의는 명백하다. 즉 우리는 더 이상 모든 것을 알 수는 없지만, 우리에게 없는 지식과 경험을 가진 사람들과 그것들을 공유할 수 있게 되었다. 신약의 교회 리더십은 한 개인에게 부여된 것이 아니라 특별한 은사와 경험을 가진 사람들 모두에게 주어진 것이었다. 이와 같은 리더십 스타일이 초대 교회에 적합한 것이었다면, 21세기 교회에도 필수적이라 할 수 있다.

정보와 경제 자원이 전 지구적으로 빠르게 이동하면서, 기관들의 활동 방식도 근본적인 변화를 겪고 있다. 경직된 위계질서나 제한적인 업무 방침은 정보화 시대에 적합하지 않다. 정보화 시대에는 신속한 대응, 대안 시나리오, 그리고 JIT 기획력(just-in-time planning)이 요구된다. 이는 다른 기관들에 비해 상대적으로 안정되고 평온한 섬과 같은 교회의 경우에도 마찬가지다. 이 시대의 교회 리더는 중요한 변화의 흐름들을 간파하고 시의적절한 방식으로 대응할 수 있어야 한다.

그리고 지식 혁명과 지구적 경기 변동하에서 다른 직장을 구하는 사람들, 현 직장에서 살아남기 위해 새로운 전문 지식을 연마하는 사람들이 늘어나고 있다. 구직과 강제 전근이 의미하는 바는, 사람들이 자주 이사를 다녀야 한다는 것이다. 이는 결국 교회의 경제난으로 이어지며, 기금 캠페인을 벌려 직접 경비를 마련하는 교회들이 생기기 시작했다.

인터넷, 위성TV, 휴대 전화기, DVD의 발명과 같은 매체 혁명은 팝문화의 전 지구적 세력 확장을 가져왔다. 아시아, 아프리카, 라틴 아메리카 등지에서는 청년층이 주요 이용자이다. 하이테크 문화는 인간관계와 의사소통에도 결정적인 영향을 끼치고 있다. 젊은 사람들은 가족이나 친구들과 마주 앉아 이야기하기보다는 인터넷 상에서 가상의 관계를 쌓아 나간다. 그리고 지나치게 자극적인 TV와 비디오 게임으로 인해 신경질환을 앓기도 한다. 이 시대의 아이들은 폭력적인 비디오 게임과 인터넷 포르노 사이트에 빠져 유년기를 잃어가고 있다.

초문화적 판단력

이 시대 리더는 문화의 동향을 공부하는 학생이 되어야 한다. 포스트모더니티에는 관심을 끌고 적극적으로 도전해 볼 만한 측면들이 있는 만큼, 방어적인 태도로 일관하며 모든 것을 거부할 필요는 없다. 실제로 포스트모더니티에는 성서적인 통찰력을 확증하고 현대 기독교인들이 자신의 믿음을 더욱 견고히 하기 위해 시도해 볼 만한 측면들이 있다. 우리 모두는 자신이 성장한 문화적 환경과 긴밀히 연결되어 있으므로, 이 문화라는 꾸러미 속에서 복음의 보배를 분류해 낼 수 있는 근거들이 있는지 유심히 살펴야 할 것이다. 교회는 말씀(unique message)과 기독교인으로서의 변별적인 생활방식을 잃지 않으면서도, 말씀을 상황에 접목시킬 방법을 강구하면서 지속적으로 문화에 참여해야 한다.

선교사들은 **단순** 상황화(naive contextualization)와 **비판적** 상황화(critical contextualization)의 차이에 주목한다. 전자의 경우는, 기독교인이 문화 전반에 대해 의문만 품은 채 내부 이슈들을 점검하거나 수정하려 하지 않고 내버려두기 때문에 겉포장만 그럴듯하게 꾸미는 것에 불과하다. 반면 후자의 경우에는, 기독교인이 복음과 문화 간의 복잡한 관련성을 인식하고 있다. 따라서 리더는 (1) 복음을 증거하는 문화적 요소들, (2) 오직 복음만이 실현할 수 있는 소망들과, (3) 기독교인을 시련에 빠뜨리는 악의 요소들을 구분할 수 있는 영적 변별력을 갖추어야 한다. 이머징 교회 운동 내부의 젊은 리더들 중 대다수가 초문화적 선교 훈련을 받지 않았기 때문에 단순 상황화에 빠지기 쉽다. 예를 들어, 많은 이머징 교회 리더들은 동방 종교의 헌신적인 신도들의 온화함과 수수함에 깊은 감명을 받으면서도, 이 종교들의 대중성과 진보적인 형식들은 인정하지 않고 낭만화된 형식에만 주목하는 경향이 있다. 기독교에 관해서도 똑같이 말할 수 있다. 따라서 우리는 이와 같이 어두운 현실을 인정하고 과거의 잘못을 참회하며, 우리가 선언하는 복음과 모순되는 행동들을 당장 멀리해야 할 것이다.

이 시대의 리더는 사회 전반에 걸쳐 일어나는 문화 변동들을 관찰하고 해석할 줄 알아야 한다. 문화 변동들이 한꺼번에 일으키는 여파는 실로 대단하다. 인텔 사의 전 CEO 앤드류 그로브(Andrew Grove)는 문화 변동을 "전략적 변곡점"(strategic inflection point)이라는 용어를 가지고 묘사한다.[9] 전략적 변곡점이란 힘의 균형이 깨지면서 곡선의 방향이 바뀌기 시작하는 지점을 말한다. 또한 그는 과도기를 "S자형 곡선"(sigmoid curve)을 이용해 설명한다. 미래는 시그모이드 곡선상에서 하락이나 새로운 궤도의 시작으로 나타난다. 만일 교회 리더가 문화 변동에 적절히 대응하지 못한다면, 그는 시대에 뒤처진 사고방식과 낡은 사역 방식에 매달린 채 교회를 쇠퇴의 길로 이끌고 갈 것이다.

1960년대 중반 전통 교파들의 쇠퇴는, 사회가 새로운 궤도에 진입했음을 단적으로 보여준 최초의 사례이다. 전통 교파들의 약세는 이후 수십 년 동안 회복되지 않았다. 오늘날 대부분의 전통 교파의 등록 교인 수는 예전에 비해 1/4에서 1/3 가량 줄어들었다. 출석 성도 수의 감소는 더욱 심각하다. 평균적으로 주일 예배 평균 출석 성도 수는 전체 등록 교인 수의 1/3도 채 되지 않는다. 상당수의 교회가 몰락하면서 초대형 교회의 수가 급격히 증가하였고, 새로운 교회 네트워크와 독립 교회 개척 사업이 등장했다. 하지만 성장하는 교회들의 기여도를 감안한다 해도 교회 성도 수는 전반적으로 줄어들고 있다.

젊은 세대는 윗세대에 비해 멀티미디어와 인터넷을 능숙하게 다룰 줄 안다. 윗세대를 '침묵하는' 세대라고 부르는 이유는, 그들의 목소리를 좀처럼 들을 수 없기 때문이다. 그들은 정보화 시대에 적응하지 못한 채 소외되고 있다. 침묵하는 세대와 베이비붐 세대 모두 문자 문화(word-dominated cultures) 세대이다. 그들에게 다중 채널 매체를 다루는 것은 참으로 어려운 일이다. 베이비붐 세대들은 이행 세대(transitional generation)의 면모를 보여주는데, 말하자면 그들은 50대 후반에서 60대 중반의 교회 리더들보다는 편하게 인터넷을 이용할 줄 안다(하지만 여기서 잊지 말아야 할 것은, 오늘날 우리에게 필요한 리더는 단순히 **젊은** 리더가 아니라 새롭고 다양한 역량을 지닌, 기존의 리더와는 구별되는 **유형의** 리더라는 사실이다).

대응할 것인가, 아니면 참여할 것인가?

보수 성향의 신학자들과 교회 리더들은 포스트모더니티에 대해 부정적으로 대응하고 있다. 그런데 그들의 반응은 감정적인 비난일 때가 많다. 그들은 포스트모더니즘 운동 내부에 하나님의 역사하심이 있는가를 묻지도 않은 채 즉각적으로 거부해 버린다. 이대로라면 무엇을 배울 수 있을까? 현대 교회에게는 무엇이 가치 있는 질문이며 도전인가? 먼저 이와 같은 질문들을 던지고 관련 이슈들을 검토한 후에야, 우리는 포스트모더니티의 부정적 측면에 대해 규정하고 그에 맞설 수 있을 것이다.

대부분의 중심 교파를 이끌고 있는 것은 모더니즘 교의를 내면화한 50-70대의 리더들이다. 그들은 합리주의와 상대주의에 기초한, 시대에 뒤떨어진 근대적인 전제들을 가지고 현대의 이슈들을 검토하고 있다. 오랜 역사를 지닌 전통적 교회의 선임 리더들 또한 그와 같은 전제들을 수용한 모더니티 문화를 신봉해 왔다. 때로 그들은 근대적 무기, 즉 모더니티의 논리를 가지고 모더니티의 산물들을 공격하기도 한다. 첫째, 그들은 커다란 변화를 야기할 문제적 이슈들에 대해 관련 요소도 살피지 않고 무조건 계획에 따라 대응한다. 둘째, 그들의 접근 방식은 일상사나 삶의 문제들에 기초한 것이 아니라 추상적이며 지나치게 명제적이다. 이와 반대로, 포스트모더니스트(the postmoderns)는 대화를 중시하며, 이슈를 함께 검토하는 그룹 구성원들이 서로를 지지할 수 있도록 신뢰를 바탕으로 한 관계 형성에 주력한다. 그들은 또한 명쾌하고 확정적인 해답이 존재하지 않는, 다의성과 불명확성이 지배하는 오늘날의 삶을 살아갈 준비가 되어 있다.

모더니티 그리고 포스트모더니티

모더니티. 모더니스트는 초월적이고 초자연적인 것은 불필요한 것이라 생각한다. 과학적인 방법은 널리 적용할 수 있는 지식을 제공하며, 그 지식은 인류를 발전적으로 이끈다. 우리가 몸담은 세계는 설명 가능하며 이성의 작용 추이에 의해 통제된다. 인간은 자연의 방대한 에너지를 인간 사회의 기술적, 경제적, 사회적 진보를 위해 지속적으로 이용해 왔다. 모더니스트는 인간의 가능성을 강조하면서, 사람들에게 스스로를 가능성의 원천으로 삼아 능력을 끌어내라고, 잠재력을 해방시키라고 자극한다. 그리고 자신을 자율적이고 자기 결정권을 가진 자유로운 존재로 여기도록 개인들을 부추긴다. 이렇게 우리 모두가 하나님께 속해 있음을 망각하게 되면, 인간은 결국 자신의 죄악을 부정하고 그 죄악이 낳은 장기적이고 당연한 결과물마저 부인하게 된다.

예상하지 못한 징후들이 넘쳐나자 모더니스트들은, 인류는 선천적으로 선하며 개인적, 사회적으로 비극적인 상황이 발생한 것은 불행한 실수일 뿐이라고 간주한다. 지금의 교회 리더십은 대부분 빌더 세대(builders)와 침묵하는 세대 그리고 베이비붐 세대에 의해 구성되었다. 이 세대들은 모더니티의 "할 수 있다" 정신을 대변하며, 그와 같은 열정과 자기 확신에서 비롯된 장단점을 모두 지니고 있다.

웨이드 클라크 루프(Wade Clark Roof)는 오랜 기간 베이비붐 세대 문화에 대해 연구하면서, 모더니티가 신앙에 어떠한 타격을 주는지를 검증하였다. 그는, 모더니티의 합리주의 접근 방식이 신앙의 경험적 차원을 억압한다고 주장한다. 즉 모더니티의 극단적 개인주의는 일터나 주변 공동체와의 소통을 차단하고 사람들을 자신의 타고난 환경으로부터 소외시킨다. 그리고 모더니티가 창조한 자율 영역은 생활을 일로부터 분리시켜 윤리적 가치들을 희석시켰다. 뿐만 아니라 도덕과 종교, 시민 문화의 종합적 가치가 산산조각 나고 기독교의

역사적 전통의 근간이 흔들리면서 종교적 정체성을 재규정해야 했다.[10]

포스트모더니티. 모더니즘은 여전히 자기를 과신하고 있지만, 모더니즘이 세웠던 수많은 가설들은 현재 발생하고 있는 현상들을 해명하지 못하고 있다. 포스트모더니스트는 통찰력을 가지고 재치 있게 모더니티의 그릇된 자신감에 의문을 던진다. 그는 한때 참이라고 여겨졌던 가설들의 진리 여부를 재검증하고 있다. 모더니스트의 진리 주장들을 의문에 부치고, 그와 같이 주장한 사람들의 의도를 자세히 조사하고 있다. 포스트모더니스트가 보기에 모더니스트의 주장들은 영향력을 행사하려는 시도에 불과하다. 급진적 다원주의라는 문화 상황하에서는 주관적인 견해나 공동체 중심의 언명만이 가능할 뿐, 보편적으로 통용되는 "진리"란 있을 수 없다(사람들은 누구나 다음과 같이 말할 수 있다). "그건 당신에게는 맞지만 나에게는 적합하지 않다." 실제로 보다 일반적이고 확고한 주장일수록 의혹의 소지가 많다. 포스트모더니스트는 "거대" 담론, 즉 모든 것을 포괄하는 메타내러티브를 거부한다. 거대 담론은 다른 개인이나 그룹에의 충성을 조성하고 요구하는 "사소한" 이야기들(little stories, 개인사)을 무효화시키는 시도로 간주된다. 이러한 관점에서 보면, 삶에 대한 해석을 제공하고 "진정한 신앙인들"의 전적인 충성을 요구하는 거대 담론들은 통제 장치나 권력 장악 수단에 불과한 것으로 해석된다.

이러한 문제 제기를 통해 포스트모더니스트들이 내린 결론 중 하나는, 기독교 이전의 포스트모더니스트들은 명제적으로 진술된 복음을 거부했다는 것이다. 하지만 이보다 나은 접근 방식은, (1) 각 개인의 이야기는 하나님의 은혜로운 역사하심과 함께 시작되며 (2) 그 이야기는 다른 성장 배경과 기질, 그리고 경험을 지닌 타인의 증언에 의해 뒷받침된다는 것을 증명하는 것이다. 우리는, 복음이 명제들의 인과적 결과물이 아니라 주목할 만한 일련의 "사소한" 이야기들임을 제시할 수 있어야 한다. 성경은 대부분 그러한 이야기들로 구성되어 있으며, 예수의 생애, 그의 사역과 정체성에 관한 그의 말씀들이 담겨 있는 예수 자신의 이야기로 이어진다.

따라서 복음은 진지한 사유를 담은, 가치 있는 이야기로서 공유되는 것이지 강제되는 것이 아니다. 2천 년에 걸친 성경 속 인물과 사건에 관한 이야기들과 연관된 우리 자신의 경험을 이야기할 때, 그리고 수많은 개인의 윤리적, 지적, 사회 경제적 삶 속에서 발견되는 복음의 산물들을 낱낱이 이야기할 때, 우리는 복음에 관한 포스트모더니스트들의 의혹에 이의를 제기할 수 있을 것이다.

이제 그 이야기들을 어떻게 전할 것인가, 그 방법을 찾아야 한다. 이를 효과적으로 이행하기 위해, 교회 리더는 모던이건 포스트모던이건 그 사회의 지배적인 사고방식을 포착하고 그에 대적할 수 있어야 한다. 멀찌감치 서서 그것에 대해 검토하는 것만으로는 부족하다. 앞으로는 포스트모던 상황에 대한 이해가 다양하게 해석될 수 있는 성경의 이야기를 가지고 하나님의 이야기를 전하는 데 도움이 될 것이다. 모더니스트의 전제와 그에 내포된 의도의 속박으로부터 자유로운, 다양한 환기적 심상들(evocative images)을 활용하여 복잡한 이슈들도 정직하게 다루어야 한다.

큰 그림(거대 담론) 전파하기

여러 가지 의혹들이 제기되는 가운데, 포스트모더니스트는 다른 무엇보다 진정성을 경험하길 원한다. 포스트모더니스트는 우리의 진리 주장 자체에는 별로 관심이 없다. 그보다는 우리의 삶이 우리가 선언한 진리와 일치하는가에 주목한다. 포스트모더니스트도 그에게 (삶의) 의미와 목적, 자유를 선사할 메타내러티브를 갈망하고 있지만, 불일치(inconsistencies)에 대해서는 매우 엄격하다. 그는 삶과 진리 주장이 불일치하는 것에 위선이라는 꼬리표를 붙인다. 따라서 복음 전파가 신뢰를 얻기 위해서는 정직과 겸손 그리고 개개인을 고유의 가치를 지닌 인간으로서 진심으로 존경하는 마음이 필요하다. 그리고 하나님께서 이미 그 개인의 삶 속에 역사하고 계심을 확신해야 한다. 그리스도의 복음을 공유한 사람들에게는 또한 사악한 영적 기만과 탄압의 현실을 직시하고 영적 싸움터를 전체적으로 지휘할 수 있는 통찰력이 있어야 한다.

오늘날의 문화 풍토에서 신뢰할 만한 복음 전도의 소통은 절대적인 것을 **강요하는** 것이 아니라 대안적인 것을 **제안하는** 것이다. 메시지를 전체적으로 잘 알고 있으며 지금까지 해소되지 않는 문제들에 대해 즉각적으로 대답하고 있다는 인상을 심어 주면서 복음을 전하려 한다면, 그 증인은 결국 의심을 받고 비웃음을 살 것이다. 진정한 증인은 "모든 이야기"(whole story)를 포괄하려 하지 않고 자신이 부여잡은 말씀, 자신의 삶 속에서 순종하며 지키고 있는 말씀에 대해 간증한다. 이 때문에 복음 전파를 실현하기 위해서는 교회의 협력 증언이 있어야 하는 것이다. 한 개인의 간증만으로는 한계가 있다. 이 간증(testimony)은 지속적으로 풍부해지고 널리 알려지고 거듭 재연되어야 하며, 신구약에 전개된 거대 담론(big story)에 의해 검토, 수정되어야 한다.[11] 그리고 여기에 이보다 더 중요한 요소를 하나 더 추가해야 한다. 즉 우리와는 다른 문화 속에서 예수 그리스도를 따르는 증인들의 말에 귀를 기울여야 한다는 것이다. 특히 우리는 비인간적인 가난과 박해에 시달리며 사는 이들의 간증을 들어야 한다.

포스트모더니티는 "관점주의"(perspectivalism)라는 용어를 사용한다. 관점주의란 '당신이 보는 것'은 '당신이 어디에 서 있느냐'에 따라 달라진다는 주장이다. 이것이 복음(gospel)이라는 절대 진리에 대한 도전이라는 것은 맞지만, 그 도전에는 복음(good news)을 다양한 관점에서 제시함으로써 대응할 수 있다. 교회의 집합적 간증(collective witness)은 시대를 뛰어넘어, 그리고 전 지구적으로 사람들의 간증에 의해 강화된다.

복음(gospel)의 권위, 타당성, 그리고 능력을 증거하는 사람들은 지적, 경제적으로 분류되기도 하지만, 상당히 다양한 문화적 차이를 지니고 있다. 성경에는 이해 수준이 다른 개인과 그룹들이 등장한다. 그들은 각자 자신이 이해할 수 있는 범위 내에서 메시지의 다양한 요소들에 반응하였다. 우리가 그 계시를 폭넓게 수용하면 할수록 복음에 대한 우리의 이해도 풍요로워질 것이다.

위의 내용이 가능하려면, 미래의 리더는 겸손의 자세를 갖추고, 더 나아가 모호함과 모순을 품고 살아갈 수 있도록 준비해야 한다. 1950-60년대 대부분의 지역 교회들은 "그리스도가 해답입니다!"는 슬로건을 내걸고 매주 복음 전도 활동을 펼쳤다. 이와 같은 표제에는 모더니즘적 확신이 스며들어 있다. 어떤 측면에서 보면 그것은 중요한 진리를 담고 있다. 다시 말해, 그리스도는 악에 사로잡힌 인류의 해답이다. 하나님께서는 그를 알게 하시고 우리를 구원하시기 위해 모든 것을 예비하셨으며, 그를 알기 위해 우리가 거쳐야 할 길을 보여주신다. 그러나 정해진 답이 없는 표제야말로, 그것이 전하는 것보다 더 많은 것을 약속한다. 그리스도가 모든 것의 즉각적인 해답은 아니다. 그리스도를 따르는 사람들은 끊임없이 해결하지 못한 의문들과 씨름하고, 우리는 하늘나라에 관한 그 의문들을 문제 삼게 될 것이다.

모든 영역에서 제기되는 인간적인 의문들을 듣다 보면, 인간은 결국 불가해성과 모순을 품고 살아가야 한다는 것을 알게 된다. 보다 근본적인 본성에 접근할수록 모순은 짙어진다. 원자의 핵이 그렇듯 우주의 심장부는 깊이를 알 수 없는 미스터리로 가득 차 있다. 생물과 무생물 내부의 상호작용의 복잡성을 말하는 것이 아니다. 환원주의적 설명에 호소하는 것은 너무나 쉽다. 여하튼 과학자도 아닌 내가 그런 식의 비유를 너무 많이 사용한 듯싶으니 이쯤에서 그만두기로 하자.

미래의 리더에게 주어진 도전들은 불가피하며 복잡하다. 사람들은 의지할 곳을 잃고, 방향 감각을 상실한 채 혼란스럽고 불확실한 시대를 살아간다. 인간 해방은 사람들에게 무한한 자유가 아닌 강박적 불안을 가져다주었다. 미래는 너무도 불확실하며 예측하는 것은 두렵기에, "지금"에 집착하는 경향이 두드러진다. 변화와 변동은 규범적이고 끝이 없다. 의심할 여지가 없는 확고한 진리들은 단순한 집단적 예감으로 환원된다. 디딜 땅은 없으며 사면이 바다이다. 이것이 포스트모더니스트가 가지고 있는 결핍(inadequacy)에 대한 감각이다.

그들은 하루하루 살아남기 위해 끊임없이 스스로를 재창출해야 한다. 도미니크 크로산(Dominic Crossan)은 포스트모던적 곤경을 다음과 같이 표현하고 있다.

> 등대지기는 없다.
> 등대도 없다.
> 육지도 없고
> 오직 상상력으로 빚어 낸
> 뗏목 위에서 살아가는 사람들만이 있다.
> 그리고 바다가 있다.[12]

지난 수 세기 동안 많은 사람들이 오늘날과 같은 폭풍우 휘몰아치는 바다 한가운데서 바위처럼 굳건한 신앙을 찾아왔다. 그런데 이 불안이 야기하는 곤경이야말로 성경적인 메시지 전파를 위한 도전과 기회를 제공한다.

위계적 구조에서 네트워크로

정연한 정신의 소유자에게는 아주 복잡하고 무질서한 서구 문화가 무기력한 상태로 비춰질지도 모른다. 그렇지만 위계 조직은 다양성과 속도, 예측 불가능성, 그리고 변화가 지배하는 상황에 효과적으로 대처하기에는 너무 번거롭고 획일적이다. 이에 반해 네트워크는 통제 센터가 없고 기하급수적으로 성장할 수 있기 때문에 유연하고, 변화에 민감하며, 권한이 정확하게 위임되어 있다. 이 네트워크를 용이하게 확장시키기 위해서는 현행 조직 구조가 매우 유연하고 보다 더 작고 수평적이어야 한다.

　네트워크는 영감과 자원을 공급하면서도 통제는 하지 않는 공통된 중심부로부터 뻗어나가거나 중심부가 전혀 없는 경우도 있다. 후자의 경우, 그 네트워크의 정체성은 부분들의 총합으로 결정된다. 네트워크의 확장은 관료주의적 위계질서를 확장시키면서 조직 기계(organizational machine)를 개발, 복사해 나가는 것이 아니다. 오히려 그것은 유기체의 성장과 흡사하다. 이렇게 보면, 리더는 나무를 심고 가지를 치고 비료를 주고 경작, 수확하는 정원사에 비유할 수 있다. 이 리더는 **통제**하지는 않으나, **경작**을 한다. 프랜시스 헤셀바인(Frances Hesselbein)은 복잡하고 혼란스러운 환경 속에서 리더십의 핵심은 "행동 방식이 아니라 존재 방식의 문제이다"라고 보았다.[13]

> 헤셀바인이 말하는 리더는, 이전의 위계질서를 거부하고 많은 수장들과 일꾼들을 포괄하는, 새로운 유형의 구조를 세웠다. 이 새로운 유형의 조직은 낡은 위계질서라는 상자로부터 사람들을 끄집어내어 그들의 에너지와 스피릿을 해방시키는, 보다 원만하고 유연하며 유동적인 관리 시스템으로 그들을 이끌었다.[14]

　이 리더는 분산적이고 다양한 리더십을 세우고, 리더십을 원형의 제일 바깥쪽에 분배하여 공유된 책임감이 힘을 발산할 수 있도록 이끈다.

구획화에서 연대성으로

할런 클리블랜드(Harlan Cleveland)도 문화 혼돈 속에서의 리더십과 관리(management)에 관해 의미 있는 관점을 제시한다. 그는, "카오스(Chaos)란 경험적 근거의 무한 경쟁 환경 너머에 존재하는, 헤아릴 수 없는 복잡성의 지옥이다"고 말한다.[15] 리더가 그 지옥을 정리, 설명하거나 통제하는 것은 불가능하다. 따라서 리더는 유연해질 필요가 있다. 더 나아가 클리블랜드는 "수직적 규율에 따른 구획화(compartmentalization)는 현실 이해 수단"이라고 보았다.[16] 구획화는 모더니티에 의해 생산되고 강화된다. 그런데 삶은 그와 같이 관리 가능한 단위로 설명될 수 없다. 현실에서 우리는 복잡하게 얽혀 있는 문제들과 대면하고 있다. 그러므로 우리에게는 다분야 통합적 대응(interdisciplinary responses)이 필요하다. 이것이, 교회가 '리더는 한 사람이라는 고정관념, 다시 말해 리더십은 동료들 중 **가장 으뜸인 한 사람**과 함께 일하는 팀이 발휘하는 것'이라는 생각을 뛰어넘어야 하는 이유 중 하나이며, 그로써 교회는 보다 능률적이 될 것이다.

한 개인이 리더십을 행사하면, 그는 "자신의 지엽적인 사고방식으로는 이해되지 않는, 불만스런 관련 사실들에 소홀하기 쉽다." 클리블랜드는 이러한 유혹을 "외부성에 대한 경시"(neglect the externalities)라고 표현한다.[17] 다른 한편, 자신이 지적으로나 감정적으로 다룰 수 있는 데이터보다 더 많은 양의 데이터를 수용하려 하면, "분석 마비" 상태에 빠질 수 있다. 클리블랜드는 "체계적 사유에서 가장 위험한 것은 정보 엔트로피(information entropy)이다" 라고 주장한다.[18] "분석 마비"와 "정보 엔트로피"는 모든 것을 알아야 한다는 강박관념에 휩싸여 있는 통제자들에게 있어 업무상 위험 요소들이다. 이와 달리 차세대 리더는, 그들이 알아야 하는 것을 얻기 위해 누구의 말을 들어야 하는가를 아는 것으로 만족한다.

어떤 이론가들은 리더십을 두 가지 수준로 나눠 이야기한다. 이차적인, 낮은 단계의 리더는 주어진 도전 과제를 검토할 때 개인적인 전문 지식을 이용한다. 이 수준의 리더 중에는 실제로 그 분야에 정통한 전문가들도 있고, 연결과 순서화에 능한 체계적인 사람들도 있다. 그리고 협력 관계를 설립하고 조성해 나가는 능력이 탁월한 사람들도 있다. 일차적, 근본적 수준의 리더십은 "주어진 핵심 과업을 실현할" 수 있는 능력을 포함한다. 일차적 수준의 리더십은 전 과정에 영향을 주거나 때로 위협이 될 수 있는 도전이나 통찰력과 관련된다.

클리블랜드는 근본적 수준의 리더십 특성을 "종합하는 기술"이라 설명한다. 즉 리더는 제너럴리스트로서 기능한다. 하지만 클리블랜드가 설명하고 있듯이, "리더십을 갖춘 제너럴리스트는 사실상 존재하지 않는다."[19] 그렇다면 일차적 수준의 리더는 어떻게 나타나는 것일까? 전형적으로 그들은 특정 분야에서 자신의 역량을 발현하는 것으로 시작하는데, 이때 그들의 역량은 보다 폭넓은 시야를 수용하면서 뻗어나간다. 그들은 전문적인 역량을 갖추고 있을 뿐 아니라 전략적으로 사고할 줄 안다. 산업 경영 분야에서는 시야가 좁거나 "종합하는 기술"이 없는 전문 관리인이 상급자가 될 경우, 기업들이 여러 가지 피해를 입는다. 오늘날 교회 선임 목사들은 자신의 관심 분야, 예를 들어 설교, 목회 상담 또는 복음 전도에만 전념해서는 안 된다. 그들은 제너럴리스트로서 균형 잡힌 시각을 가지고 기독교 공동체 전체의 발전을 도모해야 한다.

변화 속의 리더십

앞으로 교회는 더 이상 사회의 중심 기관이 아니라 사회 주변부로부터 일어나는 운동이 될 것이다. 이러한 전환은 교회 내 리더십의 역할이나 선교 사역에 중요한 함의를 지닌다. 주요 기관은 사회 계층과 안전성을 제공하며 작용 방식이 일정하지만, 시작 단계의 운동은 유동적이며 변화가 심하다. 이 유기체를 탐험하기 위해서는 근본적으로 상이한 기질, 새로운 동기 부여 장치 그리고 광범위한 층위의 역량이 요구된다. 말 그대로, 운동은 "움직인다." 그러므로 미래의 교회에는 변화와 조정이 일어나더라도 당황하거나 불안해 하지 않는 리더가 필요하다.

클리블랜드는 복잡성 관리(management of complexity)에 꼭 필요한 8가지 자세에 대해 이야기했는데, 이것은 하나님 백성들 간의 리더십에도 동일하게 적용될 수 있다.

* 활발한 지적 호기심, 다시 말해 모든 것에 대한 관심 : 왜냐하면 실제로 모든 것은 그 밖의 다른 모든 것과 연결되어 있으므로, 우리가 어떤 일을 하려 하든지 그것과 관련 있을 것이기 때문이다.
* 사람들의 관심사와 그들의 사고방식에 대한 순수한 관심 : 여기서 순수한 관심이란 무엇보다 기꺼운 마음으로 주의를 기울이는 것을 의미한다.
* 미래를 현재의 연장선에서 예측하지 않는 (현재와는 다른 미래의 변별성을 고심하는) 각별한 책임감 : 흐름은 정해져 있는 것이 아니다.
* 피하지 말고 받아들여야 할 난관을 판별하는 직관력.

* 위기는 당연한 것이고, 긴장감은 비전으로 이어지며, 복잡성이란 즐거운 것이라는 마음가짐.
* 편집증과 자기 연민은 리더가 되길 원하지 않는 사람들에게 해당되는 것임을 인식.
* 나의 노력이 모두를 위한 것이라는 개인적인 책임감.
* 내가 "근거 없는 낙관주의"라고 부르는 자질 : 다시 말해 전문가의 유용한 조언들을 합산하여 얻게 된 확신이 아니라 보다 긍정적인 결과가 기다리고 있으리라는 확신.[20]

위의 항목들은 개인적인 생활 점검표로도 사용 가능하지만, 이머징 리더의 평가 기준으로도 고려해 볼 만한 가치가 있다. 젊은 리더들과 나눴던 대화들을 생각해 봐도, 위의 항목들과 이머징 리더는 매우 밀접한 관련이 있는 것 같다. 위의 점검표는 혼돈의 시대에 선교 사역에 꼭 필요한, 원기 왕성하며 창의력을 지닌 미래의 교회 리더들을 발견, 양성하는 데 유용하게 쓰일 수 있다. 교회에는 단순하게 지도를 볼 줄 아는 사람 정도가 아니라, 하나님의 음성에 순종하는 항해사가 필요하다. 항해술은 바람과 파도, 해류, 농무(濃霧), 어둠, 폭풍구름 그리고 암초의 바다, 한 치 앞도 예측할 수 없는 변화무쌍한 공해의 한가운데를 헤쳐 나갈 때에야 얻을 수 있는 것이다.

혼돈의 시대에 리더는 무엇을 제시해야 하는가?

워런 베니스에 따르면, 사람들은 리더가 방향을 제시해 주고 신뢰와 희망을 가져다주길 원한다. 포스트모던 시대에는, 정당하게 권위를 행사하지 않는다면 리더십은 불가능하다. 그런데 이 권위는 리더라는 지위나 직함에서 나오는 것이 아니다. 권위는 인품과 능력, 존경과 일관성 위에 쌓아 올린 신뢰에서 비롯된다. 권위는 책임감과 영향력이라는 두 기둥 위에 세워지며, 리더는 단순히 자신의 의사를 강요하는 사람이 아니라 사람들의 의견을 구하고자 하는 개인들이다. 더 나아가, 만일 권위가 축소되지 않고 그것을 샘하며 지키려 한다면, 다른 이들의 잠재적 리더십을 해하는 결과를 야기할 것이다. 그럴 경우 어떤 사람들은 자신이 권리를 박탈당했다고 여기며, 아무리 독창적인 것을 보여주어도 수상쩍게 바라볼 것이다.

급진적 변화의 시대에 리더가 취할 수 있는 가장 최악의 행동은, 변화가 일어나고 있다는 것을 부정하고 결국에는 모든 것이 "평소의 상태"로 돌아갈 것이라 믿는 것이다. 스펜서 존슨(Spencer Johnson)은 《누가 내 치즈를 옮겼을까?》(Who Moved My Cheese?)에 실린 재미있는 우화에서 이 점을 강조하고 있다. 이 우화는 스니프(Sniff)와 스커리(Scurry)라는 두 마리 생쥐, 그리고 치즈를 구하려 매일 똑같은 장소에 습관적으로 가는 햄(Hem)과 허(Haw)라는 두 명의 꼬마 인간에 관한 이야기이다. 햄과 허는 변화가 일어나고 있으며 치즈가 점점 줄어들고 있다는 것을 알지 못한 채 똑같은 장소에 가기를 고집한다. 햄과 허는 치즈가 다 떨어진 후에도 계속 기다리면서 불평을 한다. "누가 내 치즈를 옮겼지?"

치즈가 있는 다른 곳을 찾기 위해서는 미로 속을 탐험해야 했지만, 햄과 허는 탐험하는 것을 너무나 두려워했고, 결국 그들은 굶어 죽을 지경에 이른다. 그러는 사이에 스니프와 스커리는 다른 창고를 찾아간다. 이 우화가 주는 교훈은, 변화가 일어나고 있는 만큼 변화의 도래와 그에 대한 적응 방법을 알 수 있도록 변화를 충분히 관찰해야 한다는 것이다. 존슨은 다음과 같이 경고한다. "당신이 변하지 않으면, 당신은 도태되고 말 것이다."[21] 헴과 허는 변화를 원망하고 배신을 당했다고 여겼으나, 스니프와 스커리는 변화를 즐기고 그것을 모험으로 받아들였다.

혼돈의 한복판에서 리더는, 교회 운동을 전복하고 뒤엎으려 하는 오늘날의 상황을 뛰어넘는 비전을 제공한다. 그와 같은 비전은 목적의식과 활력, 번창에 대한 열망을 일으킨다. 좌 혹은 우로 치우치지 않기 위해, 파도를 향해 선수(船首)를 돌리고 그 항로를 유지하기 위해, 교회는 "주어진 핵심 과업인 복음을 실현"해야 한다.

요약

이 장에서 나는 서구 문화 속에서 일어나고 있는, 장래에까지 광범위하게 영향을 끼칠 변화에 대해 규정하고, 그 변화가 교회 리더십의 성격에 어떠한 영향을 행사하고 있는가에 대해 지적하였다. 현 시점에서는 적어도 두 가지 패러다임이 작용하고 있다. 하나는 가정된 모더니티의 확실성들에 의해 구성된 패러다임이고, 다른 하나는 수많은 모더니티의 확실성이 붕괴되기 시작하였으며, 우리에게 주어진 단 하나의 확실성은 하나님의 은혜, 성령이 우리 안에 심어 주는 하나님을 향한 믿음으로부터 나온다는 인식이다.

성경은, 하나님의 은혜에 순종하여 응답하는 사람들을 "하나님과 동행한" 자들이라고 말하고 있다. 에녹은 하나님과 동행하였다. 노아는 하나님과 동행하였다. 자신의 갈 바를 알지 못했던 아브라함도 하나님과 동행하였다(히 11:8). 제자들을 부를 때, 예수 그리스도는 자신이 어디로 가고 있는지 말하지 않았다. 그리스도는 "나를 따르라"하고 그들을 초대하였다. 모더니스트는 "어디로 가느냐?"고 묻지만, 포스트모더니스트는 "누구와 함께" 가는지를 더 궁금해 한다. 두 번째 질문과 관련하여 예수 그리스도는 제자들에게 확신을 심어 준다. 초대 제자와 마찬가지로 21세기의 순례자에게도 그리스도는 "**나를 따르라**"고 말씀한다. 예수 승천 이후, 제자들은 처음에는 많이 망설였지만, 지중해 지역으로 나아가 복음을 전파했다. 그 과정에서 그들은, "내가 세상 끝날까지 너희와 항상 함께 있으리라"(마 28:20)는 예수 그리스도의 말씀을 확인하였다.

3

지상 명령을 열정적으로 수행하는 리더

　　이머징 교회의 젊은 리더는 그의 세대를 신앙 공동체로 이끌기 위해 노력하고 있다. 그런데 전통적 교회에서 그와 같은 임무를 수행하는 것은 꽤나 어려운 일이다. 대부분의 교회는 모더니티에 의해 형성된 고유 문화를 지니고 있기 때문이다. 게다가 젊은 세대들은 정보화 시대, 포스트모더니티의 대중문화에 의해 형성된 세계관을 가지고 있기에, 전통적 교회의 문화적 시각은 젊은 세대들의 세계관과 부합하지 않는다. 좌절감을 안고서 전통적 교회를 떠난 젊은 리더들은 독립교회를 개척하거나 소속된 모교회의 지교회를 세운다.

　전통적 교회를 떠나 온 젊은 리더 중에는, 이전 교회의 출석 성도들이 그리스도를 향한 헌신을 회복할 수 있도록 돕는 이들도 있다. 반면, 어떤 이들은 처음으로 헌신하는 성도들을 열심히 돕는다. 이는

대학생층(Young Adult)과 청년층 위주의 교회 성장을 위한 일종의 전략이다. 이 교회의 최우선 목적은 10대와 20대의 성도 수를 유지하는 것이다. 35세 미만의 성도들이 제도화된 종교에서부터 떠나고 있는 지금의 실정을 고려한다면, 이는 매우 가치 있고 중요한 사역이라고 할 수 있다.

반면, 교회에 다니는 부모 세대들은 이러한 추세에 대해 염려하고 있다. 그들이 원하는 리더는 회중 중심의 리더이다. 다시 말해서, 그들은 부모 세대와 자녀 세대 간의 문화적, 세대적 격차를 해소시킬 수 있는 사역과 예배 형식을 추구하는 리더를 요구하고 있다. 기성 교회에서 청년층을 담당하고 있는 부목사 대부분은 보다 넓은 교제의 장 안으로 청년들을 통합하는 것에 심한 중압감을 느끼고 있다. 대형 교회 산하에 있는 많은 이머징 교회들이 이 범주에 속한다. 이머징 교회는 젊은층에 호소하는 예배 형식을 창안할 훌륭한 자원들을 소유하고 있지만, 그 내실은 모기관과 별반 다르지 않다. 시애틀에 있는 십대선교회(Youth for Christ) 디렉터 빌 호그(Bill Hogg)는 그러한 교회를 "립스틱 바른 돼지"라고 불렀다. 바꿔 말하면, 그러한 교회는 겉모습만 보면 문화적으로 중요하고 매력 있어 보이지만, 결국은 그렇게 보이려고 "외관만 치장해 놓은" 낡은 교회라는 것이다.

시대 문화에 맞는 예배 체험을 창안하여 젊은 성도들을 유치하려는 교회의 복음 전파 전략(나는 이를 "마인더 처치"〈Minder Church〉라고 부른다)은, 기본적으로 기존의 방식을 고수한 채로 그들을 교회로 초대하는 것이다. 주도권은 교회 문화를 지탱하는 사람들이 단단히 쥐고 있으며, 복음 전파(communication)도 여전히 "교회 언어" 또는 "크리스처니스"(Christianese)로 이루어진다. "마인더 처치"가 젊은 성도의 유실을 막는 데 있어서는 효과적이며 의미 있는 사역이지만, 내가 이 장에서 중점적으로 다루고자 하는 것은, 이미 교회를 떠난 사람들이나 교회가 버린 사람들에게 교회는 어떻게 다가가야 하는가이다. 미국 사회에서 한 번도 교회에 다니지 않은 사람들은 대부분 교회로부터 배제당한, 단 한 세대에 불과하지만 유럽, 캐나다, 호주의 경우에는 두 세대 또는 세 세대가 교회로부터 소외되어 있다.

교회의 사명

일부 선교 이론가는 교회의 미션을 두 가지 사명으로 구분한다. 그 하나는 **사회적 사명**(cultural mandate)으로, 네 이웃을 네 몸과 같이 사랑하라 하신 대계명(greatest commandment)을 말한다. 다른 하나는 **선교의 사명**(evangelistic mandate)으로서 지상 명령(great commission)과 동일시된다. 이러한 구분에는 두 가지 문제점이 있다. 첫째, 지상명령을 복음 전파의 사명이라 칭하는 것은 적절하지 않다. 지상 명령의 목적은 단순히 예수 그리스도의 복음을 전달하여 사람들로 하여금 결정하도록 하는 것이 아니다. 지상 명령은 예수 그리스도의 제자를 양육하는 것이다. 둘째, 두 사명을 구분하는 것은 제자 양육 과정의 참모습을 훼손시키는 결과를 초래한다.

지상 명령은 마태복음 28장에 나오지만, 그것을 해석할 때에는 앞 장의 말씀들과의 문맥을 전체적으로 살펴야 한다. 데이비드 보시(David Bosch)는 이 점을 강조하면서 다음과 같이 진술하고 있다.

> 마태복음에 나오는 이 말씀을 따로 떼어 놓고 보는 것은 용납할 수 없는 일

이다. 이를테면, 이 말씀만 놓고 의미를 따지거나 처음으로 그 말씀이 선포되는 상황을 고려하지 않은 채 이해하려 해서는 안 된다. 그럴 경우, "지상 명령"은 일개의 슬로건으로 전락하거나, 무의식적으로라도 우리가 미리 정해 놓은 맥락(pretext)에 따라 특정한 의미로 해석될 우려가 있다.[1]

전체 복음서에서 지상 명령은 제자 삼기를 의미한다. 실제로 그것은 "네 마음을 다하고 목숨을 다하고 뜻을 다하여 주 너의 하나님을 사랑하라"(마 22:37) 하신 말씀을 가리킨다. 예수 그리스도는 "이것이 크고 첫째 되는 계명이요 둘째는 그와 같으니 네 이웃을 네 자신같이 사랑하라 하셨으니 이 두 계명이 온 율법과 선지자의 강령"(마 22:38-40)이라고 말씀하셨다. 예수 그리스도가 말씀하신 "이웃"은 가족과 종족을 넘어서 사마리아와 비(非)유대 지역을 포괄하는 개념이다. 예수 그리스도와 그 제자들에게 있어 "누가 나의 이웃인가?"는 별 문제가 되지 않는다. 그들에게 중요한 것은 "나는 누구의 이웃이 될 수 있는가?"이다.

마태가 대상으로 삼은 독자층

마태복음의 첫 독자는 분명 유대인들일 것이다. 대다수 신약 연구가는, 마태복음의 초기 독자는 팔레스타인계 유대인이 아니라 유대인 이산자들이었을 것이라고 추정하고 있다.[2] 전해져 내려온 복사본 중 가장 오래된 것은 시리아 지역에서 발견되었다. 이는 그리 놀랄 만한 일이 아니다. A.D. 70년 로마의 침략을 받아 예루살렘이 함락되고 성전이 파괴된 후, 그리스도를 따르던 유대인 추종자들은 인접 지역들로 달아났다.

나라를 빼앗기고 성전이 파괴되었을 때, 유대인들은 심각한 정체성의 위기를 겪었다. 게다가 바리새인들로부터 가혹한 핍박을 받아야 했던 그리스도의 제자들이 느낀 혼란과 이산의 고통은 더욱 컸다. 당시 유대 기독교인들은 "스스로를 유대교와는 다른 독립된 종교가 아니라 유대교 내부의 새로운 동향의 종파라고 여겼다."[3] 권력을 쥔 바리새인들은 율법 해석을 통해 점점 더 집요하게 유대인의 정체성을 강화하려 하였다. A.D. 85년경, 바리새인들은 유대 기독교인들을 겨냥하여 "열두 번째 축도"(Twelfth Benediction)라고 알려진 극악무도한 논쟁을 일으켰으며, "나사렛 사람 예수와 이단자들을 하루빨리 처단하자. ……그들의 이름이 하늘나라의 생명책에서 삭제되도록 하자"고 공표했다.

책망받은 내향성과 배타주의

불안정하고 수난을 당하던 시기였던 만큼, 유대 기독교인들은 상상조차 할 수 없는 긴장감에 시달리고 있었다. 교회 회중 가운데 유대인이 많을수록 방어적인 성향이 강해졌다. 데이비드 보시의 설명에 따르면, "공동체는 너무도 가혹한 시련을 제시하는 유대교와의 관계를 끊고 자신의 뿌리로부터 떨어져 나왔다. 공동체는 한 치 앞도 예측할 수 없는 상황 속에서 나아갈 방향을 찾으며 암중모색을 거듭하였지만, 그들의 우선권이 어디에 속해야 하는지에 대해 마음을 합하지 못한 채 분열되어 있었다는 마태의 진술은, 유대 기독교인들에 대한 이야기이다."[4]

마태는 상당히 내향적이었던 자신의 독자들을 자극한다. 애당초 동방 박사들의 방문에 대해 다룬 것은 복음서 중에서도 가장 유대교적 성향을 지닌 마태복음이다(마 2:1-12). 마태는 첫 부분부터 유대인이 아닌 예수 그리스도의 탄생의 중요성을 정확하게 지적하고 있다. 이는 그리스도의 사역에 관한 설명에서 보다 명확해진다. 백부장이 솔선수범하여 자신의 하인을 위해 그리스도에게 도움을 청했을 때, 예수 그리스도는 그를 따르던 무리들에게 다음과 같이 말하였다:

"내가 진실로 너희에게 이르노니 이스라엘 중 아무에게서도 이만한 믿음을 만나 보지 못하였노라 또 너희에게 이르노니 동서로부터 많은 사람이 이르러 아브라함과 이삭과 야곱과 함께 천국에 앉으려니와 나라의 본 자손들은 바깥 어두운 데 쫓겨나 거기서 울며 이를 갈게 되리라"(마 8:10-12).

예수 그리스도는 또한 그가 주로 사역하였던 유대 도시들을 규탄하였다. 그는 멸시받던 두로와 시돈과, 더 강경하게는 그 타락함으로 인해 하나님께서 멸하셨던 소돔과 유대 도시들을 비판적으로 대조하였다.

"화 있을진저 고라신아 화 있을진저 벳새다야 너희에게 행한 모든 권능을 두로와 시돈에서 행하였더라면 저희가 벌써 베옷을 입고 재에 앉아 회개하였으리라 내가 너희에게 이르노니 심판날에 두로와 시돈이 너희보다 견디기 쉬우리라 가버나움아 네가 하늘에까지 높아지겠느냐 음부에까지 낮아지리라 네게 행한 모든 권능을 소돔에서 행하였더라면 그 성이 오늘까지 있었으리라 내가 너희에게 이르노니 심판 날에 소돔 땅이 너보다 견디기 쉬우리라"(마 11:21-24).

시리아와 그 밖의 지역 유대 신자들이 이 말씀을 깊이 묵상했다면, 그들은 분명 편협한 유대 민족주의를 넘어서야겠다는 강한 자극을 받았을 것이다. 그리고 하나님께서 그들에게 주신 사명은 유대 민족뿐 아니라 **온 민족에게** 그리스도의 복음을 전하는 전달자가 되는 것임을 깨달았을 것이다.

다른 예를 살펴보면, 예수 그리스도는 바리새인들과 서기관들에게 그들이 악하고 음란한 세대, 즉 영적으로 믿음이 없는 세대를 대변한다고 말하셨다. 예수 그리스도는 이스라엘의 적국 앗수르의 수도이자 요나가 대면하지 않으려 했던 니느웨 사람들과 그들을 노골적으로 비교하면서, "심판 때에 니느웨 사람들이 일어나 이 세대 사람을 정죄하리니 이는 그들이 요나의 전도를 듣고 회개하였음이어니와 요나보다 더 큰 이가 여기 있다"고 말하였다. 그리고 그는 바리새인과 서기관 그리고 그 세대 전체의 불감증을 남방 여왕(열왕기상 10장 1절에서 스바 여왕이라 언급하고 있는)의 열망과 대조하셨다.

> "심판 때에 니느웨 사람들이 일어나 이 세대 사람을 정죄하리니 이는 그들이 요나의 전도를 듣고 회개하였음이거니와 요나보다 더 큰 이가 여기 있으며 심판 때에 남방 여왕이 일어나 이 세대 사람들을 정죄하리니 이는 그가 솔로몬의 지혜로운 말을 들으려고 땅 끝에서 왔음이거니와 솔로몬보다 더 큰 이가 여기 있느니라"(마 12:41-42).

또 한번은, 가난한 여자 한 명이 귀신 들린 딸을 대신해 그리스도께 나아왔다. 백부장 때와 마찬가지로 그는 "네 믿음이 크다"며 가난한 여인을 칭찬하셨다(마 15:21-28). 포도원 품꾼 비유에서도, 예수 그리스도는 공로가 적은 자들을 샘하는 이스라엘의 사람들을 책망하신다. 이 비유를 통해, 예수 그리스도는 메시아의 강림을 갈망해 왔던 유대인들과 뒤늦게야 그를 만난 이방인들을 대조하고 있다(마 20:1-6).

혼인 잔치 비유에는 이스라엘의 배타성에 대한 경고가 나와 있다. 하나님의 백성으로서 이스라엘 자손들은, 자신은 이미 하나님 나라의 잔치에 자리가 예약되어 있다고 믿어 왔다. 그런데 예수 그리스도가 이 땅에 와서 그들을 초대하였을 때 그들은 적대적인 태도를 보인다. 그 결과, 주인은 종들에게 사거리 길에 나가 만나는 대로 모두를 데려오라 명한다(마 22:1-14). 지상 사역 마지막 날에, 주님은 유대인 제자들에게 "이 천국 복음이 모든 민족에게 증언되기 위하여 온 세상에 전파되리니 그제야 끝이 올" 것임을 상기시키신다(마 24:14).

베다니 마을에 머무를 때, 한 여인이 나아와 자신의 머리카락으로 예수 그리스도의 발에 향유를 발랐다. 그것은 희생적이고 겸손하며 창피를 무릅쓴 행동이었다. 제자들이 귀한 것을 허비한다, 과시욕이다 지적하며 그녀를 비난할 때, 예수 그리스도는 잊지 못할 대답을 하셨다. "내가 진실로 너희에게 이르노니 온 천하에 어디서든지 이 복음이 전파되는 곳에서는 이 여자가 행한 일도 말하여 그를 기억하리라"(마 26:13). 평판이 나빴던 이 이름 없는 여인은, 그리스도를 향한 헌신과 유대인들의 종교적 배타주의에 대한 도전의 본보기가 되었다. 마지막으로 그리스도가 십자가에 달려 돌아가셨을 때, 한낮에 어둠이 덮이고 땅이 진동하자, 이방인 백부장과 판결을 집행하던 무리들은 놀라 외쳤다. "이는 진실로 하나님의 아들이었도다"(마 27:54).

세상 사람들 가운데서 교회가 행해야 할 사명

마태복음 전반에 나와 있는 예수 그리스도의 말씀은 이 시대 교회의 문제점을 신랄하게 지적하고 있다. 비판적 고립과 자기 몰입을 버리지 않는 한, 그렇게 교회에 주어진 사명을 잊거나 행하지 않는 한, 교회는 하나님의 심판을 받게 될 것이다. 서구 교회 리더들은 하나님의 백성만을 위해 사역할 것이 아니라 세상 속에서 주어진 사명을 감당할 수 있도록 그들을 결집시켜야 한다.

열두 제자를 보낼 때, 예수 그리스도는 모든 하나님의 백성에게 맡겨질 이 사명에 대해 예견하셨다. 마태의 유대인 독자들은 12라는 숫자가 의미하는 바를 모르지 않았을 것이다. 하나님의 백성이 열두 부족으로 나뉘어 있었듯이, 예수 그리스도의 교회도 사도가 되어 온 민족에 복음을 전파할 열두 제자라는 열두 개의 중심 기둥 위에 세워진다. 당초 그들의 선교는 "이스라엘 집의 잃어버린 양"(마 10:6)에 한정되어 있었지만, 그것은 앞으로 있을 보다 넓은 그리고 "온 땅의 모든 사람들"(마 28:19)을 포괄하는 선교를 예고하고 있다.

데이비드 보시에 따르면, 마태는 열두 제자 이외에 더 많은 제자들에 관해 언급하고 있다. 보시의 설명에서 "예수 그리스도의 첫 제자들은 교회의 원형"이다.[5] 이는 굿뉴스바이블 역에서 더욱 명확히 드러난다. 굿뉴스바이블 번역자는 일반적으로 "모든 민족에게 나아가"(going to all nations)로 번역되는 문장에서, '민족'이 근대 민족

(modern nation)을 지칭하는 것이 아니라 정체성을 공유하고 있는 "모든 족속들"(all peoples)을 가리키는 것이라고 보았다. 유대 기독교인들이 첫 번째 장소로 삼았던 이스라엘 선교에는 유대 동포들이 포함되었지만, 이제 그들은 더 이상 특별히 선택 받은 백성이 아니다.

마태는 "모든 민족"(all nations)에게 복음이 선포되는 것을 세상 끝의 서막이라고 말한다(마 24:9, 14). 이 과업은 오직 유대의 메시아의 죽음과 부활이 있은 후에야 착수할 수 있다.[6] 우리가 예상하듯이, 마태복음이 예수살렘에서 마무리되는 것은 아니다. 마태복음은 갈릴리, 또는 오직 마태복음에만 나와 있는 **이방의** 갈릴리에서 끝맺는다 (마 4:15; 참조. 사 9:1-2). 갈릴리는 국제적인 대도시였으며 전략적 요충지였고, 시리아와 인접해 있었다. 무역로가 통과하는 갈릴리 지역은 동쪽의 다메섹과 더 멀리 북으로는 수리아의 안디옥과 연결되어 있었다.

예수 그리스도는 지상 사역을 의도적으로 처음 사역을 시작했던 곳에서 마무리 짓는다. 그가 제자들에게 만나자 약속했던 "이방의 갈릴리"는 그가 처음으로 사역을 시작했던 곳이다. 고향 땅에서 예수 그리스도를 만난 제자들이 가족과 이웃들에게 그리스도의 부활이라는 놀라운 소식을 전했으리라는 것은 쉽게 상상할 수 있는 일이다. 실제로 부활한 예수 그리스도의 출현에 관해 사도 바울이 열거하고 있는 것처럼, 갈릴리는 500명이 넘는 그리스도의 추종자들이 그를 만날 수 있는 기회의 장소였던 것이다(고전 15:6). 이들 대부분은 바울의 집필 시에도 살아 있었고, 어떤 이들은 그 후 25년을 더 살았다. 당시의 평균 수명을 고려한다면, 주로 젊은이들이 부활한 예수 그리스도를 만났을 것이라 추정할 수 있다. 마태는 또한 예수 그리스도가 제자들에게 갈릴리의 산에서 만나자 말씀하셨을 때의 그 만남의 의미를 강조한다. 크레이그 키너(Craig Keener)에 따르면, 여기서의 **산**은 "이 복음서에서 계시를 보이신 다른 장소들을 떠올리게 하는" 곳이다(마 5:1, 17:1).[7]

복음서 저자들은 모두 예수 그리스도가 그를 따르는 무리들에게 명한 이 사명을 역설하고 있지만, 각각의 강조점은 다르다. 마태는 제자들을 가르치기 위해 늘 그들과 함께하시는 주의 모습을 그려, 제자 형성 과정을 부각시키고 있다. 마가의 주안점은 복음 전파에 있다(막 16:15-19).[8] 그리고 누가는 약속하신 성령을 통해 능력을 입는 것을 강조한다(눅 24:45-49). 반면 요한은, 하늘에 계신 아버지가 예수 그리스도를 이 땅에 보내신 것과 교회의 세계적 사명 간의 연속성을 역설한다(요 20:21). 그런데 이 사명이 순종해야 할 명령으로 제시된 것은 마태복음뿐이다. 순종이야말로 제자도의 핵심이다.[9] 모든 복음서에서 제자들은 예수의 행보를 따르는 자들이다. 그들에게 내려진 첫 번째 명령은 "나를 따라오너라"이고, 마지막 명령은 "가라"이다(마 4:19, 28:19).

데이비드 보시는, 마태복음이 본질적으로 선교에 관한 텍스트라고 주장한다. 그는 "마태가 복음서를 쓰기 위해 떠돌아다닌 것은, 무엇보다 그의 선교적 비전 때문"이라고 강조한다. 그에 따르면, "마태는 '예수 그리스도의 생애'에 대해 기술하기 위해서가 아니라 위기에 처한 공동체가 하나님의 부르심과 맡겨진 사명을 어떻게 이해해야 하는지, 그에 관해 공동체를 지도하기 위해 복음서를 썼다."[10] 마태가 생각했던 첫 번째 사명은 제자 양육이다.

지상 명령 중심의 교회들

고무될 정도의 수치의 젊은 리더들이 "모든 민족으로 그리스도의 제자를 삼으라" 하신 지상 명령을 실현하는 데 열심으로 헌신하고 있다. 그들은 이 소명을 지역과 국가 그리고 전 세계를 향한 선교라고 생각한다. 그런데 지금 나는 단순히 기존 구조에 새로운 프로그램들을 추가하는 것에 대해 이야기하고 있는 것이 아니다. 제자 양육에 대한 강조가 이머징 교회에만 국한되는 것은 더더욱 아니다. 제자 양육은 모든 교회가 수행해야 할 난제라고 해야 할 것이다.

오늘날 서구의 유명 교회들은 복음 전파(communication)에 있어 상당한 곤란을 겪고 있다. 우리는 신뢰와 확신을 가지고 복음을 알리지 못하고 있다. 대부분의 전통적 교파들은 쇠퇴하고 있다. 반면에, 독립 교파든 새로운 경향 또는 다시 부흥한 전통 교회든 상관없이, 과도기의 사회와 접촉하며 사람들의 관심을 끄는 교회들은 성장하고 있다.

교회 바깥의 사람들을 **자유분방한 자**로 나눠보자면, 교회는 주로 **자유분방한 자**들에게 집중하고 있다. 그들은 가끔씩은 교회에 나오기도 한다. **타락한 사람들** 대부분은 교회와 관련하여 부정적인 경험을 가지고 있어서, 그들을 선교하는 것은 매우 어려운 일이다. 그런데 그들은 예전에 알던 교회와는 전혀 다른 교회에 초대받거나 우연히 가게 되면, 다시 교회로 돌아오기도 한다. 또한 **잃어버린 자**, 말 그대로 그들은 돌아오는 길을 알지 못하고 있기에 찾아나서야 한다.

교회는 왜 복음 전파에 있어서 난항을 겪고 있는 것일까? 서구 교회 안에서 왜 지상 명령이 잊혀진 제자도가 된 것일까? 교회가 하고 있는 수많은 선행을 생각해 봤을 때, 교회는 왜 무엇을 우선시해야 하는지를 잊어버린 것일까? 일부 교회는 예배가 우선이라며, 지상 명령에 대한 순종이 교회의 중심 역할이라는 논의에 반박할지도 모른다. 정말 안타까운 일이다. 진정한 예배는 선교와 분리될 수 없는 것이다. 예배 중에 하나님의 마음에 다가갔다면, 세상을 향한 그분의 심장 소리를 느끼지 않을 수 없었을 것이다. 인자의 사명은 "잃어버린 자를 찾아 **구원하는 것**"이라 말씀하셨다(눅 19:10). 교회는 이 사명의 산물이나 다름없다.

결단에서 제자도까지

이 시대의 교회는, **그리스도를 영접하겠다는 결단**으로부터 **그리스도의 제자**로 선회하지 못한 것을 인정해야 한다. 그리고 **제자**란 위대한 기독교인들만을 지칭하는 것이 아니라, 통상의 신자들을 가리키는 말임을 깨달아야 한다.[11] 교회 성장이 대중적으로 인식되고 심히 왜곡되면서 지금과 같은 문제가 발생했다. 수천 명의 목사들이 교회를 양적으로 성장시켰고, 그 결과 대규모의 군중이 모여들었지만, 그들의 삶이 변화되었던 것은 아니다. "성공한" 교회들이 거머쥔 성장은, 대부분이 그들과 대등하여 겨룰 수 없는 다른 교회들을 희생시키면서 해당 지역의 종교 시장을 상당 부분 점유한 것이다.

성장하는 교회의 목사들 대부분은 "교회 성장은 어떻게 이루어야 하는가?"라는 근본적인 질문을 던지지 않았다. 그들은 교회 성장 운동의 창시자인 도널드 맥가브란(Donald McGavran)의 말에 귀를 기울어야 했다. 그는 건강한 교회 성장을 구성하는 것은 (1) 예수 그리스도의 제자 양육, 그리고 (2) 교회가 영적으로 성숙할 수 있도록 말씀에 기초한 신실한 교회들과 조직적으로 협력하면서 세계 사역에 이바지하는 것이라고 강조했다. 맥가브란의 설명에 따르면, 제자도는 세상을 향해 나아가는 것, 그리고 선교를 위해 하나님께서 예비하신 족속들 간의 다리를 건널 준비를 하는 것을 포괄한다.[12]

오늘날 많은 사람들이 교회 성장을 넘어 "교회의 건강"에 관해 관심을 갖게 되었다고 주장한다. 그런데 만일 그것이 교회 성장의 1970년대 대중적 버전을 지나 1990년대 초기 버전으로의 이동을 의미한다면, 나는 그에 동의할 수 없다. 이기적이고 계산적인 목사들이 이끄는 건강하지 않은 교회들이 수적으로는 성장할 수 있지만, 그와 같은 성장은 가치 있거나 지속될 수 있는 성장이 아니다. 다른 한편, 그들이 말하는 "교회의 건강"이 새로운 제자 양육을 최우선으로 삼는 것이 아니라면, 그 또한 동의할 수 없다.

미국과 같은 전문적 치유 문화 속에서, 교회는 성직자의 우울증에서 기인한 자기 분석에 함몰되는 경향이 있다. 건강한 교회는 성장하지만, 다른 교회의 성도들을 빼앗아 성장하지는 않는다. 건강한 교회는 세상에 나아가 그들을 이웃과 같이 사랑하고, 그들의 절박함에 답하면서 성장해 나간다. 이를 통해 우리가 알 수 있는 것은, 사람들에게 가장 절실한 것은 바로 예수 그리스도를 구주로 영접하는 것이라는 사실이다. 최근 교회의 건강에 강박적으로 관심이 쏠린 것은, 교회가 지상 명령에의 순종이 최우선이라는 사실을 잊고 주의를 딴 데로 돌렸기 때문이다.[13] 맥가브란이 1950, 60년대 교회에게 제시한 본래의 제안은 재조명되어야 한다.

제자 양육에 대한 과오

현대 서구 기독교계는 제자도에 대한 이해가 턱없이 부족하다. "전도 받은" 사람들은 그리스도를 영접할 것인가를 결정한 후 새신자 교육 과정을 거쳐 교회 회중이 되지만, 그중 대다수는 그저 수동적으로 교회에 다닐 뿐이다. 정기적으로 기독교 교육 과정이나 소그룹, 사역 팀에 참여하고 있는 것은 전 성도의 단 10-30%뿐이다. 예배만 드리는 성도에게서는 삶의 변화가 거의 나타나지 않는다. 그리고 가족이나 공동체를 통해 교회 내에서 "사회화된" 사람은 강한 유대감을 느낄 수는 있지만, 그 유대감이 항상 믿음의 성장으로 이어지는 것은 아니다. 서구 교회는 이와 같이 제자화되지 않은 교회 구성원들로 인해 고통받고 있다. 오늘날 서구 교회는 "명목상의 기독교"(Nominal Christianity)가 번식하기에 최적의 토양으로 기능하고 있으며, 이는 서구 교회가 안고 있는 고질적인 문제이다.[14]

많은 젊은 리더들은, 교회가 구성원들을 제자화하는 데 실패했음을 정확히 인식하고 있으며, 그에 따른 폐단들을 심각하게 받아들이고 있다. 그들은 신앙의 개인화, 물질적 축복에 대한 강조, 성경 말씀이 아닌 대중 심리학으로 설교하고 가르치는 것, 가치 있는 삶의 변화의 부재를 문제 삼는다. 그들은 교회에 관한 우리의 생각을 보다 빠르게 역동적으로 변화시키고자 한다. 초기 3세기 동안 초대 교회는 **교회 출석**이 아닌 교회의 **존재 방식**에 역점을 두었다. 교회는 단순한 조직이나 기관이 아니다. 교회는 사람들이 속한 몸이다. 이머징 교회 운동의 관점에서 보면, 교회는 매주 60, 90분 정도의 모임으로 환원될 수 없다. 교회는 일주일 내내 견지해야 하는 일체감이다. 에

클레시아(*ekklésia*), 즉 "부름 받은 성도"로서 우리는 함께 있을 때에나 흩어져 있을 때에나 하나님의 백성으로 위임받았다.

오늘날 많은 기독교인이 **훈련**을 제자도와 혼동하고 있다. 훈련은 우선적으로 해야 할 일을 정하고 그에 헌신하는 것을 말한다. 훈련에는 용의주도함과 일관성이 필요하다. 또한 훈련은 궤변적이거나 비판적인, 무자비한 판단으로 인해 변질되어서는 안 된다. 바리새인들의 골치 아픈 형식주의와 터무니없는 요구들과는 대조적으로, 예수 그리스도는 수고하고 지친 자들을 초대하사 자신의 멍에를 지우고 그 멍에가 놀랍도록 가벼울 것임을 약속하셨다(마 11:29-30). 우리가 예수 그리스도의 멍에를 지고 그를 따르는 한, 우리는 놀라운 자유를 얻게 될 것이다. 이것이 제자도의 패러독스다.

이머징 교회 운동에 참여하고 있는 젊은 리더들은 그 운동의 일환으로 제자도의 결여를 검토하고 있다. 그들 대부분은, 교회에 주어진 첫 번째 소명은 "성도를 온전하게 하여 봉사의 일을 하게 하며 그리스도의 몸을 세우는"(엡 4:12) 것이라 확신하고 있다. 그리고 무엇보다 이 일은 지식 기반 프로그램을 가지고는 실현할 수 없음을 잘 알고 있다. 학습 현장 유형에는 개인적 책무가 거의 또는 전혀 없다. 그레그 오그던(Greg Ogden)은 여러 모로 제자 양육을 시도했으나 초기에는 실패했다. 그는 실패의 사유를 검토한 후, 다음과 같이 이야기한다. "자아를 죽이고 전적으로 그리스도를 위해 살아가기 위해 개별적으로 무엇이 필요한지 검토하려면, 제자 한 사람 한 사람에게 관심을 주어야 한다. 그렇지 않는 한 제자는 양성될 수 없다."[15]

유진 피터슨(Eugene Peterson)은 《한길 가는 순례자》(*A Long Obedience in the Same Direction*)에서, 천박한 복음주의와 기독교인의 삶에 나타

나는 자기중심적 거짓 진술을 신랄하게 비판하고 있다. 책 제목에도 명시되어 있듯, 피터슨은 이 책에서 제자도에 대해 규정하고 있다. 그는 기독교인의 삶을 제자도와 순례를 가지고 설명한다. 그가 정의한 제자도는 다음과 같다.

> 믿는 자들을 가리키는 성경적 명칭 중 **제자**와 **순례자**, 이 두 가지는 믿는 자들이 세상사의 흐름을 읽고 그에 저항하는 데 있어 매우 유용하다. **제자**(*mathētēs*)라는 말은, 주인 되시는 예수 그리스도를 본받기 위해 일생을 바치는 사람을 일컫는다. 제자는 항상 성장하고 배우는 관계 속에 있다. 제자는 배우는 자이나, 학업은 학문적인 학교 교실이 아닌 장인의 일터에서 이루어진다. 그곳에서 제자는 하나님에 관한 정보를 얻는 것이 아니라 신앙의 기술을 습득한다.
> 그리고 **순례자**(*parepidēmos*)라는 명칭은, 일평생 하나님께로 가는 여정 위에 있는 사람을 의미한다. 그리고 하나님께로 향한 길은 바로 예수 그리스도이다. 우리는 "이 땅은 내가 머물 집이 아니라"는 것을 깨닫고 아버지의 집을 향해 여행을 떠난다.[16]

그리스도의 첫 제자들에게는 지상 명령에 관한 어떤 의혹이나 오해도 없었다. 예수 그리스도가 무엇에 대해 언급하고 있는지 그들이 알 수 있었던 것은, 그들 자신이 3년에 걸친 제자도 여행의 산물이었기 때문이다. 그들이 부름 받은 날, 예수 그리스도는 "나를 따르라"고 권하였고, 그와 함께하면서 제자들은 사람을 낚는 법을 터득했다(마 4:18-22). "따르라"는, 이 소명이, 우리에게 제자도가 관계적이며 동시에 변혁적임을 상기시킨다. 제자도의 입문은 예수 그리스도의 행보를 "따르라"는 소명이지만, 예수 그리스도의 마지막 말씀은 온 땅에 "가라"이다. 배움과 순례는 함께해야 한다. 제자들은 가장 가까운 위치에서 한결 같이 예수를 따르는 특권을 받은 자들이다. 그래서 그리스도가 승천하였을 당시, 그들이 독립적으로 예수 그리스도의 사역을 이어나갈 수 있을지의 가능성은 희박해 보였다. 하지만 제자도는 결코 독립하여 혼자 하는 것이 아니다. 하늘에 오르기 직전에 예수 그리스도는 제자들을 확신시키며, "볼지어다 내가 세상 끝날까지 너희와 항상 함께 있으리라"고 언명하셨다(마 28:20).

제자도의 구성 조건

예수 그리스도가 지상 사역을 하는 동안 그를 따랐던 사람들은 제자도의 기본 개념을 쉽게 이해할 수 있었다. 하지만 오늘날의 기독교인들은 제자도의 소명(challenges)을 제대로 알지 못한다. 교회 리더는, 그리스도를 따르는 모든 이들이 자신의 삶 속에서 제자도를 최우선으로 삼기 위해서는 무엇이 선행되어야 하는지를 분석해야 한다. 우선적으로 리더 자신이 개인적으로나 공적으로 오늘날의 세상에서 예수 그리스도를 따르는 것이 무엇을 의미하는지 밝혀 보여야 한다. 세부적으로는 당연히 다를 수 있지만, 제자도에는 어느 장소에나 그리고 어느 시대에나 유효한 근본 조건들이 존재한다.

1. **제자도는 "나를 따르라"는 예수의 소명에 대한 개별적인 응답이다.**

복음주의자들은 거듭남과 회심을 강조해 왔다. 그러나 거듭남은 그리스도 안에서의 성장을 위함이며, 회심은 그리스도와 동행하는 여행으로 이어질 때 의미 있는 것이다. 제자도는 선택받은 위대한 성인들에게 국한되는 것이 아니라, 모든 믿는 자에게 주어진 소명이다. 제자도는 단순히 삶의 여정 끝에서 예수 그리스도를 만나느냐에 있는 것이 아니라 일생의 여정을 나와 함께하라는 예수 그리스도의 초대에 대한 우리의 응답에 있다.

2. 제자도는 일생 동안 계속되는 배움이다.

하늘나라의 제자가 되는 과정에는 끝이 없다. 예수 그리스도와 함께 동행하는 길 위에는 배워야 하는 새로운 일들과 맞서야 할 참신한 도전들이 항상 존재한다. 그리고 우리는 결코 "도달"하지 않는다. 이러한 성찰이 겸손한 마음을 갖게 한다. 물론 인간적인 판단으로도 모험은 끝나지 않으리라 생각할 수 있다. 하지만 삶은 여전히 형성 중에 있으며 삶에 대한 우리의 이해가 부분적이라는 것을 인정할 때, 우리는 겸손의 자질을 갖출 수 있다.

겸손의 중요성은 구도자들이나, 보다 이른 시기에 그리스도와 동행하기 시작한 사람들과 배움을 공유할 때 더욱 두드러진다. 마태는 제자들이 연약했다는 사실을 간과하지 않았다. 그는 제자들이 "불신"했던 순간이나 "두려워했던" 순간, 그리고 그들의 행동이 제자도와 일치하지 않았던 순간들을 기록하고 있다. 부활 후의 상황을 기록하면서, 마태는 제자들이 그리스도를 경배하면서도 "의심하는 자도 있더라"(마 28:17)고 폭로하고 있다. 도널드 해그너(Donald Hagner)는 이때의 의심을 망설임과 우유부단함으로 해석하고 있다. 해그너의 설명에 따르면, "마태는 분명히 그의 공동체 구성원들이 이 진리를 스스로에게 적용하기를 원했던 것이다."[17]

3. 제자도는 공동체 안에서의 배움이다.

오늘날 제자도에 관한 모델들은 대부분 일대일 관계에 역점을 두고 있는데, 이는 반드시 수정되어야 한다. 열두 제자들은 각기 다른 기질과 입장을 갖고 있었다. 그들은 예수 그리스도의 질문에 답하면서 서로에게서 배움을 얻었고, 예수 그리스도를 공유하며 함께 배워 나갔다. 제자들은 상호 교제하는 가운데 배움을 얻는다. 그들은 예수 그리스도를 중심으로 모인 공동체이다. 그리스도의 제자들이 누리는 교제는 공동체로 나아가는데, 이 공동체는 그리스도의 교회 바깥 세상과 유사하지도 동일하지도 않다.

제자의 배움은 교실이 아니라 예수 그리스도와 함께하는 여행에서 이루어진다. 예수 그리스도는 제자들이 기계적으로 배우기를 원하시지 않았다. 그보다는 가르침을 숙고하고 자신의 삶에 반영하기를 바라셨다. 단순히 머리로만 아는 것은 소용이 없다. 예수 그리스도의 가르침은 변화된 삶을 향한 의지를 바로잡을 때에야 비로소 의미가 있다. 또한 예수 그리스도는 우리가 그의 가르침을 선택적으로 적용하는 것을 허락하지 않으신다. 그는 제자들에게 "내가 분부한 모든 것에 순종하라"고 가르치셨다(마 28:20). 새로운 율법(토라)에 순종하라는 것이 아니라 예수 그리스도의 가르침과 그의 사람들에게 순종하라는 말씀이다. 예수 그리스도로부터 제자도를 배운다는 것은 그의 말씀에 순종하여 귀를 기울이는 것, 어디든지 그의 인도하심을 따르는 것, 우리가 예수 그리스도에게 응답하지 못하도록 훼방하는 모든 것을 과감히 버리는 것을 말한다. 제자도는 평생 행동하고 반성하는 가운데 자연스럽게 습관처럼 몸에 익혀 나가는 것, 바꿔 말해 삶 속에서 체험하면서 배우는 것이다.

4. 제자도는 헌신하는 삶, 자기희생적인 삶을 의미한다.

제자들이 본 예수 그리스도는 자기희생적인 사랑을 몸소 보여주고 헌신적으로 사역하였으며, 십자가에 달려 죽기까지 하셨다. 제자들은 그런 예수 그리스도와 가까이에서 함께하면서 제자도에 대해 배웠다. 제자들은, 예수 그리스도가 그를 따르고 나아가 사람을 "낚게" 하려 자신들을 부르셨다는 것을 안다. 예수 그리스도와 함께 동행하며 그들은 하나님 나라의 "그물"로 사람을 낚는 방법을 배운다. 오늘날 교회가 제자를 양육하지 않을 사람들을 제자로 양육하는 한, 그 제자 양육은 예수 그리스도의 가르침과는 다른 것이다.

5. 제자도는 예수 그리스도의 가르침대로 가르치는 것을 말한다.

예수 그리스도는 이야기, 선포, 증명, 수수께끼, 격언, 날카로운 질문과 같은 다양한 전파 방식을 제시한다. 그는 우리에게 본을 보였을 뿐 아니라, 우리가 세상을 향해 용감히 그의 이름을 외친다면 항상 우리와 함께할 것이라고 약속하셨다. 크레이그 키너는 "오늘날 많은 기독교인들이 예수 그리스도의 현존에 대한 감각을 상실하고 목적을 망각했다. 이는 주께서 우리에게 주신 선교의 비전을 잃어버렸기 때문"이라고 설명한다.[18] 교회를 미래로 이끌라고 하나님께 명 받은 리더들은, "내가 너희에게 분부한 모든 것을 가르치라" 하신 지상 명령이 가장 우선된 것임을 알아야 한다.

명령에 순종하는 것보다

오직 마태복음에서만 그리스도의 제자들에게 맡겨진 본분을 명령이라고 표현하고 있다. 더욱이 다른 신약성서에서는 지상 명령을 특별하게 언급하지 않는다. 사도행전이나 다른 어떤 서신에서도 교회를 향해 직접적으로 온 땅에 나가 제자 삼으라고 권고하지 않는다. 지상 명령은 로마서 마지막에서 다시 언급되지만, 거기서는 명령이 아닌 송영 형식으로 제시되고 있다.

> "나의 복음과 예수 그리스도를 전파함은 영세 전부터 감추어졌다가 이제는 나타내신 바 되었으며 영원하신 하나님의 명을 따라 선지자들의 글로 말미암아 모든 민족이 믿어 순종하게 하시려고 알게 하신 바 그 신비의 계시를 따라 된 것이니 이 복음으로 너희를 능히 견고하게 하실 지혜로우신 하나님께 예수 그리스도로 말미암아 영광이 세세무궁하도록 있을지어다 아멘"(롬 16:25-27).

이처럼 다른 신약성서에서 지상 명령에 대해 침묵하고 있는 이유를 무엇이라 설명할 수 있을까? 복음 전파의 중요성에 대한 인식이 부족했다고는 볼 수 없다. 마태복음 외에도, 복음 전파는 계속되어야 하며 지중해 지역 도처에 새 교회를 세워야 한다는 언급이 명확하고 반복적으로 나온다. 해리 보어(Harry Boer)는 지상 명령에 대한 신약성서의 침묵이 의미하는 바를 밝히고 있는데, 그에 따르면 초대 교회는 책무를 이행하듯 지상 명령을 수행했던 것이 아니라, 자발적으로 복음을 함께 나누기를 열망하였다. 당시 초대 교회를 휘감았던 이 열망은 성령이 그들 마음속에 심어 준, 선교에 대한 진실하고 강한 충동이다.[19]

마태복음의 명시적이고 직접적인 명령은 내향적인 유대 독자들에 대한 일종의 도전이었다고 할 수 있다. 이렇게 보면, 사도행전이나 그 후 속(續)사도 시대의 교회들에게 이 명령은 불필요한 것이었다.

초대 교회들은 내향적이지 않았다. 반면, 현대 서구 교회들은 너무나 내향적이다. 오늘날 교회의 젊은 리더들은 이러한 성향에 맞서야 하며, 실제로 많은 이들이 그렇게 하고 있다. 비전과 소명을 잃지 않고 진심으로 간직한다면, 그들은 미래를 위한 하나님의 투자 징표임이 증명될 것이다.

그리스도의 제자들이 보여준 응답은 명령에 대한 단순한 복종과는 다른 것이었다. 열두 제자들은 다른 제자들이 스승을 따르듯이, 사람들이 이상형을 찾듯이 예수 그리스도를 따른 것이 아니다. 그들은 예수 그리스도를 본받았다기보다는 그를 경배했다. 그리스도의 제자들은 증인이기 이전에 예배자들인 것이다. 마태는 제자들에게 있어 예수 그리스도는 "선생님"이자 "주님"이었다는 것을 강조한다. 데이비드 보시는 "출처에서 제자들이 '선생님' 또는 '랍비'라고 부르는 부분들을 마태가 '주님'으로 바꿨다"고 보았다. "예외가 있다면, 가룟 유다가 그를 '랍비'라 부르는 부분들인데, 두 경우 모두 그가 예수 그리스도를 배반하는 것에 대한 부분들이다"(마 26:25, 49).[20] 예수 그리스도의 제자들은, 하늘과 땅의 모든 권세를 받은 그분(the One)의 이름으로 용감히 앞으로 나아갔다. 다시 말해, 예수 그리스도가 주시라는 불멸의 사실이 그들을 앞으로 나아가게 한 것이다. 온 천하 만민들을 향해 담대히 발걸음을 내딛는 한, 그들은 주께서 항상 그리고 영원토록 그들과 함께 계심을 발견했다.

교회를 정비하고 나아갈 방향 수정하기

지상 명령을 이와 같은 관점에서 진중하게 받아들이고 있는 교회들, 교회가 선교의 산물이자 선교를 위한 공동체라는 것을 인식하고 있는 교회들의 공통된 특징들은 무엇인가? 이머징 교회 중 "선교를 위한 교회"가 속한 공동체와 운동을 이끌고 있는 것은 무엇인가?[21] 지난 20년간 대서양 양측 대륙의 선교 단체들은, 변화하는 문화 상황 속에서 서구 교회들이 겪고 있는 선교적 어려움들을 감당하려 애쓰면서 다양한 선교 플랜을 실행에 옮겼다.

고 뉴비긴 주교(Lesslie Newbigin)는 자신의 선교적 관점을 서구 사회의 상황에 접목시킨 선구적 사상가였다.[22] 그의 활동은 미국과 캐나다에서 일어난 'GOCN'(Gospel and Our Culture Network, 복음과 우리 문화 네트워크)의 근간이 되었다. 이 단체는 교회와 선교의 관련성에 관해 수많은 책자를 발간했다. 애버딘(Aberdeen) 대학의 앤드류 월스(Andrew Walls)는 서구 세계를 다시 복음화하려는 이 시도에 주목했는데, 그는 서구를 세계에서 가장 선교하기 힘든 지역으로 간주한다.[23] 대럴 구더(Darell Guder), 크레이그 키너, 조지 헌스버거(George Hunsberger), 앨런 록스버러(Alan Roxburgh), 윌버트 솅크(Wilbert Shenk), 조지 헌터(George Hunter), 그리고 찰스 밴 엔겐(Charles Van Engen)의 저서들이 지대한 공헌을 했다. 이 저자들은 또한 루터파, 침례파, 메노파, 감리파, 개혁파 등, 광범위한 전통적 교파들을 대표한다. 이들이 어떤 점에 공헌하였는가를 검토해 보면, 선교와 교회의 관련성에 대한 그들의 견해를 다음과 같이 요약해 볼 수 있다.

• 교회는 하나님의 미션(계획하심)에 의해 세워진 것이지, 자기 이익을 위해 양적 성장을 도모하거나 방어적인 고립 상태를 추구하는 집단이 아

니다. 바꿔 말하면, 성장은 일종의 부산물이지 가장 우선시해야 할 목적이 아니다. 마찬가지로 성장하지 않는 교회에게는 자신에게 주어진 소명을 충실히 수행하고 있는지 반문하는 것이 타당하다.

- 교회는 삼위일체와의 관계 속에서 자신의 사명(mission)을 규정한다. 교회는 구원의 역사에 관여하는 세 인격들의 상호 관련성을 깨닫고, 자신의 삶 속에 공동체와 신성 안에 표현된 다양성을 포용한다. 교회의 사명은 개인화하거나 개별화할 수 없는 것이다.
- 교회는 예배와 증언이 불가분의 관계라는 것을 명확히 보여준다. 교회가 하나님께 바치는 찬미의 노래는 세상을 향한 복음의 선포와 전파로 이어진다. 시편에는 찬미가 증언이 되어 세상으로 흘러들어 가는 예들이 수없이 나온다.

"새 노래로 여호와께 노래하라
온 땅이여 여호와께 노래할지어다
여호와께 노래하여 그의 이름을 송축하며
그의 구원을 날마다 전파할지어다
그의 영광을 백성들 가운데에,
그의 기이한 행적을 만민 가운데에 선포할지어다
……모든 나라 가운데서 이르기를 여호와께서 다스리시니"
(시 96:1-3, 10).

성전과 유대교 회당의 예배에서 예견한 선포가 오순절에 이르러서야 실현된 것은 아니다. 그 당시에는 분명히 들려오는 찬미 소리가 강력한 증언의 형식이었을 것이다. 찬미와 증언의 긴밀한 관련성은 교회학과 선교학의 신학적 통합 이상의 의미가 있다. 곧 찬미와 증언의 불가분의 관계는 영적 역동성을 생성한다. 이머징 교회의 예배 중심주의는 선교를 **소외시키는** 것이 아니라 반대로 선교에 **활기를 불어넣게** 될 것이다.

- 하나님의 창조 안에 있는 풍요롭고 다채로운 다양성을 인식한다. 문화적 모자이크와 문화 간의 복잡한 상호작용을 알면 알수록 교회는 다양성과 일치를 모두 갖추어야 한다는 것을 깨닫게 된다.

- 교회는 성육신적 접근 방식이라는 과제를 안고 있다. 유대인에게나 비유대인에게나 복음을 전했던 예수의 사역과 신약 교회의 투쟁을 본받아, 오늘날의 교회는 탐구자들과 구도자들을 문화적 상황에서 끄집어내어 안전한 보호막 안으로 불러들이려 해서는 안 된다. 그보다는 효과적으로 복음을 전할 수 있도록 그들의 문화 속으로 침투해 들어가 그 문화의 가치와 욕망을 배워야 한다. 그렇게 할 때 선교에 몸담은 이들은 복음을 새롭게 이해하게 될 것이며, 자신의 삶 속에서 또 다른 복음의 과제들을 만나게 될 것이다.[24]

- 교회는 무조건적인 사랑으로 다가가야 한다. 교회에게 있어 세상 사람들은 단순히 그곳에 있는 자들이 아니라, 교회가 있는 모습 그대로 받아들여야 하는 사람들이다. 그렇다고 무조건적인 사랑을 강박적이거나 자기 파괴적인 생활방식에 대한 인내로 받아들여서는 안 된다. 포용에는 언제나 변화에 대한 기대가 있으며, 이는 복음의 메시지가 해방과 권한을 가져다주기 때문이다.

- 변화에 대한 교회의 서약은 개인에 국한된 것이 아니라, 교회가 속한 지리적 공동체들과 교회가 참여하고 있는 비지리적 네트워크로 확장된다. 선교적 교회들은 교회가 하나님 왕국의 징표이자 종이라는 사실을 알고 있다. 그런데 그들은 여전히 형성 중에 있기 때문에, 그들은 모

호한 징표요 하찮은 종이다. 사람들을 교회로 이끌 때, 선교적 교회는 항상 교회 자체만을 강조해서는 안 된다.
- 교회는 지상 명상을 최우선 과제로 삼아야 한다. 우리는 예수 그리스도를 따르는 자로서 세상에 보내졌고, 성령의 인도를 받으며 성령으로부터 권한을 위임받았다. 예수 그리스도를 따르는 자로서 행동하기 위해서는 관계 맺기에 대한 서약을 중시하고, 제자들이 고립된 존재가 아니라 서로를 지지하고 책임지며 서로에게 헌신하는 공동체 안에 있다는 것을 깨달아야 한다. 이머징 교회는 교회 내 사역보다는 교회에 의한 사역에 더 주력한다.[25]

일시적인 유행이 아닌 선구적인 개척

이쯤에서 꼭 짚고 넘어가야 할 것은, 여기서 말하는 이머징 교회가 트렌디한 예배 형식이나 영적 체험, 창조적 사건을 추구하는 유사 취미를 가진 사람들의 신성한 비밀 모임이 아니라는 사실이다. 나는 세상 가운데서 하나님의 미션을 충실히 증거하리라 서약한 공동체들에 관해 이야기하고 있다. 또한 나는 35세 미만의 사람들을 붙잡을 수 있는 교회들만, 또는 예전에 교회 다녔던 이들을 다시 불러들일 수 있거나 한 번도 교회에 다니지 않는 사람들을 끌어들일 수 있는 교회들만을 배타적으로 논하고 있는 것이 아니다.

선교 사역은 교회의 삶으로부터 소외된 모든 세대를 향한 것이며, 교회와 무관하거나 교회를 불신하는 모든 세대를 겨냥한다. 이 책에서 내가 특별히 35세 미만의 사람들에게 초점을 맞추고 있는 이유는, 그들이 대서양 양측 대륙과 오스트랄라시아 지역 교회들이 직면하고 있는 가장 절박한 문제를 대변하고 있기 때문이다. 서구 사회가 고령화됨에 따라, 선임 목사들은 조만간 선교와 사역을 똑같이 우선시하게 될 것이다. 이머징 교회의 진정한 모습(양태)은 선교에 의해 세워지고 선교에 헌신하는 것이며, 이는 기존 질서에 대한 도전이라는 점에서 코페르니쿠스 전환의 교회 버전이라 할 만하다.[26]

우리는 기존 교회들이 생기를 되찾고 나아갈 방향을 수정할 수 있도록 도와야 하며, 이와 더불어 새로운 교회를 개척해 나가야 한다. 새로운 교회는 기존의 성도들과 동일하지도 유사하지도 않을 것이다. 여기서 말하는 새로운 교회는 오직 선교를 위해 세워진 신앙 공동체이다. **선교를 위한 교회**에 관해 영국국교회가 제출한 보고서가 있는데, 여기에서는 교회 개척을 다음과 같이 규정하고 있다.

> 교회 개척은 기독교 공동체에 의해 구현된 예수 그리스도의 삶과 메시지라는 씨앗을, 선교를 위해 다른 문화적·지리적 토양에 심는 작업이다. 이 작업의 목적은, 복음이 그곳에 뿌리 내리고 그것을 통해 새로 생겨난 토착적 교회가 선교 사역을 지속할 수 있을 만큼 성장하는 것이다.[27]

이 보고서에 관한 논평에서 밥 홉킨스(Bob Hopkins)는, 교회가 그 지역의 문화적·지리적 토양 위에서 재생산되어야 한다는 점을 강조한다면 보고서에 언급된 규정들은 보강될 수 있을 것이라고 지적한다. 그처럼 교회 성장은 추가가 아닌 증식을 통해 이루어진다. 홉킨스의 설명에 따르면, "이런 보고서가 보통 그렇듯이, 문화를 넘어 전도하는 일에만 초점을 맞추면 단지 신자의 숫자를 **늘리는** 일에만 집중하게 되고, 교회의 중요한 표지가 **재생산**이라는 사실을 놓치게 된다.[28] 따라서 **초대 방식에 기초한 조직은 선교를 위한 운동으로** 재형성되어야 한다. 교회는 도덕적 태만과 선교에 있어서의 오류를 참회해야 한다." 교회는, 콘스탄티누스 시대와 기독교 제국 시대는 끝이 났으며 포스트모던 시대에 접어들면서 세계가 급변하고 있다는 사실에 눈을 떠야 한다.

요약

교회는 지상 명령의 우선성을 재정립해야 한다. 이 땅 위에 그리스도의 왕국을 건설하기 위해 지역적·세계적 비전을 가지고 하루하루의 삶 속에서 그리스도를 따르는 사람들, 이것이 주의 명령에 담긴 교회의 **정의**이다. 그리고 그것은 세상 사람들을 교회로 불러들여 복을 받으라고 말하는 내향적 교회에서 벗어나, 세상 문화의 모든 영역을 침투하여 흩어지는 외향적 교회로 변화하도록 촉구한다.

4 무엇이 다른가?

리더십은 예나 지금이나 어려운 도전이지만, 오늘날과 같이 불연속적이고 예측 불가능한 변화의 선상에서는 그 험난함이 배가 된다. 상황이 완전히 변했기 때문에 아무리 모범적인 전례라도 완전히 믿고 결정에 참조할 수 없다. 따라서 오늘날의 리더에게는 창의적이고 독립적인 사유 능력이 필요하다. 피터 드러커(Peter Drucker)는 오늘날 사회 전역에서 일어나고 있는 심층적 변화의 본질에 대해 다음과 같이 서술하고 있다.

서구 역사상 몇 백 년 간격으로 두드러진 변화가 일어났다. 몇십 년에 걸쳐 그 사회의 가치관, 기본 가치들, 사회, 정치 구조, 예술, 그리고 핵심 제도 등이 전반적으로 재배치된다. 그 후 50년 정도 시간이 흐르면 예전과는 다른 새로운 세계가 존재하게 된다. 그리고 새로 전환된 세계에서 태어난

사람들은 그들의 조상들이 살았고 자신의 부모들이 태어났던 세계에 대해 상상조차 하지 못한다.[1]

우리 시대는 이와 같은 전환기이다.

모든 이에게 모든 것이 되겠다(all things to all people)며 헛된 수고를 하고 있는 수많은 리더들은, 이제 곧 자신들의 기대가 얼마나 비현실적인가를, 그리고 그러한 노력은 실패할 수밖에 없다는 것을 깨닫게 될 것이다. 그들은 점차 생존 경쟁에서 도태되고, 그들 중의 대부분은 전임 목회 사역에서 물러나게 될 것이다. 일부 조사 결과에 따르면, 교회 사역을 위해 훈련받은 리더 중 거의 50%가 10년 이상 사역을 지속하지 못하고 있다고 한다. 교회를 번창시키기는 것은 고사하고 사역을 지속하기조차 어려운 리더들에게 교회 리더십, 시대 변화에 대한 인식과 훈련은 반드시 필요한 요구 조건이라 하겠다.

시대적 억압하에서의 결정

불확실하고 불안정한 리더십으로 인해 고군분투하고 있는 것은 비단 교회만이 아니다. 최근 몇 년간, 리더십 훈련 과정들이 급격히 증가하였으며, 리더십 훈련 사업은 고수익 사업으로 자리잡았다. 명성 있는 매니지먼트 스쿨인 피터 드러커 경영대학원(Drucker School of Management, CA. Claremont 소재) 교수인 진 립먼 블루먼(Jean Lipman Blumen)은, 리더십에는 광범위한 영역에 걸친 도전이 필요하다고 강조한다. 그녀는, "변화는 리더로 하여금 이른 아침 안개처럼 가정과 학교, 교회, 대중적 정치 운동, 자치 단체들과 정부 기관들 등, 사회

의 모든 틈 사이로 스며들 것을 요구하고 있다"고 말했다.²

립먼 블루먼의 설명에 따르면, 변화의 속도가 매우 빠른 비즈니스 분야의 리더는 시간 계획을 예전보다 훨씬 짧게 잡아 일해야 한다. 리더가 결정을 내리는 시간 역시 그 속도에 떠밀려 점점 줄어들고 있다. 광범위한 영향을 줄 수 있는 사안에 대해서도 가급적 빨리 결정해야 하는데, 대부분의 경우 그 결정을 번복할 수 없기 때문에 리더는 심한 중압감을 느낀다. 리더가 자칫 실수라도 한다면, 한바탕 파장이 이는 데 그치지 않고 그 일과 관련된 부분 전체가 와해될 만큼의 폭발이 일어날 수도 있다. 그러므로 이 시대를 살아가는 리더들은 단기간 내에 일을 성공시켜야 한다는 가혹한 중압감에 시달리면서도, 오랫동안 숙고한 후 결정을 내려야 한다는 딜레마를 안고 있다.³

일반적으로 교회 리더들은 위와 같은 수준의 심한 중압감을 느끼지는 않지만, 대신 다음과 같은 상황 속에서 결정을 내려야 할 때가 있다. (1) 예산 증액이 점점 어려워지는 상황, (2) 지원자를 모집하고 기부금을 유지하기 어려운 상황, 그리고 (3) 교회 구성원들 간에 의견마찰이 있는 경우. 심지어 지원자 모집을 위해 공공 기금을 계속 지출해야 하는 상황이나, 교회 회중이 아무리 많아도 120명이 채 되지 않는 경우도 있다. 북미 교회들의 성도 수는 평균적으로 100명 미만이며, 영국 교회의 경우는 이보다 더 적다. 이러한 상태가 지속된다면 많은 교회들의 미래가 불투명해 보인다. 상업 분야와 마찬가지로 대부분의 교회는 현재 "전략적 변곡점"이라 불리는 지점에서 유지되고 있는데, 전략적 변곡점은 상승 흐름이 하락 흐름으로 전환하는 지점을 일컫는다.⁴

이러한 시대에 리더가 내리는 결정들은 광범위한 결과를 초래할 수 있다. 만일 리더가 전환 여부를 식별하지 못한다면 또는 상황의 급박함을 인정할 용기가 부족하다면, 교회의 쇠퇴는 가속화될 것이다. 많은 교회와 채플들이 문을 닫고, 그 건물들을 매도했던 영국의 경우를 생각해 보면 이는 자명하다. 문제는 머지않아 미국 교회들도 그와 유사한 상황에 처하게 될 것인가 하는 것이다.

안개와 폭풍 속의 항해

모더니티의 깃발 아래 인류는 세계를 통제하고 있다고, 혼돈을 질서 지을 수 있다고 믿어 왔다. 포스트모던 문화로의 이행은, 혼돈이 우리 능력 밖에 있다는 냉혹한 현실을 부분적으로 일깨웠다. 혼돈이라는 포스트모던의 본질은 우리로 하여금 구획화를 멈추고 세계의 복합성과 상호작용을 인정하라고 촉구하고 있다.[5]

사역 훈련이 갖고 있는 문제점은, 그것이 여전히 모더니티의 전제에 기초하고 있다는 점이다. 세미나나 기타 사역자 훈련학교에서는 전문 분야에 따라 구획화된 지식을 전달하고 있으며, 예비 목사들은 예측 가능한 성과를 얻을 수 있으리라는 기대 속에 사역 방식들을 배운다. 이러한 원근법적 리더십은 "지도를 따라가는 것"과 유사하다. 원근법적 리더십은 문제를 파악한 후, 그것을 해결해 가면서 한 단계 한 단계 앞으로 나아간다. 하지만 불행히도 현실은 감당할 수 없을 만큼 혼잡하다. 할런 클리블랜드(Harlan Cleveland)는 "인간관계 분야는 항상 무질서하게 어지럽혀져 있다"고 말한다. 우리 가운데 질서와 통제를 주장하는 사람들은 우리 이론에 들어맞지 않는 사실들을 애써 부인하려 할 것이다. 하지만 효과적으로 이 난국을 헤쳐 나가기

위해 필요한 단서들은, "우리의 깔끔한 그림을 망쳐 놓는, 부분적인 뒤섞임" 속에 있을 수 있다.[6]

빌 이섬(Bill Easum)의 관점은, 교회 리더들이 혼돈과 혼란을 이해하고 그 속에서 활동하는 데 도움이 된다. 이섬은 혼돈을 긍정적으로 보아야 한다고 주장한다. 그에 따르면 혼돈은 신앙의 시련이며 창조성의 발판이다. 이섬은 카오스 이론에 대해 다음과 같이 설명하면서 교회 리더들의 주목을 끌었다. "카오스는 질서와 아름다움의 적이 아니다. 카오스는 새로 태어나는 모든 것 안에 본질적으로 존재하는 요소이다. 혼란스럽고 예측 불가능하며, 때로는 파괴적이기까지 한 역동적 흐름은 온갖 규칙과 제약, 또는 정책에 의해 '길들여지지'도 '통제되지'도 않는다."[7] 무질서한 변화의 충격을 피할 수 있는 곳은 없다. 대도시와 주변 일대가 가장 큰 변화를 겪게 되지만 교외, 소도시 그리고 지역 공동체들도 더 이상 안전하지 않다.

마이크 레겔(Mike Regele)은 카오스 문화가 전 지구적으로 팽배해 있으며, 지구상 어디에도 도망칠 곳은 없다고 강조한다. 더 나아가, 레겔은 다음과 같이 덧붙이고 있다. (1) 변화의 속도가 매우 빨라 그에 대해 반성할 틈이 없으며, (2) 변화의 복잡성으로 인해 우리는 날마다 더 많은 정보를 흡수해야 하고, (3) 무질서한 변화가 광범위하게 일어나면서 삶의 전 영역에 영향을 주고 있다. 그리고 (4) 포스트모던 문화에서 변화는 예측 불가능하고 또 불연속적이다. 이는 우리가 다가올 미래를 미리 예상할 수 없다는 것을 의미한다.[8]

역사의 가르침

이머징 교회 운동의 젊은 리더들은 우리 시대와 초대 기독교인들 간의 관련성을 재발견하고 있다. 그들은 초대 교회의 역동적 운동을 가능하게 했던 근본 요인들에 대해 탐구하고, 그 요인들을 동시대 교회에 적용시키는 방법을 간구하고 있다. 1, 2세기 로마제국의 사회상을 조사해 보면, 로마에 의한 평화(*Pax Romana*)가 난폭한 인간성의 무법 지대라는 사실이 분명히 드러난다. 이스라엘과 같은 제국의 국경 지대에서는 특히 심했다. 이스라엘의 민중들은 로마제국 체제하의 불안정한 생활 속에서 하루하루 간신히 연명하고 있었다. 일반 민중들의 삶은 과도한 세금으로 인해 피폐해졌고, 대부분은 군에 징용되거나 사욕을 채우려는 타락하고 부패한 관료들을 위해 지역 개발에 강제적으로 끌려 다녀야 했다. 저조한 수확량과 경기 침체로 그들은 더 이상 세금을 낼 수 없었으며, 상황은 더욱 악화되어 개인과 가족의 부채만이 늘어났다.[9]

산상수훈을 읽을 때 우리는 다음과 같은 사실을 잊지 말아야 한다. 대중들에게 음식과 옷가지, 노화에 대해 염려 말라고 격려하는 예수 그리스도의 모습(마 6:25-34)에는 청중들을 향한 진심어린 관심이 담겨 있었다. 당시 대중들은 고통스럽고 잊을 수 없는 경험의 기억들을 가지고 있었고, 그들의 가족과 공동체 구성원 전체가 궁핍한 생활을 하고 있었다. 예수 그리스도는 이 대중들, 즉 사회에서 소외된 사람들 가운데서 제자들을 부르셨다. 제자들은 모두 갈릴리 북쪽 지역의 사람들이었을 것이다. 그들은 사회 활동의 중추인 예루살렘에서 활동하던 사람들이 아니다. 그들은 종교 단체에서 지위가 높은 사람도 아니었고 유력한 바리새인 연맹 소속도 아니었다. 실제로 그들은 일반 소매업자였다. 제자들은 훗날 유대교 지도자들의 법정에서 조사를 받을 때 교육받지 못한 범인이라고 멸시를 당한다(행 4:13).

사도 바울은 초대 교회 구성원들이 힘없고 가난했다고 서술하고 있다. 그렇다고 그들이 빈민이었다는 의미는 아니다. 그들 중 대부분이 "집안"에 속해 있었다. 이는 그들이 뿌리 있는 가문 출신이며 다른 가족으로부터 후원받을 수 있었음을 의미한다. 당시 "집안"은 매우 안정적인 특권 계층이었다.[10]

실제로 1세기는 격동의 시대였는데, 하나님 백성의 역사에서 이 혼돈의 시기가 오래 지속되었다는 것은 매우 중요한 사실이다. 아브라함과 이삭, 야곱은 계속해서 정처 없이 떠돌아다녔다. 애굽 치하에서 이스라엘 사람들은 안전을 위해 노예 신분이라는 대가를 치렀다. 출애굽이라는 해방을 경험한 후 이스라엘은 40년간 시내 광야를 배회했다. 사사 시대에는 모든 이들이 "자기 소견에 옳은 대로 행하였다"(삿 17:6, 21:25). 사울 왕정은 비참하게 끝이 났고, 그의 후계자 다윗은 주변의 조언자들을, 심지어 가족조차 신뢰할 수 없었다. 곧이어 앗수르와 바벨론과 같은 이방 세력들이 성장하면서 형세는 더욱 혼란스러워졌다. 먼저 앗수르가 북이스라엘 왕국을 위협하고 차차 점령해 나갔다. 유다 왕국는 앗수르의 맹공격은 피해갈 수 있었지만, 앗수르 제국을 점령한 바벨론이 예루살렘을 침략하면서 이스라엘과 같은 곤경에 처하게 되었다.

이 혼돈의 시기에 구약의 선지자들은 이스라엘과 유다를 향해 소리쳤다. 그들은 하나님 백성과 리더들에게 그들의 불의와 포악함 그리고 깨어진 언약의 결과를 직시하라고 외쳤다. 예레미야, 에스겔,

이사야, 아모스와 같은 선지자들은 민족을 향해 하나님께서 그의 백성들을 반드시 심판하실 것이라고 경고했다. 또한 그들은 사람들과 리더들에게 하나님의 심판이 끝나고 난 후의 날들, 즉 유다의 남은 자들 중 신실한 이들을 통해서 하나님께서 그들의 영지를 회복시켜 주시는 것을 보라고 외쳤다.

미래에 대한 신약의 예언에서도 우리는 이와 유사한 경우를 발견할 수 있는데, 다른 점이 있다면 신약의 예언은 전 지구를 대상으로 하고 있다는 점이다. 혼돈의 시기는 극복될 것이다. 예수 그리스도는 미래에 있을 전쟁과 기아, 지진, 그리고 점증하는 선악 간의 분쟁에 대해 언급했다(막 13:3-27). 그러나 구약에서와 같이 결말은 보장되어 있다. 예수 그리스도는 영원한 제국을 건설하기 위해 구주로서 이 땅에 다시 오실 것이다.

하나님 백성의 역사에서 혼돈의 상황은 죄악된 인간이 초래한 것, 그의 백성과 민족들에 대한 하나님의 심판의 결과인 때가 있다. 그 밖에도 기술이 발전함에 따라 낡은 산업이 쇠퇴하고 새로운 지식 기반 산업이 대두하면서 사회가 대대적으로 변화하는 시기에 혼돈이 발생한다. 직업 시장의 변화는 어떤 이들에게는 더할 나위 없이 좋은 기회이지만, 새로운 직업 시장에서 요구하는 지식이나 훈련이 미흡한 사람들은 그로 인해 직장을 잃게 된다. 현대의 혼돈에는 두 가지 요인이 모두 작용하고 있다. 그래도 우리는 혼란과 불확실성이라는 안개 속에서 역사하시는 하나님의 구속 목적을 발견할 수 있다. 교회 리더들은 반드시 이 시대의 징표들을 읽을 수 있어야 한다. 새로운 스타일의 리더십을 지닌 많은 젊은 리더들이 선두에 나서기 시작했다. 왜냐하면 그들은 전통적인 제도와 목표에 억눌려 있지 않기 때문이다. 그들 중 대부분이 다른 직업을 가지고 있다(bivocational)는 사실은, 그들이 사회와의 접촉을 유지하고 있으며 개인적으로 사회 변화의 압박을 실감할 수 있다는 것을 시사한다.

젊은 리더들이 혼돈과 취약성 그리고 불확실성에 능숙하게 대처할 수 있는 것은, 그들 자신이 오늘날의 문화의 강점과 약점을 모두 구현하고 있는 최신 문화의 산물이기 때문이다. 초대 교회와 마찬가지로 그들은 주변부에서부터 맘 편히 활동하고 있다. 그들이 보기에 교회는 점차 사회에서 소외된 기관이 되었다. 젊은 리더들은 선임 리더들이 전형적으로 취했던 상의하달 방식을 고수하지 않는다. 더욱이 그들은 제한된 자원들을 가지고 일할 준비가 되어 있다. 기성 세대가 새로운 사회 현실에 적응하려고 고투를 벌이는 동안, 젊은 리더들은 그들이 왜 그렇게 소란을 피우는지 의아해한다.

계급 제도의 황혼

사회가 하위 문화와 이익집단들로 파편화되고 전 세계적으로 정보가 유통되기 시작하자, 전통적 권위에 대해 이의를 제기하는 목소리가 높아졌다. 할런 클리블랜드의 《계급제도의 황혼》(*Nobody in Charge*)을 보면, 카오스 문화가 권위와 조직화에 끼치는 영향에 대해 이야기하고 있다. "상의하달식의 수직적 관계로부터 수평적 관계로의 전환 양상은 이제 더욱더 뚜렷해질 것이다. 수평적 관계에서는 각자 다른 일을 도모하기 위해 모인 사람들이 함께 합의와 협력을 추구한다."[11]

한때 위계적이고 권위적인 방식을 고수해 왔던 기관들만이 아니라 모든 기관들이 새로운 현실에 맞게 제도를 조정해야 한다. 단순히 표면적으로 수정을 가하는 것이 아니다. 제도 조정은 반드시 근본적인 부분에서부터 이루어져야 하며, 필요하다면 운영 방식을 완전히 바꿀 수도 있다. 기존 리더들은 더 이상 명령과 통제로는 일할 수 없음을 깨달았다. 이제 그들은 커뮤니케이션, 토론, 그리고 협상하는 법을 배워야 했다. 규율화는 이제 그 효력을 상실했다. 자신의 독자성과 가치를 인식한 사람들은 그에 걸맞은 대우를 받고 존중받기를 원하고 있다. 이러한 감수성은 점차 인정(人情)이 사라지고 경제적으로 치열한 경쟁 사회에서는 더욱 두드러진다. 매정함은 도덕성의 근간을 침해하고 사람들에게서 활력을 빼앗는다.

사회가 파편화되고 사람들이 선택의 자유를 누림에 따라 위계적인 구조는 붕괴되었다. 위계적 조직 체계 내에서 벌어지는 영역 다툼은 무엇보다 젊은이들의 의욕을 떨어뜨린다. 기퍼드 핀쇼(Gifford Pinchot)에 따르면, 젊은이들은 "평가와 통제 시스템이, 정보화 사회에서 생산력을 갖추기 위해 필요한 협력과 자유로운 정보 교환을 방해한다"는 사실을 절감하고 있다.[12] 그들은 오늘날과 같은 급변하는 사회에 필요한 지식, 지혜, 자원에 자유롭게 접근하기 위해서는 수평적이며 유연성을 갖춘 조직이 필요하다고 생각한다.

핀쇼의 책은 경제 관련 서적이지만, 우리는 교회의 젊은 리더들에게서도 동일한 인식 전환을 목도할 수 있다. 그들은 소속 교회와 교파 단체를 넘어 활동의 폭을 넓히고 있다. 그 예로 인터넷 블로그를 들 수 있다. 젊은 기독교인들은 그들의 교회나 교파 모임에서만 활동하는 것이 아니라 블로그를 통해 바깥에 있는 사람들과 소통하고 있다. 내가 아는 한 젊은 리더는 미국 플로리다 주 마이애미에서 목회 사역을 하고 있는데, 그는 재정이나 지역 후원과 관련해서는 교회적으로, 교파적으로 연대를 유지하고 있지만, 그가 친밀하게 교제하고 있는 멘토들은 미국 북가주(Northern California), 뉴질랜드 웰링턴(Wellington)에 있는 두 명의 젊은 리더들이다. 그 둘은 그와 같은 교파 소속은 아니지만 그들은 함께 이머징 교회 컨퍼런스에 참여하고 있으며, 도시 개발과 상호 관심 분야에 참여할 수 있는 실무 그룹을 조직하고, 각자의 생각을 인터넷 블로그에 남기고 있다. 마이애미에서 사역하고 있는 젊은 리더는 다른 도시에서 사역하고 있는 두 명의 "지인"들과 매일 또는 매주 이메일을 교환하거나 채팅룸에서 대화하면서, 또는 웹사이트를 방문하여 그들과 만날 수 있다.

광범위하며 혼돈을 야기하는 변화의 여파

오늘날 우리는, 문화 변동이 다방면에 걸쳐 심층적으로 일어나는 시대에 살고 있다. 모든 인간적 제도가 이 변동에 영향을 받고 있다. 방어적으로 정체성을 고수하려는 상호 이해 관계로 교체되었다. 단체들은 그들의 미래가 더 이상 예정대로 전개되지 않을 것이라는 사실을 목도하고 있다. 그들은 타 그룹들과 의견을 교환할 필요가 있다. 오랫동안 강한 결속력으로 무장했던 단체들이 하나 둘 와해되면서 단기 협력체와 임시모임으로 대체되고 있다. 더 나아가 립먼 블루먼이 이야기하는 바와 같이, 변화의 움직임이 거세지면서 생겨나는 수많은 불연속성들은 전통과의 단절을 야기할 수 있다.[13] 안전과 보호를 제공하는 종교 단체 역시 문화 변동의 소용돌이에 휩쓸리고 있다. 이로 인해 복음주의 기독교인들이나 여타의 보수적 전통들이 위기에 처해 있다.[14] 문화 변동의 시대에 교회가 직면한 난관들을 헤쳐 나가려면, 문화적 편견에 갇혀 우리가 오해하고 있는 것, 놓치고 있는 것을 직시해야 한다.

네트워크는 어떻게 작용하는가?

새로운 문화적 여건 속에서도 활발히 활동하고 있는 단체들은, 주위에서 일어나고 있는 변화에 민감하고 발빠르게 대처한다. 그들은 서로 연결되어 있으며 서로를 이해한다. 사도행전과 신약의 서신들을 보면, 지중해 연안 교회들이 위계적으로 조직된 것이 아니라 군집과 네트워크 체제로 활동했음을 증명하는 자료들이 많이 발견된다. 당시에는 매체가 발달하지 않아 통신로가 느리고 불안정했기 때문에 다른 식으로는 조직화할 수 없었다. 바울은 강제적인 권위를 내세우거나 지배하는 방식을 사용하지 않았다. 오히려 그는 성도들이 스스로 일을 해결할 수 있도록 교회들을 떠났으며, 성도들이 스스로 감당할 수 없는 상황에 처해 있을 때만 개입했다.[15]

네트워크 군집 체제는 박해받던 초대 교회를 보호하려는 하나님의 섭리 안에서 이루어진, 하나님의 방식이었다. 반란을 막기 위해 로마인들이 사용했던 전략은 "대장을 죽이면 전 군단이 붕괴한다"였는데, 그런 로마인들이 보기에 초대 교회 체제에는 "대장"이 없었다. 근간이 되는 핵심 세력이 없기 때문에, 몇몇 교점들을 파괴하는 것만으로는 별 소용이 없었을 것이다. 여기저기 수많은 교점들이 분산되어 있었고, 그것들은 재빨리 다른 것으로 대체되거나 조직적으로 재편성될 수 있었다. 그리고 초대 교회의 가정 교회들은 집안으로 구성되어 있었고, 소규모이긴 하지만 긴밀한 유대 관계를 맺고 있었다. 따라서 그들을 교란시키거나 위협할 목적으로 그들 사이에 침입하는 것은 거의 불가능했다(이것이 중국 교회가 경이적인 속도로 성장을 거듭하는 하나의 이유이다).

네트워크 체제는 예외 없이 무질서하며, 완전히 뒤섞여 있는 경우도 있다. 위계적 문화에 익숙한 리더들은 그에 쉽게 적응하지 못한다. 토머스 스튜어트(Thomas Stewart)는 네트워크와 위계적 조직을 구분하는 유용한 기준들을 제시한다. "말 그대로 네트워크에서는 누구나 다른 이들과 접촉할 수 있다. 위계적 조직에서는 그렇게 하지 못한다. 이 또한 위계적 조직의 정의대로다. 위계적 조직은 형식적인 의사소통 경로를 만들어 놓고 외부인이 그에 따라 주기를 기대한다."[16] 스튜어트의 관찰에 따르면, 위계적 조직에서는 지위가 설득의 자리를 대신하고 규율의 제제가 관용을 능가하는 반면, 네트워크상의 관계는 통제보다는 상호 협력에 의존한다.[17]

네트워크 방식의 한 가지 문제점은 통제가 수월하지 않다는 것이다. 신뢰도가 높지 않으면, 상호 협력이라는 네트워크의 특성은 역으로 응집력과 모멘텀(momentum)의 부재를 야기할 수 있다. 네트워크에서 신뢰는 결정적인 요건이며, 이는 오직 강한 공동체 의식을 바탕으로 성립될 수 있다. 성공적인 공동체들의 근본 요소는 헌신과 역량, 상호 신뢰, 원활한 의사소통 그리고 확신이다(5장 참조).

"한 몸" 이미지

서구 사회에서 점증하고 있는 허술한 네트워크 조직과 신뢰를 기반으로 강하게 결속되어 있는 연대 간에는 분명 차이가 있다. 공동체 발전에 관해 이야기할 때, 신약에서는 "몸"이라는 비유적 표현을 사용하여 통일성과 다양성, 상호 의존성을 강조하고 있다. 바울은 교회는 한 몸이라 이야기한다. 교회를 주어진 자리에서 자신의 기능을 발휘하는, 놀랍도록 상이한 구성원들로 이루어져 있다(롬 12:4-5; 고전 12:12-27). 몸 이미지는 분석이 아닌 상상력을 통해 이해해야 한다. 교회는 비전과 사명을 위해 함께 뭉친 공동체이며, 각 구성원들은 하나님의 가족 안에서 성령으로부터 공통된 정체성을 부여받는다(고전 12:12-13; 엡 2:18, 4:4).

진정한 공동체는 구성원들 간의 관계가 느슨하면 강한 응집력을 이끌어낼 수 없다는 것을 처음부터 잘 알고 있다. 늘 긴장감이 감돌고 혼란스러운 변혁의 시기를 견뎌 내려면 상호 간의 결속을 강하게 다져야 한다. 정략적 결합에 의해서는 무조건적인 결속이 이루어질 수 없다(서구 사회에서 결혼은 더 이상 엄숙한 서약이 아니며, 단순한 사회적 계약으로 전환되었다. 오늘날 우리는 그 느슨한 관계가 어떤 결과를 가져오는지 목격하고 있다). 우리는 안정된 환경이 보장되어야만 경계심을 풀고 가면을 벗을 수 있다. 우리가 집과 같이 머물 곳을 찾아 가족 정체성을 확립하지 않는 한, 진정한 공동체로의 발전은 어려울 것이다. 가정과 같은 언약 공동체(하나님의 언약 아래 모인 공동체, 가정) 안에서 개인들은 확신을 얻고 서로를 진심으로 용서하는 법을 배운다. 그곳은 받은 사랑을 그대로 나눠 주는 곳이다. 그리고 공동체 안에서는 잘못된 판단이나 불성실이 자칫 다른 사람에게 해가 될 수 있으므로 우리는 서로에 대해 책임을 다하려고 노력한다.

진정한 공동체의 경계는 외부 세계와 통해 있다. 마거릿 위틀리

(Margaret Wheatley)와 마이런 켈너 로저스(Myron Kellner-Rogers)는 생활 속에서 경계들이 기능하는 방식에 대해 뛰어난 해석을 제시한다. 경계는 자기 방어를 위한 장벽이 아니라 만남과 교환의 장소로 기능한다. 많은 사람들이 이 "가장자리"를 결정된 분리성으로 받아들이고 있지만, 도대체 어디가 안이고 어디가 밖이란 말인가? 실생활에서의 경계는 그와 전혀 다른 것이다. 경계는 새로운 관계가 형성되는 자리이며, 교환과 성장이 이루어지는 주요 장소이다.[18]

경계를, 자기 방어를 위한 장벽으로 사용하고 외부인들을 수용하지 않는 공동체는 일종의 파벌이다. 진정한 공동체 구성원들은, 다른 구성원들로부터 유익한 보살핌을 받은 만큼 경계 바깥의 사람들과 그 유익을 공유하고 그들을 포용하려 한다. 공동체와 외부 세계 사이의 경계는 방어적인 방패막이 아니라 결합이 이루어지는 접경 지대이다. 이처럼 서로를 포괄하면서 공동체는 하나님 왕국의 징표가 되고 종으로서의 사명을 감당하게 된다.

삶의 형식은 관계에 좌우된다. 서구 사회의 개인주의와 배타성은 인간성을 말살하고 있으며 비극적 결과를 낳았다. 위틀리와 켈너 로저스는, 삶은 체계를 요구하며 자립은 생활 세계에는 속하지 않는다고 주장한다. 다시 말해, 자립은 정치적으로 조작된 개념이다. 위틀리와 켈너 로저스는 관계를 무시하고 탐욕스럽고 잔인한 방식으로 행동하고 동조를 얻으려 자신을 허비하는 행동들을 경계하라고 충고한다.[19]

그러므로 교회는 그리스도의 **몸**이요 **신부**라는 관계적 특성들을 세상에 나타내 보여야 한다. 즉 교회는 세상으로부터 격리되고 고립된 존재가 아니라, 세상 가운데서 선교적 존재로서 사역해야 한다.

이러한 교회의 존재 방식은 그 자체가 반문화적이다. 이를 위해 교회는 끊임없이 자신의 본질적 차별성을 재확인하고, 개인주의와 이기주의라는 문화적 가치들로 인해 교회의 차별성이 파괴되고 있음을 정확히 인식해야 한다.

통제에서 권한 위임으로

교회는 위계적 구조들을 폐지할 수 있어야 한다. 위계적 구조들은 유연성이 없으며 변화에 반응하지 않는다. 그것이 지방적이든 지역적이든 또는 국가적이든 상관없다. 윌리엄 브리지스(William Bridges)는 "구성원들이 자신의 직분을 망각한 채 필요한 일만 하는 단체를 이끌기 위해서는 어떻게 해야 하는지"를 묻는다.[20] 교회 리더들은 고정된 업무 처리 방식과 획일적인 업무 지침에 대한 강요를 재검토할 필요가 있다. 전환을 시도하는 시점에서 리더들은 바로 다른 사람들의 역량과 통찰력이 필요하다는 것을 확연히 깨닫게 될 것이다. 브리지스는 다음과 같이 덧붙여 말한다. "네트워크 기술은 단체의 수장으로부터 권한을 취해 **실무**를 맡고 사람들에게 분배한다."[21] 다른 사람들에게 권한을 위임한다는 것은 필연적으로 리더가 자신의 고유 권한을 포기해야 한다는 것을 의미한다.

모세는 이스라엘의 다른 리더들(장로들)을 임명하고 나서 이러한 진리를 깨달았다(출 18:13-27; 민 11:16-17, 25-30). 다른 리더들을 임명하는 것만으로는 충분하지 않다. 이어서 그들에게 권한을 부여해야 하고, 리더는 통제권을 포기해야 한다("여호와께서 모세에게 이르시되……네게 임한 영을 그들에게도 임하게 하리니", 민 11:16-17. 여기서 그들이란 70인의 이스라엘 장로들을 말한다). 엘닷과 메닷, 두 리더가 사람들 사이에서 예언을 하기 시작했을 때, 여호수아는 모세에게 그들을 막으라고 재촉했다. 그러나 "모세가 그에게 이르되 네가 나를 두고 시기하느냐 여호와께서 그의 영을 그의 모든 백성에게 주사 다 선지자가 되게 하시기를 원하노라"고 대답했다(민 11:26-30). 이미 하나님께서 사람들에게 권한을 부여하사 일하도록 하신 것을 리더가 변경 할 수 없다.

통제의 일환으로 타인에게 권한을 부여하려 하면 위임 자체가 일종의 모욕이 될 수도 있다. 제임스 쿠제스(James M. Kouzes)와 배리 포스너(Barry Posner)는 다음과 같은 경향을 강조하고 있다.

> 권한 부여에서 문제가 되는 것은, 그것이 있을 수 없는 마법과 같은 일이라거나 리더가 타인들을 위해 행하는 것이라 여기는 것이다. 사람들은 이미 어마어마한 힘을 지니고 있다. 따라서 그들에게 권한을 주느냐 안 주느냐는 별 문제가 되지 않는다. 중요한 것은, 그들이 자유롭게 그 힘을 행사하고 그들에게 이미 주어져 있는 역량을 발휘하는 것이다. 다시 말해서 공동의 목적, 보다 의미 있는 결과를 위해 사람들이 자신의 능력을 발휘할 수 있도록 기회의 폭을 넓혀 나가는 것이 중요하다.[22]

권한 부여는 타인의 가치를 존중하고, 그를 얽매고 있는 제약들을 제거하고 기회를 주는 것이다.

정보화 시대의 도래

오늘날 매일 쏟아지는 정보의 홍수를 막는 것은 거의 불가능한 일이다. 권위적인 정부들은 더 이상 국민들에게 진실을 감출 수 없음을 뼈저리게 느끼고 있다. 할런 클리블랜드는 그 원인을 다음과 같이 설명하고 있다. 우선, 인터넷과 검색 엔진이 발달함에 따라 정보를 독점하던 위정자들과 리더들의 권한이 축소되었다. 그리고 이용 가능한 지식의 양이 증가하고 전달 속도가 빨라지면서, 리더들이 알아야 한다고 느끼는 정보의 양도 무궁무진하여 그것들을 다 소화하는 것은 불가능해졌다. 더욱이 지식이란 교환한다고 해서 잃게 되는 물건이 아니다. 지식은 공유 과정을 통해 기하급수적으로 늘어난다.[23] 인터넷상에서 정보는 분산되어 있고 통제할 수 없기 때문에, 인터넷은 매스미디어나 광고, 엔터테인먼트, 그리고 취사선택된 뉴스와는 정반대의 기능을 한다.

가상 공동체들은 정보화 시대에서 중요한 역할을 담당하고 있다. 가상 공동체는 통제 레이더망을 손쉽게 벗어날 수 있기 때문이다. 컴퓨터에 익숙하지 않은 사람들은 대개 채팅룸과 블로그의 영향력과 가치를 과소평가한다. 나이 든 목사들은 유럽, 북미, 아시아 대부분 지역의 인구 중 50% 이상이 정기적으로 웹서핑을 하고 있다는 사실을 인정해야 할 것이다. 십대의 경우는 70%에 달한다. 인터넷에 정통한 N세대는 이미 베이비붐 세대를 능가하고 있으며 팝 문화에서 지배적인 영향력을 행사하고 있다.

얼마 전, 나는 캐나다의 한 도시에서 뛰어난 노방 전도자 앞에 서 있었다. 그런데 지나가는 사람들은 거의 멈춰 서지 않았다. 거리는 더 이상 공론장이 아니다. 웹이 새로운 의견 교환의 장을 제공하고 있다. 웹상에서 영성이 핫 토픽으로 떠오른 만큼, 기독교인들은 토론 과정에 적극 참여하여 핵심적인 역할을 수행해야 할 것이다. 톰 보도인(Tom Beaudoin)은 우리에게 "대안적 영성들"에 관한 토론들이 정통 기독교 신앙에 관한 토론들보다 수적으로 상당히 우세하다는 사실을 경고한 바 있다.[24]

많은 교회들이 인터넷 사이트를 운영하고는 있지만, 대부분의 교회 웹사이트에는 교제의 공간이 마련되어 있지 않으며, 대개 고작해야 전자 게시판 구실을 할 뿐이다. 이와 달리 발전적인 사례도 있다. 예전에 나는 9·11테러 1주년을 기념하여 특별 예배를 드렸던, 미국 남가주 출신 목사와 이야기를 한 적이 있다. 그 예배에는 수천 명의 성도들이 있었는데, 그중 대다수가 세계 각처에서 인터넷을 통해 예배를 보는 사람들이었다. 눈에 보이지 않는 이 가상의 성도들은 인터넷상에서 목회자와 실시간으로 대화할 수 있고, 또 목회자는 설교를 하면서 그들의 의견을 듣고 바로 대응할 수 있다.

내가 판단하기에, 가상 공동체는 대면 공동체와 비교했을 때 장단점을 모두 가지고 있다. 우선, 가상 공동체는 탐색적인 대화를 희망하는 사람들에게는 알맞은 공간이다. 하워드 라인골드(Howard Rheingold)가 지적하듯이, 가상 공동체에서는 서로를 볼 수 없기 때문에 선입견이 형성되지 않는다. 우리는 가상 공동체에서 처음으로 만난 사람과 공개 토론을 하면서 그에 관해 여러 가지를 배우고, 또 실제로 그를 만날 것인가를 결정할 수 있다. 그곳에서 우리는 편안한 속도와 수준에서 토론에 참여하고 배움을 얻을 수 있다.[25]

반면 가상 공동체는 분명 한계가 있다. 가상 공동체의 강점(순기능)

을 가능하게 하는 익명성은 동시에 약점(역기능)의 원인이기도 하다. 익명성에 기초한 공동체는 구성원 간의 신뢰와 책임 의식을 형성하는 데 있어서는 매우 무력하다. 참가자들은 익명성이라는 가면 뒤에 숨어서 실제로 문제가 될 수 있는 속임수를 거리낌없이 쓰기도 한다. 때문에 우리는 가상 공동체에서 얻은 타인에 관한 지식들을 확신할 수가 없다.[26]

20세기 말엽, 하워드 라인골드는 미래 사회에서 가상 공동체가 담당할 공적 역할에 대해 다음과 같이 의문을 제기하고 있다.

> 매스미디어의 출현, 광고와 선전을 이용한 여론 조작은 공공 영역의 상품화와 타락으로 이어졌다. ……가상 공동체는 우리로 하여금 담론에 참여하고 있다고 착각하게 만드는 기분 좋은 환상인가? 아니면, 공공 영역의 재탄생을 위한 도약의 발판인가? 나는 20세기가 끝나가고 있는 이 시점에 이보다 더 시급한 문제는 없다고 생각한다.[27]

미래의 공동체는 지식 혁명 이전에 존재했던 공동체보다 훨씬 복잡할 것이다. 그곳에는 다양한 생각과 가지각색의 감정들이 뒤범벅되어 있을 것이다. 그리고 현대 사회의 이동성(mobile nature)과 의사소통 네트워크의 복잡성이 반영되어 있을 것이다. 미래의 공동체를 이끌어 갈 구성원들은, 한 공동체 안에서 함께 살고 일하는 동료나 이웃이 아닐 것이다.

유연하고 재생산이 가능한 구조

교회가 포스트모더니티라는 새로운 현실에 적응하기 위해서는 유동적이며 유연하고 다양성을 갖춘 구조가 필요하다. 부연하자면, 교회의 구조는 재생산이 가능한 소규모 단위들로 구성되어 있는, 일종의 운동(movement)으로 재편되어야 한다. 그런데 이때 소규모 구성 단위들을 대량 생산과 단순 복제의 방식으로 재생산해서는 안 된다. 반드시 주어진 사명과 문화 상황에 맞는 생성 과정을 거쳐 재생산해야 한다.

이 재생산 과정에 대한 설명에서는, 종종 생물학에서 차용한 **프랙털**(fractal)이라는 용어가 사용된다. 빌 이섬은 잎의 프랙털 구조에 대해 다음과 같이 설명하고 있다. "잎은 아무리 확대해서 보아도, 뒤얽힌 기하하적 무늬만이 거듭 반복될 뿐이다."[28] 통제적 리더가 프랙털 성장 이론을 못 미더워하는 이유는, 성장이 중심부로부터 조직되지 않고 세포들의 내부 동력에 의해 일어나기 때문일 것이다. 그러나 내부의 역동적 힘을 인식하고 프랙털 성장 원리에 따라 교회 구조를 계발해 나가는 리더라면 그와 같은 잠재력을 현실화시킬 수 있을 것이다.

이와 관련하여 젊은 리더인 웨인 코데이로(Wayne Cordeiro)는 매우 인상적인 사역을 펼쳤다. 코데이로 목사는 하와이 오아후 섬에 5인 또는 5쌍의 재생산 가능한 단위로 교회를 세웠다. 각 단위는 팀으로서 기능한다. 각 팀에는 사역에 대한 비전을 제시한 리더가 있으며, 팀은 그 비전을 함께할 사람들을 모집했다. 팀의 구성원들은 동일한 목적을 공유하고 서로에게 관심을 가지면서 결속력을 키워 나간다.²⁹ 코데이로 목사는 교회의 모든 구성원들이 자신에게 가장 적합한 역할을 찾을 수 있도록 이끌었고, 그들은 맡은 바 역할을 수행하며 교회를 위해 합심하는 구성원으로 성장했다. 코데이로 목사는 약자로 DESIGN을 기반으로 한 훈련과 면접 과정을 통해 그와 같은 성과를 이루어냈다.

> **D**esign(미래 설계) – 기회가 주어진다면 우리는 무엇을 할 것인가?
> **E**xperience(경험) – 실력과 자신감을 키우기 위해 우리는 무엇을 했는가?
> **S**piritual gift(성령의 은사) – 승천하신 그리스도의 사역에 효과적으로 참여(동참)할 수 있도록 성령께서 우리에게 주신 은사는 무엇인가?
> **I**ndividual style(개별적 특성) – 우리의 개성과 기질
> **G**rowth phase(신앙의 단계) – 그리스도를 따르는 여정에서 우리는 어디쯤 와 있는가?
> **N**atural abilities(천부적 소질) – 우리가 타고났으며 어릴 적에 계발한 소질들³⁰

이러한 유형의 교회가 성장하려면, 지속적으로 팽창하는 기반을 가진 리더십 창출이 필수적이다. 피라미드 조직과는 다르게, 지속적으로 팽창하는 기반은 프랙털 모델을 추구한다. 프랙털 모델은 창조성과 진취성을 지닌, 밀접하게 연관되어 있는 단위들로 구성된다. 수잔 모스(Suzanne Morse)의 설명에 따르면 다중심형(polycentric) 리더십의 핵심은 다음과 같다.

오랫동안 조직화된 공동체 리더십을 통해 성공을 거둔 공동체마저도 앞으로는 리더십 범위를 넓혀, 이 범위로 구성된 다중심형 시스템을 창출해 나갈 것이다. 다중심형 시스템은 중앙 집중형과도 분산형과도 다르다. 다중심형 공동체 리더십에서는 긴밀히 연결되어 있는 수많은 중심들로 리더십이 구성된다.[31]

오늘날과 같이 혼란스럽고 복잡한 시대에는 리더십이 간소화된 해법에 의존하거나 성공한 외부 사례를 단순히 차용해서는 안 된다. 이 시대의 리더십은 역류하는 물살과 강한 바람을 뚫고 앞으로 나아갈 수 있도록 지속적으로 진로를 수정해야 한다. 리더는 모든 사람들이 보조를 잘 맞추고 있는지 확인하고, 낙오자가 있다면 충분히 멈춰서서 그를 기다리도록 해야 한다. 또한 이 시대의 리더는 점점 더 복잡해지고 분산적으로 되어 가는 단체를 전체적으로 파악할 수 있도록 폭넓은 시야를 갖추어야 한다. 그리고 다른 무엇보다 이 시대는 팀 구성 능력이 탁월한 리더를 요구하고 있다.

요약

교회가 잃어버린 땅을 회복하려면, 리더들을 정의하고 사역 방식을 계발할 수 있는 새로운 방안을 찾아야 한다. 다시 말해서 교회는 재생산이 가능하며 문화적 모자이크에 따라 변형 가능한 사역 방식에 대해 고민해야 한다. 진정으로 선교 사역을 펼치고자 하는 교회라면 팀 구성에 관한 리더십 철학이 필요할 것이다. 팀 구성 리더십은 선교의 비전을 현실화시키기 위해 공동체 구성원들 사이에 분산되어 있는 통찰력과 역량, 경험들을 한데 모은다. 그리고 교회는 유연성과 자발성을 충분히 갖추어 포스트모던 사회가 제시하는 요구와 시련, 기회에 시의적절하게 대응할 수 있어야 한다.

눈앞에 펼쳐진 혼돈의 한복판에서 조직화된 패턴을 찾는 것은 불가능한 일이다. 앞으로 교회는 이 어수선함과 더불어 살아갈 수 있는 사람들이 이끌어 나가야 한다. 이 시대는 시대 문화의 흐름을 읽고 그 속에서 반복, 확장되고 있는 주제들에 정통한 리더들을 원하고 있다. 그리고 리더들은 사이버 공간에서 일어나고 있는 광범위한 논의들을 항상 주시할 필요가 있다.

5 팀 구성

리더십은 통제하는 것이 아니라 연결하는 것이다. 다시 말해, 리더십은 시너지 창출을 목적으로 사람들을 한데 모으는 것이다. 정보화가 급속히 진전되고 지식과 경험이 다양해짐에 따라, 이머징 교회의 리더들은 팀 중심 사역의 필요성을 절감하고 있다. 팀 중심 사역을 통해 리더는 구성원들 간의 결속을 다지고, 그들이 하나님께서 주신 은사와 자신의 경험을 십분 활용하여 공동체 발전에 기여하도록 이끌 수 있다.

제자 훈련을 개별적으로 실시하는 것은 잘못된 방식이다. 제자 훈련은 서로 격려하고 상호 책임을 다하는 공동체 안에서만 온전히 이루어질 수 있다. 사역도 마찬가지다. 참된 사역은 진정한 공동체를 구성하는 것에서부터 시작된다. 폐쇄적인 파벌들은 서로 단합하여 자신들의 이익만을 추구하지만, 진정한 공동체는 밖을 향해 활짝 열려 있고 또 그들을 섬긴다. 이 시대의 리더가 갖춰야 할 능력은, 상이한 지식과 역량을 갖춘 사람들을 한데 모아 그들의 협력을 이끌어 내는 것이다. 리더는 팀원들을 어떻게 결합시켜야 서로 상생 효과를 낼 수 있을지, 기발한 아이디어가 나오려면 그리고 사역과 외부 활동에서 서로를 자극하며 성장할 수 있으려면 그들을 어떻게 연결해야 할지 고민해야 한다.

단순히 생산성 향상을 위해 팀을 구성한다고 생각해서는 안 된다. 팀을 구성한다는 것은, 구성원들이 자신의 재능을 최대한 발휘할 수 있는 유익하고 도전적인 환경을 조성하는 것이다. 팀은 일정한 법칙에 따라 반복적으로 만들어지는 것이 아니다. 팀원들은 함께 일해야 할 때와 여유를 갖고 쉬어야 할 때를 정확히 분간할 줄 안다. 그리고 평상시보다 더 일해야 할 때면 서로의 역량과 인품, 삶의 지혜에 감사하게 된다.

이러한 과정을 거치면서 팀원들은 신뢰를 쌓고 서로를 이해하며, 민감한 문제에 대해서도 허심탄회하게 이야기할 수 있게 된다. 예상하지 못한 의견 충돌이 있을 때도 있지만, 시간이 지나고 보면 오히려 관계가 더 돈독해지기도 한다. 서로를 신뢰하고 서로에게 감사하는 공동체에서는 논쟁이나 불화마저도 새로운 사고를 싹 틔운다.

리더십 스타일을 개인에게 귀속된 독자적 스타일에서 팀 구성 스타일로 바꿔 나가는 과정에서, 공동체를 떠나야 하는 사람들이 있을 수도 있다. 다시 말해, 자신의 통제권이나 활동 영역을 수정하거나 버릴 수 없다면 그는 떠나야 한다. 간혹 어떤 사람들은 타인의 통찰력과 역량에 의존하고 있다는 사실을 인정하지 않으려 하거나 타인에게 상처를 입을까 염려한다. 이런 사람들이 함께 있으면 극복할 수 없는 성격 차이 때문에 문제가 계속 발생할 수 있다.

건강하고 유능한 팀을 구성하는 일은 쉽지 않다. 왜냐하면 팀원들은 터무니없이 많은 것을 요구하기 때문이다. 패트릭 렌시오니(Patrick M. Lencioni)는, 팀이 마주치게 되는 장애물을 다섯 가지로 나눠 정의하고, 각각의 특성을 다음과 같이 서술하고 있다. (1) 원활하게 기능하지 못하고 문제만 자꾸 생기는 팀의 구성원들을 살펴보면, 그들은 일단 자기밖에 모르며 지위에 연연하면서도 자신들로 인해 생기는 문제들에는 관심이 없다. (2) 한 사람의 행동을 문제 삼으면 결국 모두의 잘못이 드러나기 때문에, 아무도 책임을 지거나 다른 팀원을 포용하려 하지 않는다. (3) 책임을 회피한다는 것은 곧 열심을 다하지 않는다는 것이다. 성실하지 않은 팀원들은 우유부단하며 자신이 모르는 사안에 대해서는 완전히 무시한다. (4) 팀원 간의 관계가 깨지기 쉽고 결속력이 약한 팀도 있는데, 이 경우 팀원들은 논쟁을 꺼리며 형식적인 관계를 유지하면서 화합을 가장한다. (5) 서로에게 밀착되어 있지 않으면 상대방을 믿지 못하고 의심하게 된다. 이런 분위기에서는 서로에게 냉담하고 방어적이 되기 쉽다. 그들은 다른 팀원을 위해 위험을 감수하지 않으며, 자기보다 유리한 입장에 서려고 하는 사람이 없나 늘 경계한다.[1]

새로운 리더십 스타일을 갖춘 젊은 지도자들

X세대를 위해 사역하고 있는 한 노년의 리더에게 그의 리더십 스타일에 관해 물은 적이 있다. 그는 탁월한 리더십을 발휘하여 많은 이들의 귀감이 되고 있다. 그는 다음의 세 가지 원칙에 따라 리더십

을 펼치고 있다고 한다. "**자세를 낮춰라. 예산을 줄여라, 관리가 수월하도록 해라.**"

리더십에 관한 초기 저서들은 대개 위계적 사유를 바탕에 깔고 있으며 정상에서의 고독에 관해 반복해서 이야기한다. 그런데 만일 계급적이고 지배적인 위계의 정점에 거만하게 홀로 서 있는 리더만을 위한 공간이 있다면, 리더는 분명 고독한 존재일 것이다. 그런데 고독은 책임감의 결여라는 문제를 낳는다. 이 때문에 젊은 리더들은 거만한 태도로 통제하려 하지 않고, **자세를 낮추어** 팀원들과의 관계를 구축해 나가고자 한다. 그들이 보기에 리더가 반드시 무대 한가운데 서야 할 이유는 없다. 젊은 리더들은 오히려 주변부에서 일하는 것에 만족하고 있으며, 그러한 태도가 실질적으로 그들의 리더십을 강화한다. 사람들과의 관계는 인맥을 넓히고 보다 많은 사람들에게 영향력을 행사할 수 있는 기회가 되기 때문이다. 또한 다른 사람들과 교감하면서 젊은 리더들은 고독을 떨치고 비도덕적인 행동을 자제할 수 있게 된다.

많은 젊은 리더들 그리고 그들의 멘토들이, 젊은 리더로서는 리더십 책임을 떠맡을 수 없다며 주저하고 있다. 이런 상황에서 팀 중심의 리더십은 일종의 면책 장치의 구실을 할 수 있다. 팀 중심의 리더십에서는 한 명의 리더가 개인적으로 결단을 내리지 않아도 되며, 결정 사항에 대해 혼자서 책임지지 않아도 된다. 어려운 결정을 내려야 할 때, 팀원들은 어떻게 할 것인지 행동 방침을 정하는 과정에 동참하여 다소 의견 차이가 있더라도 함께 문제를 해결해 나간다. 불연속적이며 혼란스러운 문화의 시대에는 간단한 해결책이란 거의 있을 수 없다. 불완전한 리더십이라 해도 리더십이 아예 없는 것보다는 훨씬 낫다.

앞으로는 목회자들(또는 사역자들)을 충분히 지원할 수 있을 만큼의 물질적 자원을 확보하기가 쉽지 않을 것이다. 따라서 서구의 교회나 유사 기독교 단체, 인도주의 사회봉사단, 그리고 선교 단체들은 비서구 사회 단체들처럼 "영세 자본"으로 활동하는 법을 배워 나가야 한다. 이것이 앞서 말한 **저예산**(예산을 줄이라)의 의미이다. 아주 적은 예산으로 단체를 운영하려면 언제라도 창의적인 방식으로 자금을 조달할 수 있어야 한다. 그리고 하나님의 일을 하다가 뜻밖의 수익을 얻는다면, 최대 효과를 얻을 수 있도록 슬기롭게 사용해야 할 것이다.

관리가 수월하려면, 팀원들이 공동체의 비전을 위해 협력하고, 공동의 가치를 존중하며, 무엇보다 서로를 신뢰해야 한다. 의심이 많고 확신이 없는 리더는 사람들에게 권한을 위임하려 하다가도 금세 거두고 만다. 권한을 위임한다고 해도 세세한 부분까지 계속해서 간섭한다. 그러나 팀원들이 무엇보다 소중한 공동체비전을 위해 함께 헌신하고 책임감을 가지고 서로의 도덕성을 지켜 나간다면, 신뢰하는 리더는 자유롭게 권한과 의무를 사람들에게 이임할 수 있을 것이다.

에드거 샤인(Edgar H. Schein)은 팀 리더의 성격을 다음과 같이 규정하고 있다. 팀 리더들은 "기꺼이 팀원들을 포용하고 그들의 참여를 유도할 수 있는 능력을 갖추어야 한다. 왜냐하면 팀에 주어지는 임무들은 점점 더 복잡해질 것이며, 임무를 수행하고 문제를 해결하기 위해 리더들이 취급해야 할 정보의 양은 너무나 방대해졌기 때문이다."[2] 샤인의 의견은 비즈니스 업계의 팀 리더에 관한 것이지만, 교회의 경우도 마찬가지다. 고린도 교회 회중들에게 바울이 말한 "하나의 몸"이라는 비유는 이에 관한 것이었다.

"하나님이 그 원하시는 대로 지체를 각각 몸에 두셨으니 만일 다 한 지체뿐이면 몸은 어디냐 이제 지체는 많으나 몸은 하나라"(고전 12:18-20).

교회 내 팀 구성은 바로 이 몸의 각 지체들을 관계 짓고 권한을 부여하고 전체적으로 하나 되게 하는 것이다. 그런데 이 모두를 실천하기 위해서는 서로에 대한 책임감이 반드시 갖춰져야 한다.

팀 리더십에 관한 논의가 성직자나 유급 직원들에게만 필요한 것이라 생각해서는 안 된다. 이 논의는 리더십을 행사하고 있는 모든 이들을 대상으로 한다. 누구든지 자신의 생각과 행동으로 다른 이들에게 영향을 주고 있다면, 그는 리더십을 발휘하고 있는 것이다.

리더에게 있어 팀플레이어로 활동한다는 것은 팀원들과 서로 협력한다는 뜻이다. 전형적인 독불장군 타입의 리더는 무슨 일이든지 자신이 앞장서서 처리해야 한다고 믿는다. 반면에, 팀 리더들은 상황에 따라 바뀔 수도 있다. 그들은 언제라도 스스럼없이 팀원으로 되돌아갈 준비가 되어 있다. 팀 활동에서 누가 리더를 맡을 것인가는 주어진 임무의 성격에 따라 달라지는 것이지, 이미 결정된 것이 아니다. 팀 리더들은 대개 팀원들을 위해 한 걸음 옆으로 비켜서서 그들이 재량껏 자신의 리더십을 발휘할 수 있도록 돕는다. 탁월한 팀 리더들은, 복잡한 임무를 완수하려면 각 팀원들의 다양한 개성이 무엇보다 필요하다는 것과, 그룹에게 동조를 강요하는 것은 실패의 지름길이라는 것을 잘 알고 있다. 팀원들 각각의 개성과 대인 관계와 같은 다양성이야말로 그 그룹이 얼마만큼의 역량을 갖추고 있는가를 말해 준다. 예를 들어, 그룹 내에 문제 파악을 중시하는 전투적인 성향의 사람들과 내성적이고 해결책 마련을 중시하는 사람들이 다 있다면, 그만큼 그 그룹은 현명하게 문제를 해결해 나갈 수 있을 것이다.

불확실한 미래와 미래의 리더

리더는 공동체가 어디로 향해 가고 있는지를 정확히 파악하여 동행하는 사람들을 안심시킬 수 있어야 한다. 오늘날과 같은 변혁의 시대를 살아가는 사람들은, 리더가 현실을 정확히 파악하여 통찰력 있게 나아갈 길을 제시해 주길 원한다. 그런데 현실을 인식하고 분별하는 것만으로는 충분치 않다. 시대 흐름에 적절히 대응하면서 공동체의 비전을 확고히 다져 나가지 않는다면, 리더의 현실 인식은 비관적인 분위기를 조성하거나 침체 상태를 야기할 수도 있다. 따라서 오늘날의 리더는 현실을 정확히 파악하는 동시에, "구성원들이 배움과 도전에 잇따르는 어려움들을 극복할 수 있도록 용기를 북돋아 주어야 한다." 에드거 샤인은 동기 부여 능력이야말로 "온갖 경계가 허물어지고, 충성심이 무엇인지 더 이상 규정할 수 없는 이 시대"에 필요한 것이라고 강조하고 있다.[3]

공동체 구성원들과 동료들의 불안을 가라앉힐 수 있으려면, 리더가 먼저 강한 정신력으로 무장하고 안정적인 심리 상태를 유지해야 한다. 예수 그리스도는 죽기 전날까지도 제자들에게 그와 같은 모습을 보여주셨다. 십자가의 죽음을 하루 앞두고 마가 다락방에서 제자들과 함께할 때, 예수 그리스도는 오직 제자들 간의 관계와 그들에게 맡겨진 미래 사역에 주목하셨다. 그는 정신적, 영적 번민에 사로잡히지 않았다. 오히려 그의 평안을 제자들에게 확증시키며 그들에게 평안을 선사하셨다.

> "평안을 너희에게 끼치노니 곧 나의 평안을 너희에게 주노라 내가 너희에게 주는 것은 세상이 주는 것과 같지 아니하니라 너희는 마음에 근심하지도 말고 두려워하지도 말라"(요 14:27).[4]

그리고 예수 그리스도는 그가 이 땅을 떠난다 하여도 제자들의 영향력은 약해지지 않을 것이라고 분명히 제자들에게 말하였다. 내가 하나님 아버지께로 가는 것이기 때문에, 너희는 "그보다 큰 일도"(요 14:12) 행할 수 있으리라는 예수 그리스도의 말에, 제자들은 심히 당황하였다. 이 말씀을, 예수 그리스도를 따르는 이들이 주보다 더 큰 기적을 행할 수 있을 것이라는 의미로 해석해서는 안 된다. 이 말을 할 때 예수 그리스도는 당면한 현실과 죽음의 그림자 너머에 있는, 즉 그 죽음이 가져올 영광스런 부활과 승천을 고려하고 있었던 것이다. 따라서 여기서 "큰 일"이란, 예수 그리스도의 구원의 역사와 성령의 역사가 가져올 결과들을 말한다. 다시 말해서, 예수 그리스도가 이 땅에 보내신 성령으로 충만함을 받은 자들은 그들을 통해 역사하시는 그리스도로 인해 큰 열매를 맺게 되는 것이다. 그리스도를 따르는 자들의 공동체가 점점 증가함에 따라 수많은 사람들의 삶이 변화하고 세상이 바뀔 것이다.

예수 그리스도는 또한 제자들이 그와 함께 거할 때에야 풍성한 열매를 거둘 수 있을 것이라고 강조하고 있다(요 15:4-7). 이 말씀에서 **"거하라"**가 무엇을 의미하는지 주의해서 살펴야 한다. 그 무엇도 단언할 수 없고 염려와 근심으로 가득한 시대인 만큼, 이 말씀을 "몸을 안전하게 숨길 장소에 거하라"는 뜻으로 받아들이는 사람들도 있을 것이다. 하지만 예수 그리스도는 관계를 염두에 두고 있었다. "거하라" 말씀할 때, 예수 그리스도는 피난처나 도피처가 아닌 안전한 위치에 대해 이야기하고 있다. 그리고 **"거하라"** 는 말 속에는 어떤 상황에서든지 인내하라는 의미가 내포되어 있다. 그러므로 아무리 교회에서 영향력 있는 팀 리더라 하더라도 사람들에게 "나에게 기대라"고 충고해서는 안 된다. 팀 리더들은 개별적으로 그리고 다른 이들과 함께 그리스도 안에 거한다는 것이 무엇을 의미하는가를 정확하게 알려주어야 한다.

리더들은 자주 힘든 싸움에 직면하거나 어려운 결정을 내려야 한다. 그럴 때일수록 리더들은 공동체 구성원들에게 앞으로 있을 시련에 대해 감춰서는 안 된다. 간혹 숨기고 싶어질 때도 있겠지만, 늘 그러한 유혹을 뿌리칠 수 있어야 한다. 예수 그리스도는 제자들을 매우 솔직하게 대하셨다. 그는 제자들에게 앞으로 있을 반목과 박해에 대해 정확히 그리고 거듭 경고하셨다. 고별 설교를 했던 다락방에서 예수 그리스도는, 제자들이 그가 하는 말을 듣지 않으려 한다는 것을 잘 알고 있었지만, 그들이 이해할 수 있도록 계속해서 설명하셨다(요 15:18-16:4, 17-33). 공동체 구성원들은 때때로 리더 혼자서 문제를 해결하고 나쁜 소식이 그들에게 들리지 않도록 해주길 원하지만 그것은 옳지 않다. 오히려 리더는 인내의 본을 보이면서 구성원들이 당면한 어려움에 당당히 맞설 수 있도록, 모래 속에 얼굴을 파묻고 현실을 외면한 채 살아가지 않도록 이끌어 주어야 한다.

예수 그리스도는 하늘에 계신 아버지와의 관계 속에서 우선순위를 정하고 일정을 계획하셨다. 그가 많은 시간을 할애하여 기도를 드린 것은 이 때문이다. 고난 주간 동안에는 더욱 기도에 힘썼다. 요한복음 17장을 보면, 예수 그리스도가 의도적으로 제자들에게 자신의 기도를 들려주려 했다는 것을 알 수 있다. 겟세마네 기도에서 예수 그리스도는 그의 지상 사역이 이제 제자들의 사역이 되었음을 예언하고 두 사역의 연속성을 강조하고 있다. "아버지께서 나를 세상에 보내신 것같이 나도 그들을 세상에 보내었고"(요 17:18). 이 말씀에서 우리는, '보내다'의 시제가 미래형이 아니라 '보냈다'(have sent)는 점에 주목해야 한다. 이는 예수 그리스도가 갈릴리에서 열두 제자를 부르셨을 때(막 3:13-19, 6:7-11)나 영적 수확을 위해서는 추수할 일꾼들이 더 필요하다고 말씀하셨을 때(마 9:35-38), 이미 예견된 것이다.

기존의 가설들을 다시 검토하자

에드거 샤인에 따르면, "리더는 '문화적 가설'을 분석할 줄 알아야 한다. 즉 이 시대의 리더는 순기능적 가설과 역기능적 가설을 정확히 식별하고, 문화가 그 힘과 기능적 요소들을 바탕으로 어떻게 확장, 발전해 나갈 것인가를 분석"할 수 있어야 한다.[5] 우리는 하루가 다르게 변하는 주변 환경들에 비추어 우리의 가설들을 재검토해야 한다. 예전과는 판이한 상황에서 낡은 해결 방식을 고수하다가는 문제를 해결할 수 없을 것이다. 뿐만 아니라 과거에는 빛을 발했던 업적들이 책임져야 할 빚이 되어 돌아올지도 모른다. 이처럼 낯설고 불안한 상황 속에서는 많은 리더들이 현실을 부정하고 외면하려 한다. 통찰력을 가지고 균형 있는 판단을 내리는 리더들은 극히 드물다. 본의 아니게 자신이 취약한 문제에 부딪치거나 상황에 처했을 때, 그들은 판단을 보류하면서 스스로를 보호하려 한다.

낯선 환경에 잘 대처하지 못하는 리더들은 앞으로 점점 더 곤란해질 것이다. 이머징 교회가 계획적으로 그리고 집중적으로 선교적 교회를 지향해야 하는 이유가 여기에 있다. 그렇지 않으면 이머징 교회는 안전하고 친숙한 분야를 찾아서 퇴보하고 말 것이다. 미래의 리더에게는 지금까지 선교사들에게만 요구해 왔던 초문화적 은사들이 필요하다. 오늘날과 같이 다원화된 사회에서는 문화적 경계가 허물어지고 모든 문화들이 뒤섞이고 있다. 공동체 간의 인종적 구별은 점차 사라지고 있으며, 우리 주위에는 다른 나라 말로 된 표지와 게시판들이 넘쳐나고 있다. 그렇다고 문화적 경계선이 무의미해졌다는 말은 아니다. 문화적 경계선은 점점 희미해지겠지만 아직 의미는 있다. 그런데 이 문화적 경계는 오직 내부자나 문화적 차이를 구별할 수 있도록 훈련받은 사람만이 식별할 수 있다. 예를 들어 호주나 뉴질랜드에서 온 사람들은 그 나라 출신들을 쉽게 구분할 수 있다. 당신이 펭귄이 아닌 한, 모든 펭귄이 다 똑같아 보일 것이다.

팀 코칭

예나 지금이나 스포츠 팀 코치에는 선수 출신이 많다. 선수 시절의 경력이 그에 대한 신용을 보장한다. 시합에 직접 참가하거나 경기장에서 뛰지 않는다고 해도, 스포츠 팀 코치는 정열적으로 역할을 수행한다. 그는 마치 경기를 하는 선수마냥 모든 선수들의 움직임을 일일이 주시한다. 스포츠 팀 코치는 탁상공론을 하는 관념적 비평가가 아니다. 그는 선수들과 책임을 나란히 하면서 좌절과 아픔, 그리고 기쁨을 함께 나눈다. 계속 진다고 해서, 실책을 거듭한다고 해서 코치가 팀을 버리는 일은 없다. 그럴 때일수록 코치는 열정적으로 팀에 헌신하며, 선수들이 과거의 기록을 갱신할 수 있도록 독려한다. 스포츠 팀 코치는 선수들이 단결할 수 있도록, 할 수 있다는 마음가짐을 회복할 수 있도록 팀에 활력을 불어넣으며 팀 스피릿을 구현한다.

유능한 코치는, 선수들이 혼란을 극복하고 눈앞에 닥친 경기를 효과적으로 준비할 수 있도록 전략을 세운다. 또한 그는 상황이 어려울수록 팀 전체의 분위기를 조성하고 선수들의 사기를 북돋운다. 어떤 상황에서도 코치는 안정적인 심리 상태를 유지해야 한다. 코치의 심리 상태가 팀의 분위기에 좌우되는 순간, 그는 더 이상 코치로서의 본분을 다할 수 없게 된다. 어떤 코치들은 사기를 진작시킨다며 욕설을 퍼붓는 등 도가 지나친 행동을 하기도 한다. 하지만 정중한 태도야말로 성공의 열쇠이며, 그것의 가치는 절대 희석되지 않을 것이다. 서로 존중하는 마음을 갖는 것이 경기에서 이기는 것보다 훨씬 중요하다.

단지 뛰어난 선수가 많다고 해서 훌륭한 팀이 되는 것은 아니다. 모든 선수들이 실력을 갖추고 있으며 팀에 기여하고 있다는 것을 잘 알고 있는 선수들로 구성된 팀이 훌륭한 팀이다. 피터 드러커는 팀의 종류를 세 가지로 나눠 설명하면서, 이들을 혼합하여 팀을 구상하는 것(hybrid types)은 위험한 일이라고 경고한다. 그는 몇 가지 팀 스포츠를 분석하여 근거를 제시하고 있다.

우선 야구에 대한 드러커의 분석을 살펴보자. 그에 따르면, 야구 선수는 **팀에 소속되어** 있기는 하지만 **팀플레이**를 하는 것은 아니다.

각 선수의 포지션은 정해져 있다. 예를 들어 투수와 타자는 혼자서 경기를 치른다. 이런 유형의 팀은 유연성이 떨어지기 때문에 책임감이 강한 선수들이 필요하다.

축구 선수들도 각자 정해진 포지션이 있지만, 그들은 **팀플레이**를 한다. 그래서 축구 팀은 야구 팀에 비해 훨씬 유연하다. 그렇다고 모든 선수들의 요구 사항이 수용되는 것은 아니다. 스타급 선수들도 팀 체제를 따라야 한다. 선수들은 각자 팀에 "기여"를 하지만, 실제로 "경기를 하는 것"은 전체 팀이기 때문에, 누구든지 팀에 복종해야 한다.

마지막으로 테니스 복식 경기에서는 선수들의 포지션이 고정되어 있지 않지만, 선수들은 기본 포지션을 유지해야 한다. 두 선수는 동료의 실수를 커버하고 그에게 맞춰줘야 한다.[6]

존경받는 코치는 선수들 간의 조화를 이끌어 내고, 흐름을 잘 조절할 줄 알며, 경기를 분석하는 능력을 갖추고 있다. 그리고 팀의 모든 선수들이 경기 상황을 주시한다. 출전 여하는 상관이 없다. 그들은 개인적 야망을 위해서가 아니라 팀을 위해 한 팀으로 경기를 한다는 것이 무엇인가를 배워 나간다. 코치 역시 선수들이 서로를 신뢰하고 그 믿음을 키워 나갈 수 있도록 지속적으로 돕는다. 그 과정에서 선수들은 희망을 갖고 앞으로 있을 경기를 기대하게 된다.

유능한 코치는 팀의 가능성을 파악하여 앞으로의 일을 구상해 나간다. 그는 무턱대고 자신감을 표하지는 않는다. 코치는 팀 전체 상황을 현실적으로 판단하고 선수들의 상태를 자세히 살핀 후 계획을 세운다. 코치는 현재 활동 중인 선수들에게 팀의 전적을 설명하면서 이 팀이 얼마나 뛰어난 팀인가, 그들이 얼마나 좋은 성적을 낼 수 있는가를 알려준다. 이때 중요한 것은, 이러한 코치의 권고를 선수들이 진실로 받아들일 수 있어야 한다는 것이다.

지금까지 스포츠 팀 코치의 자질에 대해 이야기했지만, 교회 리더십에서의 코칭 스타일은 여러 가지 면에서 상당히 차이가 난다. 첫째, 사역 코치는 훨씬 느긋하다. 둘째, 그들은 주위로부터 간섭을 거의 받지 않는다. 셋째, 그들은 언어적 폭력을 휘두르지 않는다. 넷째, 그들은 강한 압박이나 경쟁에 시달리지 않으며 어떤 상황에서도 꼭 승리해야 한다는 중압감에 짓눌리지 않고, 보다 자유롭게 활동한다. 다섯째, 그들은 현재의 공과로 인해 고용되거나 해고되지 않는다. 여섯째, 사역 코치는 코치이자 선수로서 활동해야 하며, 따라서 신뢰할 만하고 포용력과 책임감을 갖춰야 한다. 이것이 스포츠 팀 코치와 사역 코치의 가장 큰 차이점이다. 교회는 "자발적" 단체이지 이익집단이 아니다. 설사 약간의 금전적 보상이 있다손 치더라도, 교회는 내면에서부터 우러나오는 열정과 동기에 기초한 공동체이다.

선택적 공동체에서 리더로서 역할한다는 것

비즈니스 분야의 피고용인들은 한시도 업무를 놓으려 하지 않는다. 그들의 자리는 언제라도 다른 사람으로 대체될 수 있기 때문이다. 이런 상황에서 실업률이 높기라도 하면 다들 실직만이라도 면하기 위해서 열심히 일을 한다. 반면, 자발적 단체에서는 그런 식으로 사람들을 붙잡을 수 없다. 이것이 "선택적 공동체"(community of choice)에 탁월한 리더십이 필요한 이유이다. 그리고 개인들이 단체의 비전을 공유하지 못한다면, 그들은 그곳에 계속 머물 수 없다. 선택적 공동체의 개인들은 개별 지원자들이다. 다시 말해, 그들은 공동체 사역에 참여하기 위해 공동체에 머물러 있는 사람들이다. 통합형 스타일의 리더십은 이 사람들 간의 관계를 창출한다. 이때 리더는 근엄하게 명령을 내리거나 통제하는 것이 아니라, 종으로서의 역할을 충실히 수행해야 한다. 지원자들은 자신이 그 공동체에 꼭 필요한 존재라는 것을, 그리고 팀의 구성원으로서 자신의 권한이 강화되고 있다는 것을 확인하고 싶어한다. 따라서 선택적 공동체가 지원자들을 유지하려면 리더가 그들에게 늘 확신을 심어 줄 수 있어야 한다.

섬김의 리더십이란, 마가 다락방에서 겉옷을 벗고 제자들의 발을 씻기던 예수 그리스도를 본받는 것을 말한다(요 13:1-17). 섬김의 리더는 지위에 연연하지 않고 오로지 해야 할 일을 한다. 예수 그리스도는 제자들이 그의 행동을 본받기를 원하셨다. 그의 행동에 모두들 당황했고, 다혈질인 베드로는 분노를 감추지 못한 채 거부하기까지 했다. 그런 제자들에게 예수 그리스도는 "내가 주와 또는 선생이 되어 너희 발을 씻었으니 너희도 서로 발을 씻어 주는 것이 옳으니라 내가 너희에게 행한 것같이 너희도 행하게 하려 하여 본을 보였노라"(요 13:14-15)고 말씀하셨다. 섬김의 리더십은 공동체 섬김의 초석이라 할 수 있다.[7]

팀원이 되어 달라는 권유를 배타적인 성향의 클럽에 가입하는 것쯤으로 착각해서는 안 된다. 팀원들은 서로를 섬기고 공동체를 섬기며 아무리 하찮은 일일지라도 최선을 다한다. 오늘날의 독자는 요한복음을 읽으면서 제자들이 왜 그토록 거부 반응을 보였는지 의아해할지도 모른다. 하지만 그 당시 문화에서 발을 씻기는 행동은 유대 출신의 하인이나 할 법한 천한 행동이었다. 섬김의 리더십은 사랑의 자세로 겸손히 사명을 다하리라는 마음가짐이다. 섬김의 리더는 어떤 일이든지 감당할 준비가 되어 있다(여기서 어떤 일이든지 한다는 것과 통제적 리더와 같이 모든 일을 다 해야 한다고 생각하는 것은 전혀 다르다.).

팀 구성을 위한 전제조건

팀 리더십 개념은 교제(*koinōnia*)에 관한 신약의 가르침에서 자연스럽게 비롯된 것이다. 코이노니아는 단순한 동료 간의 친목을 의미하는 것이 아니다. 그것은 더 깊고 더 넓은 교우 관계를 뜻하며, 예수 그리스도의 교회에만 유일하게 있는 것이다. 코이노니아는 **복음을 위한 일**에 함께하는 교제요(빌 1:5), 구주 예수 그리스도께 자신의 삶을 바친 사람들 간의 교제이다. 이는 하나님 **아버지와 함께하는** 교제이자, **성령과 동행하는** 교제이다(요일 1:3; 빌 2:1). 다시 말해서 우리가 예수 그리스도께로 가면, 우리는 성령의 세례를 받고 그의 **아들 예수 그리스도 우리 주와 더불어** 교제함으로 하나님의 자녀가 된다(고전 1:9). 따라서 우리의 "서로 사귐"(요일 1:7)은 삼위일체의 구원의 역사인 것이다.

교제는 공동체를 하나 되게 하고 사역을 완수할 수 있도록 이끌어 나가는, 유일한 관계 맺음이다. 따라서 우리는 교제를 훼방하고 좀먹는 방해 요소들이 없나 늘 주의를 기울여야 한다. 허먼 밀러(Herman Miller) 사의 전 CEO 맥스 드 프리(Max De Pree)는, 퇴보의 조짐을 확인할 수 있는 여섯 가지 징후에 대해 이야기한 바 있다. 이 여섯 가지 징후들은 교회의 경우에도 적용 가능하다. 교회의 팀들 역시 다음과 같은 모습을 보인다면, 방향 감각을 상실하고 타성에 젖어 있는 것이다.

- 팀이 득실을 따지기 시작할 때
- 모호함보다는 안락함을 선호할 때
- 도전하려 하지 않고 통제받고자 할 때
- 개별적 은사들을 존중하지 않고, 어떤 업무를 배정받았는가를 보고 타인을 신뢰할 때
- 규칙에 따라 결정하도록 내버려둘 때
- 그룹을 책임지려 하지 않거나 그럴 수 없을 때[8]

팀으로서의 우리의 관계가 서로 좋아야 우리가 펼치는 운동이 조직도 잘되고 방향성을 얻게 된다. 우리가 팀으로서 함께 일하려면 일정 대가를 지불해야 한다. 그리스도와의 동일시로 우리는 그의 부활의 권능을 힘입고 동시에 그가 받은 고난에 참여하게 된다(빌 3:10). 그리스도와 우리와의 관계는 유일무이하며 심오하다. 그리고 그 관계 속에서 하나님을 향한 사랑과 순종이 싹튼다. 요한일서 1장 6-7절에서 사도 요한은 모든 시대의 믿는 자들을 향해 다음과 같이 고백하고 있다. "만일 우리가 하나님과 사귐이 있다 하고 어둠에 행하면 거짓말을 하고 진리를 행하지 아니함이거니와 그가 빛 가운데 계신 것같이 우리도 빛 가운데 행하면 우리가 서로 사귐이 있고 그 아들 예수의 피가 우리를 모든 죄에서 깨끗하게 하실 것이요."

어느 누구도 공동체를 떠나서는 자신의 진정한 가치를 발견할 수 없다. 우리의 정체성은 오직 관계를 통해 성립되고 발전하며 확증된다. 현대 서구 기독교인들은 전심을 다해 코이노니아의 의미를 받아

들여야 한다. 개인주의적이고 자기 유익만을 추구하는 문화적 추세가 코이노니아에 정면으로 맞서고 있다. 실제로 이머징 교회의 많은 리더들이 서구 사회 전반에 스며든 이러한 사고방식에 저항하고 있다. 그들은, 개인주의가 연약한 자들을 소외시키고 경쟁적이며 파괴적인 사회 분위기를 조성한다고 확신하고 있다. 그런 사회는 힘없는 사람들을 소모품처럼 다루고 그들을 착취하여 이익을 얻는다.

이처럼 교제에 대해 재차 강조하는 이유는, 그것이 리더십과 밀접한 관련이 있기 때문이다. 우리는 예수 그리스도가 처음부터 팀과 함께 사역했다는 사실을 간과해서는 안 된다. 그리고 그리스도가 승천하고 오순절 성령이 강림한 후에는, 제자들 역시 예루살렘 교회를 이끌며 한 팀으로 활동했다. 안디옥 교회에서 교회 리더를 의뢰했을 때, 예루살렘에서는 바나바와 사도 바울을 파송했다. 후에 바나바와 마가가 구브로 섬으로 떠나자, 사도 바울은 실라를 동료로 삼고 그와 함께 루스드라로 떠났는데, 그곳에서 그들은 디모데와 만났다(행 16:1-5). 교회 설립을 위해 순회하는 동안 바울은 팀 사역에 대한 확신을 가지고 있었고, 신생 교회들을 이끌어 나갈 팀을 장로들로 구성했다(행 11:30, 14:23; 빌 1:1; 딤전 5:17 참조).

팀 리더십과는 달리 단독 리더십은 사역 발전을 저해한다. 리더가 팀원으로 참여하지 않고 독불장군처럼 혼자서 일하려 한다면, 당연히 그는 성도들 가운데서 팀 리더십을 전개할 수 없다. 그는 리더로서의 지위를 확고히 하려고 다른 사람들과 일정한 거리를 유지한다. 그는 동료들을 라이벌이라고 생각한다. 하지만 그도 사도 바울처럼 팀의 일원으로 사역하는 것이 얼마나 중요한가를 깨달아야 한다. 리더가 팀의 일원으로 함께할 때 교회의 리더십 기반이 확장되고, 그 교회는 다양한 리더십 은사를 얻을 수 있을 것이다. 그리고 그리스도의 몸 된 교회로서 다방면에 걸쳐 균형 있게 발전해 나갈 것이다(엡 4:11-13).

삼위일체와 팀 개념

이상에서 말한, 사람 간의 코이노니아는 하나님의 활동과 그분의 신성에서 말미암는 것이다. 초대 교회는 그들이 체험한 하나님 아버지, 그 아들 예수 그리스도, 그리고 성령을 이해하려 하였으며, 이를 삼위일체라 표현했다(tri-unity 또는 three-in-oneness의 의미로). 하나님은 유대교나 회교에서처럼 일원적인 의미로 개념화되지 않는다. 오히려 그분은 공동체적 존재라고 보아야 한다. 우리는 신성의 위격들 간의 관계를 헤아릴 수 없다. 그것은 유일하며 우리의 이해를 넘어서 있다. 우리는 다만 성경을 통해 삼위 중 누구도 홀로 독립하여 역사하지 않는다는 것을 알 수 있을 뿐이다. 하나님 아버지, 그 아들 예수 그리스도, 그리고 성령은 긴밀히 연결되어 있다. 7세기 그리스 신학자 다마스쿠스의 요한(John of Damascus)은 삼위일체를 페리코레시스(*perichōrésis*)라 불렀다. 페리코레시스는 일종의 '원무'(圓舞, dance)로서, 함께 역사하시는 삼위일체의 아름답고 다채로운 움직임을 뜻한다.[9]

신위들의 관계적 특성을 정확히 탐구하려는 시도는 그 자체로 헛되지만, 그 관계는 인간의 본성과 관련하여 시사하는 바가 크다. 성경은 우리가 하나님의 형상대로 지음 받았음을 명시하고 있다. 간혹 개인주의 문화에 물든 해석자들은 인간을 몸(body)과 영혼(soul) 그리고 정신(spirit)이라는 세 가지 본성으로 나눠 해석하는 경향이 있다. 만일 우리가 그들의 견해를 받아들인다면, 성경에서 재차 강조하고 있는 중요한 사실을 놓치고 말 것이다. 창세기 1장 26-27절을 보면, "하나님이 이르시되 우리의 형상을 따라 우리의 모양대로 우리가 사람(man)을 만들고", "하나님이 자기 형상 곧 하나님의 형상대로 사람을 창조하시되 남자와 여자를 창조"하셨다고 강조하고 있다.

여기서 유의해야 할 점은, 남자와 여자는 서로를 보완하면서 함께 하나님의 형상을 드러낸다는 사실이다. 이 말씀에서 'man'은 남성을 지칭하는 것이 아니라 인류를 가리킨다. "사람을 창조하시되 남자(male)와 여자(female)를 창조하시고."

지상 사역 기간 동안, 예수 그리스도는 홀로 활동하지 않았다. 그는 하늘의 아버지와 늘 소통하면서 그의 뜻에 순종하였다(요 10:30, 12:45, 14:9, 참조. 요 1:14). 그리고 예수 그리스도의 사역은 언제나 성령의 권능 안에서 행해졌다(눅 3:21-22, 4:1, 14, 18, 10:21). 바꿔 말하면, 예수 그리스도는 인성(humanity)을 초월해 있었다. 그는 전적으로 하나님 아버지와 성령께 의존하였다. 만일 예수 그리스도가 오직 그의 신성만으로 사역하였더라면, 그의 사역은 우리의 사역으로 이어질 수 없었을 것이다. 그가 육신을 입고 이 땅에 와서 사역을 행하였기 때문에 그의 사역이 우리의 사역이 된 것이다.

따라서 다음과 같이 말씀하신 것은 당연한 것이다. 부활 후 마가의 다락방에서 제자들에게 자신을 나타내 보였을 때, 예수 그리스도는 "너희에게 평강이 있을지어다 아버지께서 나를 보내신 것같이 나도 너희를 보내노라 이 말씀을 하시고 그들을 향하사 숨을 내쉬며 이르시되 성령을 받으라"고 말씀하였다(요 20:21-22). 이 일은 요한복음에만 기록되어 있으며, 곧 있을 오순절 성령 강림을 예견하고 있다. 마가 다락방에서의 일과 오순절 성령 강림을 통해, 우리는 삼위일체가 함께 공동으로 역사한다는 것을 확인할 수 있다.

조지 클래디스(George Cladis)의 표현을 빌리면, 교회의 선교는 "인간을 그 안에 품으시려는 삼위일체의 거룩한 교제를 확장하고자 하시는 하나님의 욕망"이다.[10] 이는 요한복음 17장에 나오는 예수 그리스도의 기도를 보면 명확해진다. 예수 그리스도는 "아버지께서 내 안에, 내가 아버지 안에 있는 것같이 그들도 다 하나가 되어 우리 안에 있게 하사 세상으로 아버지께서 나를 보내신 것을 믿게 하옵소서 내게 주신 영광을 내가 그들에게 주었사오니 이는 우리가 하나가 된 것같이 그들도 하나가 되게 하려 함이니이다"라고 기도하였다(요 17:21-22). 예수 그리스도 안의 하나 됨은 평화로운 공존이나 상호 존중보다 훨씬 깊고 놀라운 것이다. 이 하나 됨은 아들 예수 그리스도와 하늘의 아버지 간의 상호 내주를 반영한다.

로드니 위태크르(Rodney Whitacre)는, 영어 성경에서 "Just as"로 번역된 단어는 "비교 표현이자 원인을 지시하는 기호"라고 지적하였다. 그의 설명에 따르면, "이 말씀에서 'just as'는 그 두 가지 의미로 해석하는 것이 옳다. 왜냐하면 하늘의 아버지와 그 아들 예수 그리스도의 '상호 내주'는 그 둘이 하나일 수 있는 이유이자 합일(oneness)의 표현이기 때문이다. ……이러한 합일은 존재적 일체성과 각 위격의 차별성을 포괄한다."[11] 그러므로 하나님의 임재하심 없이는 진정한 코이노니아도 없다.

이상의 가르침을 팀 기반 사역과의 관계에서 이해하는 것이 중요하다. 우리는 세속의 학문과 비즈니스에서도 많은 것을 배울 수 있지만, 기독교적 관점에서 인간을 이해하기 위해서는 더 많은 것이 필요하다. 교회는 이 세계를 단순히 모방해서는 안 된다. 교회는 세상과는 다른 곳을 바라보며 더욱 나은 길을 제시할 수 있어야 한다.

실질적인 팀 구성 첫 단계에서 유의해야 할 점은, 팀의 규모와 팀원 구성이다. 팀은 처음에는 함께 협력하여 일할 수 있는 서너 명의 사람들로, 소규모로 구성하는 것이 바람직하다. 이것이 예수 그리스도가 첫 제자들을 불렀을 때 사용한 전략이다. 예수 그리스도는 처음에 네 명의 친구, 베드로, 야고보, 요한, 안드레를 불러 제자로 삼으셨다. 제자들의 수는 점차 늘어나 열둘이 되었고, 나중에는 익명의 추종자들이 대열에 합류하였다(눅 10장 참조). 그리고 팀을 꾸릴 때는 적응 기간이 필요하다. 다시 말해서, 팀 구성 과정에는 각 팀원들이 지닌 역량과 경험을 합치고 함께 꿈을 키워 나갈 수 있는 적응 기간이 있어야 한다.

이 기간 동안 팀은 왜 이 상황에서 그들이 한자리에 모이게 되었는가를, 즉 그들을 향한 하나님의 음성을 구해야 한다. 그리고 예수 그리스도가 교회에 위임한 사명을 팀의 비전으로 바꿔 나가야 한다. 이 과정을 거치면서 팀원들은 팀이 구성된 이유와 팀이 해야 할 일을 함께 깨우쳐 갈 것이다. 또한 팀원들은 팀의 목표 달성을 위한 전략 개발 과정에 모두 참여해야 한다. 이 적응 기간은 무엇보다 관계를 형성해 나가는 시간이다. 그 시간 동안, 팀원들은 서로가 거쳐 온 믿음의 여정에 관해 이야기하고 서로의 장단점을 이해하고자 노력하면서 관계를 돈독히 해 나간다. 그리고 함께 제자 훈련을 받고, 영성 훈련을 위한 집회를 열고, 예배와 중보 기도를 중심으로 교제하면서 친밀감을 키워간다. 팀은 팀의 비전을 거듭 확인해야 하며, 눈앞에 닥친 시련에 당황해서는 안 된다. 하나님께서 맡기신 거대한 사명이 교회로 하여금 인간적 한계를 넘어설 수 있도록, 그 이상을 생각할 수 있도록 이끌어 줄 것이다. 사명의 거대함은 망상의 날개가 아니라 신앙의 자극제로서 기능할 것이다.

언약 관계

조지 클래디스는 그의 저서 《*Leading the Team-Based Church*》에서, 팀 사역을 언약과 비전 구축, 문화 창조, 협력, 신뢰 형성, 권한 부여, 그리고 배움으로 나눠 서술하고 있다. 그리고 그는 선교적 교회는 "하나님의 사랑으로 팀과 공동체 안에서 함께 교제하며 살아갈 것을 언약한 팀 기반 공동체들로 구성된다"고 설명하였다.[12]

분명히 모든 선교적 교회는 팀을 기반으로 해야 한다. 그리스도의 사명을 온전히 계승하기 위해서는 다양한 은사가 필요하다. 따라서 선교적 교회는 팀을 기반으로 다양한 은사를 가진 개인들을 한데 모으고 그들의 협력을 이끌어 낼 수 있어야 하고, 그들이 동등한 입장에서 받은 바 은사를 가지고 사역에 참여할 수 있도록 해야 한다. 그런데 이때 어떤 식으로든 참여를 강요해서는 안 된다. 그들과 함께 계신 주님의 임재와 역사하심을 느낀다면 팀원들은 감사하는 마음으로 사역에 동참할 것이다. 클래디스는 또한 "언약"(convenant)에 대해 설명하면서, 언약은 "탐험하고 발견할 수 있는 자유를 줌과 동시에 사랑 안에 모인 사람들을 공동 규약(common agreement)으로 구속하는 '역설적인' 개념"라고 서술하였다.[13] 언약을 통해 우리는 서로에 대해 책임을 다하며 강한 연대감으로 뭉쳐, 하나님의 구원의 섭리와 그분의 끝없는 격려에 답할 수 있게 된다.

팀은 하나님의 언약 안에서 하나가 된다. 다시 한번 강조하자면, 팀을 하나 되게 하는 것은 하나님의 언약이지 리더의 인격이 아니다. 클래디스는 리더의 책임과 사명에 대해 규정하면서, 리더들에게 "개인적인 생각대로 그룹을 조직해서는 안 된다"고 경고하였다. "리더의 책임과 사명은 팀이 그리스도와 교회 공동체에 언약한 대로 살아가고 있는지, 그리고 팀원들이 서로에 대한 언약을 지키며 살아가고 있는지 확인하는 것"이다. 이어서 그는 "팀원들 간의 관계에서 문제가 발생한다면, 대부분의 경우 그것은 고의적으로 문제를 일으키는 사람 때문이 아니라, 제 역할을 수행하고 있지 않는데도 눈에 띄지 않거나 거론되지 않는 사람 때문이다"라고 설명한다.[14]

도시 재개발 사역을 하고 있는 팀이 있다. 이 팀은 젊은이들로 구성되어 있으며, 그들은 팀으로서 함께 살면서 사역하고 있다. 이 팀의 언약에서는 팀원들 간의 관계가 큰 비중을 차지한다. 팀원들이 보여주는 개성과 인정(人情)은 도시 빈민가의 젊은이들에게 귀감이 되고 있다. 팀원들은 대도시 빈민가에서 살아가는 젊은이들의 말에 귀를 기울이고 그들을 섬기고 있으며, 기도하고 지지하는 가운데 그들이 세상과 소통하고 화해할 수 있도록 중재하고 있다. 이 팀의 언약에는 따뜻한 손길이 필요한 어린아이들을 보살피고 있는 지역 교회들을 후원하고자 하는 열정 또한 담겨 있다. 팀의 언약이 모든 팀원들을 자극하여 책임을 다해 사역에 동참할 수 있도록 이끌고 있는 것이다.

그렇다고 언약을 통제 수단으로 사용해서는 안 된다. 언약은 팀의 구심점이자 나아갈 방향이며, 맞서야 할 도전이다. 이스라엘 민족이 하나님과의 언약 관계를 재확인해야 했듯이, 팀은 그들의 언약을 최우선으로 삼고 있는가를 늘 확인해야 한다. 팀은 현 구성원들에게 팀의 언약을 지속적으로 상기시키고 그들이 적응할 수 있도록 지도하며, 새롭게 팀에 합류한 사람들이 언약을 이행하는가를 확인해야 한다.

명확한 사명에 대한 확고한 헌신

팀에는 팀원들을 함께 모을 수 있는 단결력과 추동력이 필요하다. 따라서 사명에 관해 조목조목 명확하게 제시하고 있는 사명 선언문은 필수적이다. 팀의 모든 구성원들은 사명 선언문을 통해 팀의 근본 소명을 이해하고 공유하게 된다. 사명 선언문은 아무 근거 없이 조작되는 것이 아니다. **하나님의 선교**(missio Dei)라는 교회 사명에 대해서는 신약에 상세하게 나와 있다. 교회의 사명은 예수 그리스도가 몸소 보여주신, 하나님의 은혜의 복음을 세상에 공표하고 증거하는 것이다. 이 복음이 받아들여지려면 복음을 전하는 자들은 반드시 신뢰할 만한 사람이어야 한다. 그리고 그들이 다른 사람들의 마음을 움직이려면 삶을 완전히 변화시킬 수 있는 복음의 능력이 반드시 필요하다.

세상의 어느 누구도 혼자서는 이 메시지(복음)를 명확하고 이해 가능하도록 충분히 전달할 수 없다. 믿는 자들의 공동체 전체가 확신을 갖고 이 메시지를 전해야 한다. 이를 위해서는 교회의 모든 신자들이 자신들만의 신앙 체험을 나누고 성령께 받은 은사를 사용해 복음 전파에 동참해야 한다.

교회가 사역 팀들로 나눠지면, 각 팀에는 특정한 사명이 주어진다. 다시 말해, 각 팀에 "그들만이 할 수 있고, 교회 전체의 비전과 일치하며 그것을 뒷받침하는 사명"이 주어진다. 이러한 사명이 없으면 팀 기반 교회들은 중심을 잃고 추동력과 방향 감각을 상실하게 된다. 이에 관해 클래디스는 다음과 같이 서술하고 있다. "사역 분야에 산만하게 모여 서로 경쟁하고 있는 교회들을 통합하기 위해서는 강력한 공동의 비전이 필요하다. 그렇지 않으면 교회들은 시너지 효과를 창출하지 못한 채 활동력만 낭비하게 될 것이다."[15]

안타깝게도 오늘날의 많은 팀 기반 교회들은 확신이 없고 나태하며 경험이 부족하여, 세간의(외부의) 비전 선언문을 그대로 채용하는 등 손쉬운 방법으로 비전을 설정하고 있다. 팀은 스스로 비전을 세워야 한다. 팀이 비전을 세우는 길은 두 가지로 나눠 볼 수 있다. 첫째, 팀이 하나님의 음성을 구하고, 팀의 리더가 팀원들의 생각을 반영하고 그들의 참여를 유도할 수 있는 비전이 무엇인가를 솔선수범하여 간구할 때, 그 팀은 비전을 가질 수 있다. 다시 말해, 하나님께서 주시는 혜안과 리더의 헌신이 있을 때에야 팀은 스스로 비전을 세워 나갈 수 있다. 둘째, 팀원들이 협력하여 지혜를 모으고 함께 기도하고 계획한다면, 그들의 그룹 활동에서 비전이 주어질 수도 있다.

대부분의 경우, 비전 선언문이나 사명 선언문을 만들어 나가는 과정이 선언문 자체보다 훨씬 중요하다. 물론 최종적으로 작성한 선언문도 매우 중요하며, 팀원들에게 동기를 부여할 수 있어야 한다. 리스 앤더슨은 다음과 같은 원칙에 따라 사명 선언문을 작성하면 매우 효과적일 것이라고 말한다. "그 선언문은 3분 내에 암기할 수 있는가? 그것을 암기하는 데 3분 이상이 소요된다면, 그 선언문은 기억에 남지 않을 것이다. 그리고 기억에 남지 않는다면 그것은 별 효과가 없을 것이며, 효과가 없다면 그 선언문은 아무것도 아니다."[16]

조직 문화를 창조

클래디스에 따르면, 팀 사역에 있어 또 한 가지 중요한 요소는 문화 창조이다. 다시 말해, 팀은 "상징과 테마, 여러 가지 활동분야, 가치, 그리고 구조 등을 창안하여 교회 성도들이 그 문화 속에서 믿음을 성장시키고 목적 의식을 강화할 수 있도록 해야 한다."[17] 리더들의 임무는 팀이 문화를 창조해 나가는 데 있어 주도적인 역할을 수행하는 것이다. 리더들은 각자의 개성과 행동을 통해 자신이 옳다고 믿는 가치들을 형성·증진시켜 나간다. 조직 문화나 공동체 문화는 구성원들의 개별적인 이야기들을 바탕으로 전개되는 것이다. 따라서 리더는 그들의 말에 귀를 기울이고 그들이 이야기할 수 있도록 기회를 제공해야 한다. 조직 문화 창조에 있어 리더는 이야기꾼이자 "이야기를 장려하는 자"의 역할을 담당한다.

오랜 역사를 지닌 교회들은 이미 고유의 조직 문화를 지니고 있으며 그 속에 완강히 뿌리를 내리고 있기 때문에, 새로운 문화를 창조하려는 리더들은 거센 저항과 반발에 부딪치게 된다. 그러한 교회들은 진보적 변화의 물결 속에서도 교회가 깨어 있을 수 있도록, 주위에서 일어나고 있는 혁신들에 적응할 수 있도록 약간의 조정만을 가할 뿐이다. 그렇다 해도 리더십은 새로운 방향 설정을 위해 낡은 사고방식과 관습을 타파할 수 있어야 한다. 이 경우, 리더는 낡고 도태된 조직 문화 내부에 또는 그 옆에 새로운 조직 문화를 창조하여, 결과적으로 새로운 문화가 낡은 문화를 대체해 나가도록 해야 할 것이다.

짐 콜린스(Jim Collins)는 문화 창조의 기초가 되는 방법을 해답이 아닌 문제의식을 가지고 지도하기, 강요하지 않고 대화하기, 사후 검증 과정에서 책망하지 않기, 정보를 빠뜨리지 않도록 위험 신호 체계를 갖추기 등 네 가지로 규정하고 있다.[18] 타당한 문제 제기가 있어야 우리는 비로소 문제 또는 도전 과제의 속성을 파악할 수 있다. 그리고 그 문제에 대처하는 과정에서 검토해야 할 사안들은 사후 검증을 통해 식별할 수 있다.

팀의 모든 구성원들은 토론에 참여하여 자신들의 견해를 피력할 수 있으며, 그룹 구성원들과 함께 지혜를 모아 제시된 의견들을 평가할 수 있다. 모든 사람이 의사 표현의 권리를 가지며, 그 권리는 존중되어야 한다. 서로의 의사를 존중하는 그룹은 구성원들이 가질 수 있는 의심이나 불안에 대해 인내하며 세심한 주의를 기울인다. 일이 계획대로 진행되지 않더라도 열린 자세로 솔직하게 실패의 원인을 파악한 후, "이와 같은 일을 반복하지 않으려면 어떻게 해야 할지"를 서로 상의한다. 콜린스가 말한 적기 체제(red-flag mechanisms)란, 팀이 방향 감각을 상실하거나 붕괴될 위험에 처했을 때 그 사실을 팀원들에게 알리는, 일종의 경고 신호라고 할 수 있다.

협력 관계 형성

진정한 팀워크는 서로 협력하는 분위기 속에서 이루어진다. 클래디스의 설명에 따르면, 팀은 "개별 팀원들의 영적 은사를 분별하고,

팀원들이 함께 일하도록 하며, 기도에 힘쓰고, 능력과 정보를 공유할 수 있어야 한다. 이로써 명확히 규정된 팀의 사명과 비전 또는 구성 목적을 달성해 나간다면, 팀은 사역에 없어서는 안 될 핵심 단위로 자리매김할 것이다."[19] 그리고 팀워크에 필요한 협력을 이끌어 내기 위해서는, 모든 팀원들에게 그들이 공동 사업에 기여하고 있으며 인정받고 있다는 것을 느끼게 해주어야 한다.

바울은 개인들의 공헌과 사업 전체가 연결되어 있음을 확언하였다. 고린도 교회 성도들에게 바울은 "각 사람에게 성령을 나타내심은 유익하게 하려 하심이라"고 설명하였다(고전 12:7). 획일성(uniformity)을 강조하다 보면 협력을 가로막는, 극복할 수 없는 장애물이 생길 수도 있다. 어떤 일에 대해 누군가가 적임자로 인정받을 때, 그 일에서 배제된 사람들은 소속감을 잃을 수도 있다("몸에 붙지 아니하였다", 고전 12:15-16 참조). 이로 인해 소외감을 느끼고 적의를 품을 수도 있다. 클래디스는 "당황하거나 실망한 사람들, 모욕을 당했거나 상처 받은 사람들로 구성된 팀은 쉽게 허물어진다"고 말한다.[20]

다른 이들의 협력을 거부하는 사람들은 "평신도 사역"을 억압하고 저해한다. 사도 바울이 단언한 바와 같이 "내가 너를 쓸데가 없다"고 말할 수 있을 만큼 절대적 능력을 가진 사람은 아무도 없다(고전 12:21). 할런 클리블랜드는, 비즈니스 분야에서는 "오로지 전문성만을 갖춘 직원이 더 나은 조건 없이는 차후 계약에 응하지 않는, 가장 다루기 힘든 직원이 되기 쉽다"고 주장하면서, "의기소침과 반항은 전문 기술의 특징"이라고 덧붙였다.[21]

협력이 매우 중요하기는 하지만 최우선 가치는 아니다. 협력 그 자체가 목적은 아닌 것이다. 즉 협력은 비전을 실현하고 사명을 성취할 때에야 비로소 의미가 있다. 모든 팀원의 공헌과 노력이 가치를 발할 때 의미가 있는 것이다. 협력, 말하자면 연결성(connectivity)을 심하게 강조하는 리더들은 팀을 구성할 때에도 합의를 지나치게 중시하는 경향이 있다. 그러다 보면, 역량을 쓸데없이 낭비하거나 평온한 상태를 유지하기 위해 불필요한 대가를 지불하는 팀을 구성하게 된다. 이와 달리, 통합형(connective) 리더는 시너지 효과를 창출한다. 그는 단기적으로 다양한 협력 관계들을 지속적으로 엮어 나간다.[22] 진 립먼 블루먼은 통합형 리더를 다음과 같이 규정하고 있다.

- 자신의 비전에 다른 사람들의 희망 사항을 접목시킨다.
- 분할하고, 거머쥐려 하지 않고, 연결하고, 결합시킨다.
- 공동의 경쟁 상대를 이기는 것보다 서로 간의 문제를 극복하려고 노력한다.
- 공동체가 다양성을 포용할 수 있도록 분위기를 조성한다.
- 헌신적인 리더들 간의 연대를 조직하고, 그들이 공동의 목적을 달성할 수 있도록 지지자들을 모집한다.
- 적극적인 지지자들을 독려하여 그들이 계속해서 의무를 다할 수 있도록 이끈다.
- 다른 리더들, 한때 적대적이었던 리더들과도 경쟁 상대가 아닌 동료로서 협력한다.
- 후임자들과 잠재적 리더들을 양육한다.
- 절대적 지배권을 구축하거나 독재하지 않고, 광범위한 지지 기반을 갖춘 민주적인 제도를 설립, 갱신해 나간다.
- 자신의 능력 밖의 일일지라도 목표를 위해 지속적으로 헌신함으로써

진정성을 증명한다.
- 다른 이들에게 희생을 요구하기에 앞서, 먼저 스스로를 희생한다.[23]

내일의 리더들은 사람과 사람 사이의 역동성을 파악할 수 있는, 예리한 이해력을 갖추어야 한다. 통합형 리더는 사람들을 연결하기만 하는 것이 아니라 그들이 갈등과 오해 속에서도 관계를 돈독히 해 나갈 수 있도록 돕는다. 적어도 한 번 갈등을 겪고 그것을 서로 화해한 후에야 강한 우정이 형성된다.

상황 파악

리더는 그룹 내에서 일어나고 있는 일들을 파악하고 있다. 리더가 보다 "올바로 상황을 파악할 수 있으려면, 사람들이 나아갈 방향을 알고 활동을 지속하면서 주위 변화를 유심히 살피고, 수시로 정보를 갱신하며 서로 격의 없이 이야기를 나눠야 한다."[24] 칼 와익(Karl Weick)은 의사 결정과 상황 파악의 차이를 설명하였는데, 눈앞에 닥친 시련들을 순간적으로 판단해야 하는 젊은 리더들은 그의 설명을 주의 깊게 들어야 할 것이다. 와익은 유명한 소방관 폴 글리슨(Paul Gleason)의 말을 인용하였다. "만일 내게 결정권이 있다면, 그것은 일종의 소유이다. 나는 그 권한을 자랑하며 놓치지 않으려 할 것이고, 내 권한에 의문을 제기하는 사람들을 무시하려 할 것이다. 만일 내가 상황을 파악하고 있다면, 나는 더욱 역동적으로 사람들에게 영향력을 행사할 수 있을 것이다. 나는 주위 사람들의 말에 귀를 기울이며 상황을 바꿀 수 있을 것이다. 결정은 당신을 돋보이게 하겠지만, 상황 파악은 다음 시간을 준비하고 나아갈 방향을 제시해 준다."[25] 변화하는 시대의 흐름에 어떻게 대응할 것인가를 결정하려면, 그에 앞서 상황을 파악해야 한다.

마지막으로 팀이 분별력 있게 헌신할 수 있으려면, 서로 신뢰하는 가운데 상황을 파악해야 한다. 이를 위해서는 신뢰할 수 있는 리더가 필요하다. 즉, 팀원들이 그의 말을 믿고 의지할 수 있어야 한다. 신뢰할 수 있는 리더는 자신이 한 약속을 지킨다. 그리고 모르거나 이해하지 못한 것에 대해 핑계대지 않고 솔직히 인정한다. 클래디스는 "요즘과 같이 배신과 속임수가 난무하는 때에는, 서로 신뢰하는 문화가 교회와 세상을 치유하고 사역하는 데 큰 도움이 될 것이다"라고 강조한다.[26] 사람들은 리더의 실수는 용서해도, 부정(否定)이나 포기는 용서하지 않을 것이다.

행동하자!

무엇이 최선의 선택인가를 확신할 수 없는 혼란의 시기에는, "일단 한번 해보고, 상황을 살펴보자"는 태도가 지배적이다. 이러한 사고방식은 배우고자 하는 분위기를 조성한다. 이때 리더들은 예상치 못한 좋은 일들이 일어날 것이라 상상하기도 하는데, 지나친 낙관주의는 심사숙고하여 자제할 필요가 있다. 쉴 새 없이 밀려드는 변화의 물결 속에서 중심을 잃지 않으려면 꾸물거릴 틈이 없다. 리더는 신속하게 상황을 파악하고 행동하며 창의적으로 사고할 수 있어야 한다.

리더는 창의적인 사고와 더불어 실험 정신을 겸비해야 한다. 그리고 참신한 아이디어를 가진 사람들이 그들의 아이디어를 실행에 옮길 수 있도록 권한을 위임해야 한다. 권한을 위임받은 팀은 함께 기도하고 계획하며, 평가하고 활동하고, 성과에 만족하면서 배우고 성장해 나간다. 팀은 "수동적인 기독교인에게는 그러한 일이 일어나지 않는다는 것을 명심해야 한다."[27]

요약

단 한 사람이 교회 사역을 위해 부름 받았으며, 그에게 전권이 주어져야 한다는 생각은 비성경적이다. 이 장에서 나는 그와 같은 리더십이 성경의 가르침에 반하는 것임을 지적하였다. 교회는 이제 팀 리더십 개념을 복권시켜야 한다. 팀 리더십은 포스트모던 사회 그리고 후기 기독교 사회에서 교회를 이끌어 나갈 사람들을 모으고 그들의 은사를 포용한다. 팀을 중심으로 사역할 때, 교회는 기존의 위계적 문화를 극복하고 네트워크와 권한 부여의 문화를 정착시켜 나갈 수 있을 것이다.

팀 중심 리더십은 모든 교인들을 통해 재생산될 수 있는 과정을 모델로 삼는다. 그리스도를 따르는 사람들은 서로 격려하면서, 서로에 대해 책임을 다하면서, 그리고 그룹에 바쳐진 서로의 은사에 감사하면서, 관계를 다져 나간다. 팀은 그룹원들의 믿음과 덕성을 고양시키고, 팀에 맡겨진 교회의 사역을 완수한다. 팀원들은 무엇보다 중요한 선교의 소명을 공유하고 있는 교회의 한 지체로서 연결되어 있으며, 함께 교제하는 가운데 그리스도의 몸으로서 기능하게 될 것이다.

6

리더십의 특질

그동안 나는 현장에서 활발히 사역하고 있는 이머징 리더들을 관찰하고, 그들과 직접 교류하면서 그들의 리더십 특질들을 분석해 왔다. 6, 7, 8장에서는 그 분석 결과를 바탕으로 이머징 리더의 변별적 자질들과 활동, 입장, 그리고 성품 등에 대해 연이어 살펴보기로 하자. 이 과정에서 우리는 근대적 사고방식의 한계와 불합리성을 확인하고, 리더십을 새롭게 정의할 수 있을 것이다.

이머징 리더들은 오늘날과 같은 문화적 환경 속에서도 능률적으로 활동하고 있다. 그만큼 그들에게 주어진 책임도 막중한데, 어떤 이들은 책임을 도맡거나 선뜻 앞장서려 하지 않는다. 그저 하루하루의 일과에 만족하면서 맡겨진 일만 하려는 그들의 태도는 지나치게 무심하고 목적 없어 보이기도 한다. 어떤 이머징 리더들은 제도권 교회에 대해 강한 반발심을 표출하면서 제도권 밖에서 활동하기도 한다. 그런데 그들이 꿈꾸는 새로운 교회는 순진하다 싶을 정도로 이상적일 때가 많다. 이밖에도 구태의연한 리더십 모델을 버리고 리더십이 없는 교회를 세운 이들도 있다. 리더십 없는 교회들은 시간이 지나면서 건강한 리더십을 갖추거나 분쟁을 겪은 후 끝내 해체되었다.

현재 활동하고 있는 이머징 리더들 가운데, 가장 효과적으로 사역을 펼치고 있는 성공한 리더들에게는 몇 가지 특질들이 있다. 이 장에서는 그 특질들에 대해 이야기하고자 한다. 이때 유의해야 할 점은, 실재하지 않는 초인(超人)을 상상해서는 안 된다는 것이다. 이 특질들을 빠짐없이 갖추고 있는 사람은 아무도 없다. 따라서 자신에게 그와 같은 자질들이 없다고 위축되거나 낙심할 필요는 없다. 여기서 제시할 리더의 특질들을 모두 겸비한 개인은 드물지만, 리더십 팀 전체는 대부분 이 특질들을 아울러 갖추고 있다.

성서나 교회사에 등장하는 뛰어난 리더들에게도 이런저런 약점이 있었다. 그들 가운데 자신의 단점을 극복하지 못하거나 주위 사람들로부터 충분히 도움과 지지를 얻지 못한 리더들은 결국 자리에서 물러나거나 비참한 최후를 맞기도 했다. 이 장에서는 리더십 특질에 관해 귀중한 가르침을 선사해 줄 몇몇 성서 인물들을 살펴보기로 하자.

하나님이 가꾸신 성품

우선 성품(character)이라는 리더십 자질에 대해 알아보자. 리더의 성품이라 하면 흔히들 카리스마를 떠올리는데, 그것은 잘못된 생각이다. 여전히 많은 이들이 카리스마를 리더십의 필수 조건으로 삼고 있으며, 특히 미국인들은 카리스마가 리더십에 보탬이 된다고 굳게 믿고 있다(일반적으로 생각하는 카리스마는 대개 위엄 있는 성품이나 존재감이다). 결론부터 말하자면, 카리스마는 성품을 대체할 수 없다. 실제로 카리스마는 있으나 성품이 부족한 리더들은 주위에 해를 끼치거나 화를 자초하기도 한다.

신약은 교회 리더십에 있어 무엇보다 중요한 것은 성품이며, 성품은 자아 훈련하는 가운데 형성된다고 강조하고 있다. 성품과 근신의 직접적인 연관성에 대해서는 바울의 말을 참조할 수 있다. 지역 교회 감독관 선정과 관련하여 바울은 디모데에게 다음과 같이 당부하였다. "감독은 책망할 것이 없으며 한 아내의 남편이 되며 절제하며 신중하며 단정하며……술을 즐기지 아니하며 구타하지 아니하며 오직 관용하며 다투지 아니하며 돈을 사랑하지 아니"하는 자라야 한다. 집사의 조건 또한 이에 못지않게 까다롭다. 바울은 "집사들도 정중하고 일구이언을 하지 아니하고 술에 인 박히지 아니하고 더러운 이를 탐하지 아니"해야 한다고 꼬집어 말하고 있다. 따라서 후보자들이 이와 같은 자질들을 겸비하고 있는지 먼저 시험해 보아야 하며, 소극적으로 지레짐작해서는 안 된다(딤전 3:1-3, 8, 10).

바울에게 있어 경건은 근신과 더불어 리더십의 필수 조건이다. 그는 디모데에게 "경건에 이르도록 네 자신을 연단하라"고 권고하였다(딤전 4:7). 19세기의 위대한 스코틀랜드 목사이자 성경 교사였던 로버트 머리 맥체인(Robert Murray McCheyne)은 다음과 같이 선언했다고 한다. "개인의 경건이야말로 부흥에 헌신하고자 하는 목회자들의 선결 요건이다."

바울은 디도에게도 위와 같이 조언하였다. 그레데 섬에 남아 도시

마다 교회의 "장로들"을 세워야 했던 디도에게 바울은 다음과 같이 이야기하였다.

"책망할 것이 없고 한 아내의 남편이며 방탕하다는 비난을 받거나 불순종하는 일이 없는 믿는 자녀를 둔 자라야 할지라 감독은 하나님의 청지기로서 책망할 것이 없고 제 고집대로 하지 아니하며 급히 분내지 아니하며 술을 즐기지 아니하며 구타하지 아니하며 더러운 이득을 탐하지 아니하며 오직 나그네를 대접하며 선행을 좋아하며 신중하며 의로우며 거룩하며 절제하며 미쁜 말씀의 가르침을 그대로 지켜야 하리니 이는 능히 바른 교훈으로 권면하고 거슬러 말하는 자들을 책망하게 하려 함이라"(딛 1:6-9).

당시 그레데인들은 소문난 게으름뱅이에 거짓말쟁이(딛 1:12)였으며 "불순종하고 헛된 말을 하며 속이는 자가 많았다." 성도 가운데는 '할례파'가 특히 그러했다(딛 1:10). 그런 사람들에게는 다른 무엇보다 거룩한 성품이 절실했던 것이다.

하나님의 백성을 인도하고 보살피기 위해 부름 받은 자라면, 그에 필요한 능력을 갖추어야 한다. 하지만 아무리 유능하다 해도 성품이 올곧지 않으면 자신의 능력을 제대로 발휘할 수 없다. 그릇된 성품은 능력을 저해한다. 다윗은 구약의 인물 가운데서도 능력과 성품을 두루 갖춘 리더로 꼽힌다. 시편 78편 72절에서는 "그가 그들을(이스라엘 백성들을) 자기 마음의 완전함으로 기르고 그의 손의 능숙함으로 그들을 지도하였도다"라고 말씀하고 있다. 교회 리더 역시 성도들에게 유능하면서도 탁월한 인격의 본을 보여야 한다. 목회자들은 간혹

"나의 행동을 따르지 말고 나의 말을 따르라"고 냉소적으로 말하곤 하는데, 바울은 절대 그와 같은 태도를 취하지 않았다. 그는 고린도 교회의 신자들에게 "내가 그리스도를 본받는 자가 된 것같이 너희는 나를 본받는 자가 되라"고 훈계하였다(고전 11:1).[1] 베드로 또한 초대 교회 리더들에게 그와 같이 권고하고 있다. 그는 교회의 장로들에게 온 맘으로 교회를 섬기고, 성도들에게 자신의 생각을 강제하지 말며, 그리스도의 말씀을 따르고 실천하여 양들이 그들을 본받을 수 있도록 하라고 당부하였다(벧전 5:1-4).

베드로와 바울이 의도적으로 존경받으려 했던 것은 아니다. 그들은 결코 완전 무결함을 주장하지 않았다. 성경에 등장하는 리더들은 대체로 자신의 단점과 한계, 연약함을 잘 알고 있었으며, 성경은 이들을 이상화하거나 영웅화하지 않는다. 성경은 리더들의 위대한 업적, 겸손과 섬김의 사례들뿐만 아니라 그들의 결점과 실패에 관해서도 충실히 기록하고 있다. 일례로, 다윗은 관대한 사람이었지만 변덕도 무척 심했다. 욕정과 간음으로 그의 삶이 더럽혀졌을 때, 그는 자신의 죄를 감추려고 헛되이 몸부림치다가 결국 살인 공모까지 저지르고 만다(삼하 11:1-12:10). 참으로 끔찍한 사건이지만, 이후 다윗이 참회하고 회개하며 하나님의 용서를 구했다는 사실을 잊지 말아야 한다.[2] 다시 말해, 다윗의 이 이야기는 어떤 실패도 절대시해서는 안 된다는 사실을 강조하고 있다. 다윗의 사례에서 우리는 리더십을 논할 때 인간적 요소를 간과하거나 부인해서는 안 되는 이유, 겸손이 리더의 선결 조건인 이유를 알 수 있다. 오브리 맬퍼스(Aubrey Malphurs)가 지적하듯이 "자아에 맞서 그것을 극복하지 않고서는 사람을 이끄는 리더가 될 수 없다."[3]

교회 리더들이 거룩한 성품을 갖추고 겸손함의 본을 보인다면, 믿는 자들은 서로를 어떻게 대해야 하는지, 예수 그리스도를 닮은 인격이 진정성과 어떤 관계가 있는지 스스로 깨닫게 될 것이다. 디도의 예를 다시 들어 보자. 디도는 그레데 교인들에게 구원의 확신만으로는 충분치 않으며, 그것의 참됨을 자신에게 그리고 다른 사람들에게 **나타내 보이라**고 명령하였다.

내가 이 점을 강조하고 있는 디도서의 말씀에 주의를 기울일 수 있었던 것은, 워드 흑인성공회교회(Ward African-American Episcopal Church)의 노먼 코플런드(Norman Copelan) 목사 덕분이다. 그 교회 강대상 뒤편에는 큼지막한 현수막이 걸려 있었는데, 거기에는 "구원받은 자의 삶"(Living Saved)이라는 그 해 교회의 표어와 함께 디도서 2장 11-14절 말씀이 적혀 있었다.

> "모든 사람에게 구원을 주시는 하나님의 은혜가 나타나 우리를 양육하시되 경건하지 않은 것과 이 세상 정욕을 다 버리고 신중함과 의로움과 경건함으로 이 세상에 살고 복스러운 소망과 우리의 크신 하나님 구주 예수 그리스도의 영광이 나타나심을 기다리게 하셨으니 그가 우리를 대신하여 자신을 주심은 모든 불법에서 우리를 속량하시고 우리를 깨끗하게 하사 선한 일을 열심히 하는 자기 백성이 되게 하려 하심이라"(딛 2:11-14).

교회의 성품에서 우리는 그 교회의 진정성을 엿볼 수 있다. 갈라디아서에서 바울은, 그가 "성령의 열매"라 일컬은 거룩한 성품을 아홉 가지 항목으로 나눠 설명하고 있다. "오직 성령의 열매는 사랑과 희락과 화평과 오래 참음과 자비와 양선과 충성과 온유와 절제"이다 (갈 5:22-23). 이 아홉 가지는 모두 그리스도의 성품을 가리킨다. 하지만 일개인이 이 모두를 완벽하게 지속적으로 실천하는 것은 거의 불가능하다. 바울은, 교회가 하나의 공동체로서 연합하여 이 성품들을 증거하기를 바랐다. 교회 리더는 교인들의 신앙을 건전케 하고 그들의 구원과 증거를 참되게 하려면 거룩한 성품이 반드시 필요하다는 사실을 깨달아야 한다. 그리고 교인들이 성령의 열매를 맺고 풍성한 수확을 얻을 수 있도록 그들을 섬기고 아울러 개인적인 삶도 꾸준히 관리해 나가야 한다.

하나님의 부르심

제자도에 있어 소명은 본질적인 것이다. 예수 그리스도의 초대를 받은 열두 제자들은 그를 따르는 도전을 감당해야 했다. 주님의 부르심은 평생 단 한 번 일어나는 일이 아니라, 제자로서 살아가면서 지속적으로 그 부르심에 응답하는 것을 말한다. 현대의 고전인 《소명》(The Call)의 저자 오스 기니스(Os Guinness)는 기독교인의 삶을 다음과 같이 설명하고 있다. "하나님의 결정적인 부르심에 귀 기울이면서 사는 인생이란, 다른 모든 청중을 압도하는 단 하나의 청중, 즉 유일한 청중 앞에서 사는 인생이다." 이 말이 그리스도를 따르는 모든 이들에게 해당된다면, 리더십과 관련하여 이 말은 매우 중요한 함의를 지닌다. "하나님의 부르심은 인생에서 가장 괄목할 만한 성장과 가장 뛰어난 영웅적 자질에 대한 열정을 점화시키는 열쇠가 되기 때문이다."[4]

간혹 어떤 리더들은 본인의 소명에만 연연하고 주위 사람들을 도외시하거나 자신의 목적을 위해 이용하기도 하는데, 이는 제자의 소명에 대한 신약의 말씀과 상충된다. 신약에서 제자들은 외따로 부름받는 것이 아니라 공동체의 일원으로서 부름 받는다. "예수 그리스도는 제자들 한 사람 한 사람을 개별적으로 부르시지만, 그의 부르심이 순전히 개인적인 것은 아니다. 다시 말해 예수 그리스도는 개인적인 소명과 함께 공동체 전체의 소명을 감당할 자들을 제자로 호출하신다."[5] 이 공동체적 소명에 대해 올바로 이해하고 있다면, 소명을 이기적인 목적을 위해 사용하는 우를 범하지는 않을 것이다. 기니스는 소명의 "이면"에는 모든 리더들이 맞서야 할 세 가지 유혹, 곧 교만과 질투 그리고 탐욕이 있다고 지적한다.

하나님의 부르심은 리더들에게 국한되지 않으며, 모든 하나님의 백성들에게 총체적으로 적용된다. 소명을 받아 그리스도를 따르는 자들뿐만 아니라 강한 소명 의식으로 무장한 리더들도 이 점을 명심해야 한다. "제한된 소명"이라는, 소명에 대한 그릇된 신화화가 세상에 대한 교회의 사명을 불구로 만들었다. 그동안 교회는 안수 목회, 선교 현장, 보다 넓게는 "전임 목회"에 해당하는 사역들을 "가장 중요한 소명"으로 간주해 왔다. 이로 인해 기독교인들은 점차 두 개의 계급, 즉 목회로 안수받은 성직자와 그들을 제외한 다수의 평신도로 분류되었다.

"클레로스"(*kléros*)라는 헬라어에서 파생된 영어의 성직자(clergy)란 단어는 "지명된 자"를 뜻한다. 따라서 이 어휘에는, 평신도는 주께 선택받지 못한 자 또는 부름 받지 못한 자라는 인식이 암묵적으로 깔려 있다. 그 결과, 교회는 평신도를 과소평가하고 무시하면서 엘리트 집단의 소명과 은사만을 중시하게 되었다. 성직자와 평신도의 분리는 원망과 세력 다툼으로 이어졌고, 성직자들은 영적 문제들을 자신들만의 영역이라 여기면서도 그에 관한 책임을 회피하고 수동적으로 대응하였다.

"교회 사역"에서의 평신도의 역할은 점차 축소되어 1970년에서 2000년에 이르기까지 거의 30년 동안 주목받지 못했다. "전 성도 사역"의 중요성이 재부각되던 시기에도 사정은 별반 다르지 않았다. 이 당시에 출간된 서적들을 살펴보면, 상당수가 영적 은사가 소수의 특권층에 국한되는 것이 아니라 교회의 전 성도에게 고루 배분되어 있다고 주장하고 있다. 목사들은 교회 성도들이 자신들의 영적 은사를 분별하고, 교회라는 그리스도의 몸 안에서 여러 가지 사역에 공헌할 수 있도록 은사에 대해 설교하고, "은사 분별에 관한 질문지"를 배부하기도 했다. 하지만 안타깝게도 이 당시 교회들은 대부분 목사를 직접 보조하거나 교회 내부 사역에 보탬이 되는 은사만을 중시하였다. 이를테면, 교회 내부적으로 시행하는 각종 프로그램을 보다 효과적으로 운영하거나 참가자 수를 늘릴 수 있는 능력 등이 주목받았다. 고백하건대, 우리는 이 땅에서 완수해야 할 교회의 사명을 망각하고 그에 필요한 영적 은사들을 업신여겨 왔다. 우리의 관심은 하나님의 나라가 아닌 교회였고, 그것도 사회를 변화시키는 영향력 있는 교회가 아닌, 교회 자체의 성장이었다.

이제는 성경 말씀에 근거하여 우리의 인식을 수정해 나가야 한다. 신약의 말씀과 같이, 하나님의 구원하심으로 부름 받은 자들은 누구나 교회와 세상을 섬겨야 하는 소명을 안고 있다(롬 8:30; 갈 5:13; 벧전 2:9). 하나님의 부르심이 진정 무엇을 의미하는지 그 본질을 올바로 이해한다면, 평신도들이 얼마나 많은 공헌을 할 수 있는지 깨닫게 될 것이다. 평신도는 제도권 교회 내부에서만 활동하는 비전문적인 조력자도, 목회자가 관리하는 프로그램의 운영을 돕는 봉사자도 아니다. 평신도(laity), 헬라어로는 "*laos*"의 본래 의미는 "제사장으로, 그리고 사도로 택함 받은 하나님의 백성"이다(고후 6:16; 딛 2:14; 벧전 2:9). 우리는 평신도의 본원적 의미를 되살려야 한다. 우리 모두는 평신도이며, 이는 안수 받은 목회자들도 마찬가지다. 승천하신 주께서 우리를 세상에 보내셨고, 이 세상에서 우리에게 맡겨진 소명은 사람들에게 현존하는 주의 주권을 드러내고, 그의 다시 오심을 예고하며, 우리와 함께 그를 따르도록 사람들을 초대하는 것이다. 이 소명에 예외란 없다. 교회가 이와 같은 입장을 견지할 때, 하나님의 백성은 소금과 누룩과 빛의 역할을 감당하며 사회 곳곳에서 문화를 창조하는 팀들로 거듭날 것이다.

하나님의 부르심이 개개인에게 갖는 의미를 올바로 인식하지 못한 성도들은 개인적인 성과를 거두는 데에서 인생의 목적을 찾으려 한다. 하지만 자아실현을 자기 안에서 찾는 데에는 무시 못할 단점이 있다. 제임스 화이트(James Emery White)의 말처럼, "소명 대신 개인적 성취를 선택하는 순간, 우리 인생은 방종으로 전락한다. 아이러니하게도, 우리는 우리의 삶에 부여된 하나님의 소명에 순복할 때에야 진정한 자아실현을 이룰 수 있다. 인간 존재는 그렇게 창조된 피조물이며, 그 이유는 간단하다. 우리는 무엇 혹은 어디에 속하기 이전에 우선적으로 '어느 분'(Someone)께 속해 있기 때문이다."[6]

교회 전체가 신성한 소명 의식을 갖추려면, 교회 리더들이 먼저 이와 같은 사실에 대해 확신을 갖고 자신의 개인적인 소명만이 아닌,

전 성도를 향한 하나님의 소명의 본을 보여야 한다. 좀더 정확히 말하자면, 교회 리더는 소명을 구체적으로 실현하여 성도들의 귀감이 되어야 한다. 성도들과 소명 의식을 공유하는 것만으로는 충분하지 않다. 이를 위해서는 통제적 리더십을 지양하고, 확신을 심어 주며, 권한을 부여하는 리더십으로 전환해야 한다. 강한 소명 의식으로 무장한다면, 리더들은 낙심과 "나태라는 대죄"에 물들지 않고 오랜 기간 동안 이 사명을 감당할 수 있을 것이다.[7]

리더십이 치열한 고투 끝에 유쾌한 승리를 거두는, 고난과 쾌거의 과정이 아님은 모든 리더들이 알고 있다. 우리가 일상적으로 접하는 문제들은 지극히 평범하고 사소한 것들이다. 하지만 오스 기니스가 지적하듯이, "소명은 가장 일상적이고 사소한 것마저 평범함의 광채를 발하도록 삶을 변화시킨다." 리더들은 이 점을 유념해야 한다.[8]

상황에 맞게

성공을 거둔 리더들은 흔히 그들의 성공 수완이나 결과를 하나의 공식으로 해석하려는 경향이 있다. 그들은 대부분의 과정을 시행착오로 규정하고, 시행착오 없이 규칙적으로 성공을 거두려면 어떤 경로를 밟아야 하는지를 검토한다. 그러나 오늘날의 사회에서 성공의 열쇠가 되는 공식이란 있을 수 없다. 성공 공식을 주장하는 리더들 대부분은 지금까지와는 전혀 다른 새로운 목회를 시도할 줄 모른다. 설령 그들이 과감하게 새로운 목회에 도전한다고 해도, 그들에게 돌아오는 것은 지금까지 옹호해 온 성공 공식이 더 이상 아무 소용없다는 사실뿐일지도 모른다! 목회 사역의 역사를 살펴보면, 적합한 시기에 적합한 사람이 적합한 자리에 서는 것이 시대적 난제를 해결할 돌파구를 찾는 데 있어 얼마나 중요한가를 알 수 있다.

하나님께서 역사하시는 가운데 주권자로서 "성스러운 집합점"(Divine Convergence)을 이루실 때는 몇 가지 계기들이 있다. 그렇다고 목회 사역에 대해 "될 대로 되라"식의 태만한 자세를 취해서는 안 된다. 무관심과 방임은 무엇으로도 합리화될 수 없다. 하나님은 우리에게 상상하고 개념화하고 계획하고 주도적으로 일을 처리할 수 있는 능력을 주셨다. 우리는 시행착오를 거치며 배움을 얻는다. 브라이언 맥라렌(Brian McLaren)은 여러 리더들의 성공 사례를 소개하면서, 그들의 성공 요인은 "생각 없는 모방이 아닌, 대담한 혁신과 창의적인 종합"이라고 주장하였다. 맥라렌은 그들의 성공에 있어 시행착오가 얼마나 중요한 역할을 했는가를 강조한다. 그의 설명에 따르면 리더들은 "고통과 눈물, 인내, 실수, 그리고 기도라는 전형적인 방법으로 성공을 거두었다."[9]

교회는 리더들 사이에서 용인되고 있는 성공 공식들에 특히 유의해야 한다. 왜냐하면 세상을 변화시켜야 하는 교회의 사명을 감당하기 위해서는 해당 지역의 풍토와 시대적 상황에 맞게 교회를 구성해야 하기 때문이다. 이 사명에 헌신하는 교회는, 문화 밖에서 하나의 이상화된 형태로 존재하는 것이 아니라 교회가 속한 문화적 맥락 속에 적극 참여하여 하나님의 통치의 복음을 전한다. 아울러 교회는 맹목적인 자기 보존 본능에 사로잡혀서는 안 된다. 생존에 연연하는 교회들은 주변 환경과 문화적 변화로부터 스스로를 보호하기 위해 안간힘을 쓰며 또 그래야 한다는 그릇된 생각을 가지고 있다. 이 시대의 교회는 선교라는 하나님의 소명 위에 바로 서야 한다. 선교와 문화를 접목시키고 그 안에서 스스로의 정체성을 찾는다면, 교회는 자기 안에 내재된 힘과 창조성을 발견할 수 있을 것이다.

선교적 교회는 선교에 헌신하는 이들을 중심으로 사역하며, 타 문화권과의 교류가 용이한 문화적 접경 지대에 위치한다. 매거릿 위틀리와 마이런 켈너 로저스는 경계(boundary)에 대해 다음과 같이 이야기하고 있다.

> 경계들은 더 이상 자기 방어적 장벽이 아니라 만남과 교환의 장소이다. 사람들이 흔히 생각하는 경계, 곧 가장자리는 안과 밖을 구분하고 규정하는 수단이지만, 실제 생활 세계에서의 경계는 전혀 다르다. 그곳에서는 늘 새로운 관계가 형성된다. 다시 말해, 경계는 개인들이 상호 교류하는, 교환과 성장의 중심지이다.[10]

즉, 경계는 분리와 단절의 장벽이 아니다. 그곳은 선교 활동과 교류가 이루어지는 최전방이다. 초대 교회가 그리스도의 인성을 부인하는 이교도의 "가현설"에 맞서야 했다면, 오늘날 대부분의 서구 교회는 교회의 선교적 현존과 실천을 방해하고 있는 가현설적 교회학에 맞서야 한다. 아직까지도 많은 교회들이 "그냥 하던 대로 계속 하자"며 고집을 피우고 있다. 이는 무지의 소산일 수도 있고, 오늘날의 포스트모던 사회에서 교회가 주변부로 밀려나 형편없는 지지와 평판을 받고 있는 것에 대한 반항일 수도 있다. 상황과 맥락에 맞는 리더십에 대해 논할 때 우리가 간과해서는 안 될 중요한 사실은, 서로 다른 문화들은 제각각 고유의 리더십 스타일과 연결되어 있다는 것이다. 어떤 상황에서는 권위적인 리더들이 요청되기도 한다. 권위적인 리더와 위계적 질서는 모든 사람들에게 그가 마땅히 있어야 할 자리와 해야 할 의무를 알아서 할당하기 때문에 사회가 안정적으로 유지될 수 있다. 또 어떤 문화권에서는 교육, 전문 지식, 기술력을 최상의 가치로 인정하는 데 반해, 연장자를 우선적으로 공경하는 문화도 있다. 이 밖에도 상황에 따라 비전이 뚜렷하고 대인 관계 능력이 탁월한 리더들이 주목받기도 한다. 따라서 선교적 리더는 가지각색의 기대와 예상들을 식별할 수 있어야 하며, 예리하면서도 겸허한 자세로 리더십에 대해 검토하면서 리더십이 공동체 구성원들과 함께 공유하고 있는 책임임을 모두에게 전해야 한다.

특정 리더십 유형을 채택한 이후에도 리더십은 주위 상황에 영향을 받는다. 여론을 충분히 수렴하면서 일한다면 그룹의 협력 자원과 식견들을 전체적으로 활용할 수 있고, 동시에 그룹 성원들에게 주인 의식을 심어 줄 수 있다. 하지만 여론 수렴 과정에는 많은 시간이 소모된다는 단점이 있다. 그리고 붕괴 위험이 있는 건물에서 대피해야 할 때와 같이 비상 사태에 직면했을 때에는, 다른 무엇보다 모두에게 건물 밖으로 나가라고 명령하는 권위자의 목소리가 필요하다. 물론 비상 사태는 지극히 예외적인 경우에 속한다. 사태가 종결되고 나면 리더는 다시 자신의 리더십 스타일을 상황에 맞게 재조정해야 한다.

믿음으로 단련한 용기

용기 있는 리더는 자신의 신념을 지키고 타인들을 격려하여 도전하게 하고, 실수를 인정하며, 필요하다면 태도를 바꾸기도 한다. 그는 내적 갈등과 타성 그리고 외부 반대 세력에 투쟁하면서 결의를 다져 나간다. 또한 용기 있는 리더는 침착하며, 힘든 위기 상황에도 당황하지 않고 차분하게 대처한다. 용감한 리더들은 어떤 상황에서든 헌신한다. 실제로 다른 사람들에게서 용기를 이끌어 내기 위해서는 리더가 먼저 용기에 대한 강한 집념을 지녀야 한다.

성경에 나오는 수많은 에피소드 가운데 용기 있는 리더십을 가장 잘 보여준 것은 여호수아의 사례이다. 우리는 그를, 타이르고 안심시키시는 하나님의 섭리 속에서 용기 있는 리더십이 무엇인지 확인할 수 있다. 여호수아는 다년간 보좌관으로서 충실하게 모세를 섬겼다. 이스라엘이 광야의 방황을 마치고 드디어 약속된 땅으로 행진해 들어가려는 결정적인 순간에, 리더십이라는 중대한 책임이 여호수아에게 주어진다. 이스라엘 앞에는 수많은 적들이 산재해 있었고, 이스라엘은 하나님과의 언약 관계 속에서 나라의 정체성을 확립한 지 얼마 되지 않은 신생 국가였다. 이스라엘은 이미 아브라함 때 하나님의 언약의 말씀을 받았으나 그 관계가 진척되기 시작한 것은 모세의 리더십하에서였고, 시내 산에 와서야 하나님은 그 관계를 확립시키셨다.

여호수아에게는 하나님의 긍정적인 확언과 격려가 무엇보다 필요했다. 그래서 하나님은 그에게 리더십을 맡기시며 다음과 같은 확신을 심어 주셨다. "내가 모세와 함께 있었던 것같이 너와 함께 있을 것임이니라 내가 너를 떠나지 아니하며 버리지 아니하리니." 여호수아 1장 6-9절 말씀을 보면, 하나님은 세 번에 걸쳐 "강하고 담대하라" 이르시며, 그리하면 하나님께서 그를 형통하게 하시고 성공하게 해주신다고 말씀하셨다(수 1:5-9, 10:8). 수 세기 후, 예수 그리스도 역시 이 같은 방식으로 그의 제자들을 지명하였다.

여호수아와 마찬가지로, 오늘날의 기업가적 교회 리더들에게도 하나님의 소명에 대한 강한 신념과 결정에 관여하시며 그들을 도우시는 하나님의 현존에 대한 확신이 필요하다. 요즘처럼 불확실한 시대에 교회가 선교적 존재로 거듭나려면, 전면적이고 순차적인 교회 쇄신이 선행되어야 한다. 이를 위해 교회 리더들은 여호수아의 담대함과 초대 교회의 유연함을 두루 갖춰야 할 것이다.

맥스 드 프리는 허먼 밀러 사의 전 CEO이며 풀러 신학교가 빠르게 성장하던 시기에 이사회 임원으로 참여했다. 그는 자신의 경험을 바탕으로 리스크, 즉 위험 요소라는 문제에 대해 유익한 충고를 한 바 있다. 중대한 결정(Strategic Decision)에는 "위험 요소"가 따르게 마련이다. 그렇다고 위험을 피하고자 안전한 길만을 택해서는 안 된다. 드 프리는 "가장 위험한 일은 그 어떤 위험도 감수하지 않는 것"이라고 강조하며, 안전지대에서 나오라고 우리를 재촉한다. 그에 따르면, "우리를 위협하는 위험 요소가 무엇인지를 곰곰이 생각해 보는 것도 매우 흥미로운 일이다. 때로는 의식적으로 현 상황을 악화시키는 모험을 감행하기도 하지만, 대부분의 경우 우리는 미래를 담보로 무의식적으로 위험에 맞선다."[11]

위험 부담이 전혀 없는 결정이란 있을 수 없다. 특히 오랫동안 고수해 온 방식을 버리고 새로운 방식을 도모하는 가운데 내리는 결정들은 아무것도 보장하지 않으며, 그 결과는 예측 불가능하다. 그렇지만 불안을 극복하고 위험을 감수할 때 우리는 다른 곳에서는 얻을 수 없는 소중한 배움을 누리게 된다. 드 프리는 "끊임없이 위험을 감내한다면, 그 과정을 자연스럽게 받아들일 수 있게 될 것"이라고 단언했다.[12] 리더들이 먼저 담대하게 위험을 무릅쓰고 믿음을 단련시키며 책임을 다한다면, 그들과 더불어 주변 사람들도 함께 성장해 나갈 수 있을 것이다.

은사와 경험에서 나오는 역량

진정한 공동체, 영향력 있는 공동체를 건설하고 건강하게 유지하려면 다른 무엇보다 신뢰를 쌓아야 한다. 역량 발휘는 이 신뢰를 쌓아 나가는 데 있어 본질적인 요소이다. 이때 역량(competence)이란, 임무수행에 필요한 구체적인 기술과 지식뿐 아니라 함께 일하는 사람들과 관계를 맺고 유지해 나가는 능력을 포괄적으로 가리킨다.[13] 또한 역량에는 책임을 다하려는 의지와 능력, 그리고 자신의 한계에 대한 냉철한 판단력이 포함된다.

세계적으로 인정받는 경영학의 권위자 피터 드러커(Peter Drucker)는, 많은 경우 역량이 교육을 능가한다고 주장하였다. 그는 경영에 있어 무엇보다 중요한 것은 충분한 지식이 아니라고 지적하면서 다음과 같은 질문을 던졌다. "당신은 진정 압박감을 즐길 수 있는가? 혼란스럽고 어려운 시기에도 한결같을 수 있는가? 누군가와 함께 있을 때, 당신은 무슨 말을 해야 하는지 알고 있는가?"[14]

거의 10년도 전에 드러커는 바로 이 문제로 교육 제도 전반을 비판한 바 있다. "현 교육 시스템하에서는 사람들에게 책임감을 키워 줄 수 없다. 이 문제에 있어 교육은 점점 비생산적이 되어 가고 있다. 학교에 오래 남아 있을수록 결정을 내리는 일에 무능해진다."[15]

이에 자극을 받은 미국 학교 인증 기관들은 점차 역량 위주의 교과 과정 개설과 수업 진행을 강조하기 시작했지만 그것만으로 충분하지 않다. 여전히 신학교 정규 과정에는 실질적인 목회 사역이 누락

되어 있으며, 이런 상태에서 역량을 운운하는 것은 지극히 인위적인 발상이다. 이것이 현 목회 교육의 문제점이다. 학생들의 역량이 드러나려면 그 역량을 발휘할 수 있는 기회가 주어져야 한다. 다시 말해, 얼마나 능숙하게 목회 사역을 펼칠 수 있는지 증명해 보일 수 있는 환경이 마련되어야 한다. 정규 교육 과정 중에 이미 사역에 몸담은 학생들은 교실에서의 배움과 실제 목회 경험을 접목시킬 수 있고, 배운 것을 바로바로 실제 상황에 적용해 볼 수 있기 때문에 다른 학생들보다 훨씬 유리하다. 성경 해석학, 신학, 그리고 교회사와 같은 고전적인 학문 분야에서도 이 학생들은 끊임없이 "그래서?"라고 질문을 던진다. "현재 내 상황에서는 이 지식과 정보들을 어떻게 활용할 수 있는가?"

드러커는 경험과 실제적 적용이 분리된 교육의 한계를 지적하면서, 자격증보다는 수행 능력이 탁월하고 뛰어난 판단력을 지닌 리더들을 인정하고 옹호하였다.[16]

새로운 역량은 문제 해결 능력의 전개 과정에서 결정적으로 드러난다. 전도 유망한 리더의 잠재력은 문제를 바라보는 그의 시선에서 발견할 수 있다. 한번 도전해 볼 만한 일에도 무조건 부정적으로 대응하거나, 리더를 희망하는 사람들을 기회가 아닌 위협으로 간주하는 사람이라면, 리더의 자질이 없다고 해도 그리 틀린 말은 아닐 것이다. 이런 사람들은 문제가 생겨도 개의치 않으며, 그 상황에서 벗어나려 한다. 케니스 클로크와 조앤 골드스미스는 문제 해결을 가로막는 장애물들을 다음과 같이 규정하고 있다.

- 문제를 부정적으로 본다.

- 문제 혹은 해결책에 집착한다.
- 엉뚱한 문제를 지적한다.
- 문제를 독단적으로 해결한다.
- 문제를 통해 배우지 못한다.[17]

우리는 팀 리더십으로 이 장애물들을 넘어설 수 있다. 유능한 리더들은 팀의 협력 자원들을 충분히 활용하여 문제와 도전, 기회들을 검토한다. 긍정적이고 창의적인 방식으로 팀의 자원들을 다룬다면 그룹 내부에서 엄청난 에너지가 발생할 것이다. 문제 해결 훈련 시에는 가능한 모든 경우의 수를 타진해 본 후에 실행안을 결정하는 것이 좋다. 때로는 즉흥적이고 엉뚱한 아이디어에서 천재성의 불꽃이 반짝일 수도 있다. 그리고 브레인스토밍 시간을 잘만 운영한다면, 나의 의견이 완전히 묵살되지는 않을까, 공연히 창피 당하지나 않을까 걱정하는 일 없이 모든 팀원들이 적극적으로 다양한 의견들을 제시할 것이다.

크리에이티브 팀은 창의적 사고력을 지닌 개인들로 구성된다. 이 팀의 역할과 그 가치는 혼란스러운 변혁의 시기에 더욱 두드러진다. 그런데 브레인스토밍과 창의성은 팀을 예상치 못한 방향으로 잘못 이끌 수도 있다. 이에 대해 심리학자로서 기업가적 리더들을 섬기고 있는 헨리 클라우드 박사(Dr. Henry Cloud)는 다음과 같이 이야기하고 있다. "리더들은 천성적으로 창조하고 창시하는 자들이기에 경영에는 전혀 소질이 없다. 그들의 생성적 견해들은 **혼란**만 가중시킨다."[18] 따라서 크리에이티브 팀에는 강력한 리더십이 필요하다. 팀의 문제 해결 능력과 열정을 지휘할 리더십이 없다면, 팀은 갈피를 못 잡은 채 헤매게 될 것이다.

이 밖에도 팀 리더십은 팀 내 현황과 필요를 파악하는 데 있어 매우 유용하다. 팀원들에게 문제를 처리할 경험과 지식이 부족할 경우, 팀 리더십은 팀이 재빨리 그 사실을 인식하고 대처할 수 있도록 이끈다. 이 경우에 팀은 필요한 자질들을 갖춘 새로운 멤버들을 영입하거나 외부 인사나 그룹에 조언을 요청할 수 있다. 사안이 심각하고 복잡하다면, 다른 팀들과 연합하여 다양한 능력과 실천력을 보완할 수도 있다.

성경에는 놀라운 역량을 발휘하며 비범한 문제 해결사로 성장한 인물들이 수없이 등장한다. 성경 속 명예의 전당에는 요셉과 모세, 여호수아, 초창기의 사울 왕, 다윗, 사도 바울이 올라 있다. 신약에 등장하는 리더들의 역량은 본래 타고난 것이기도 하지만 승천하신 주님으로부터 받은 영적 은사에서 비롯된 것이기도 하다.

문제를 해결하고 도전을 감당하려면 그 속성과 상황을 정확히 파악하고 그에 맞게 대처해야 한다. 다시 말해, 직면한 도전을 이겨 내려면 어떤 역량이 필요한지 알아야 한다. 이 사실을 충분히 인지했다면, 숙련된 리더들조차 모든 문제에 대해 즉각적으로 해결책을 제시하지 못하는 이유를 이해할 수 있을 것이다. 따라서 우리는 리더에게 무리한 요구를 해서는 안 되며, 사람들이 그의 능력 밖의 것을 기대하거나 요구하지 않도록 해야 한다.

문제가 교회나 제도 내부에서만 발생하는 것은 아니다. 외부로부터도 수많은 도전들이 밀려온다. 이 중에는 쉽게 해결할 수 없는 복잡한 문제들도 있다. 이러한 문제들을 해결하기 위해 팀의 협력 자원들을 적극 활용하여 적합한 방안을 모색해야 한다. 때로는 세상의 지혜와 전문 지식이 필요할지도 모른다. 그리고 모든 인간적인 수단을 동원한다 해도 해결할 수 없는 문제들도 있다. 리더들은 해결할 수 있는 문제와 삶의 일부로 받아들이고 감내해야 하는 문제를 분별할 수 있어야 한다. 후자와 같이 현실로 받아들이고 짊어져야 하는 문제에 직면했을 때, 교회는 "상황 적응 리더십"을 취해 불안을 해소하고 전체 구성원들의 영적 강인함을 이끌어 내어, 교회가 죽음 저편의 삶에 대한 소망을 갖고 위기를 극복할 수 있도록 해야 한다.

하나님의 본성을 표현하는 창의력

창의력을 북돋우는 것이 얼마나 중요한지 언급했으니, 이제 창의력을 고취시키는 조건들에 대해 알아보자. 첫째, 창의력은 유연하고 자유로운 환경 속에서 꽃피운다. 따라서 전례와 억측을 버리고 새로운 생각을 받아들이려는 분위기가 조성되어야 한다. 둘째, 창조적 정신은 만족할 줄 모르는 호기심으로, 모든 일에 의문을 품고 재검토하고자 하며 어떤 것도 두려워하지 않는다. 실제로 호기심은 리더로 하여금 단편적으로 주어진 정보들 사이에서 연결점을 발견하도록 도와주는데, 이 연결점들이 바로 창의력의 원천이다.

창의력은 소통 즉 커뮤니케이션의 경로가 투명하고 광범위할 때 향상된다. 소통 과정이 투명하고 경로가 다양하며 접근이 쉬울수록, 보다 많은 사람들이 문제를 인식하고 해결 과정에 참여할 수 있기 때문에, 창의적 사고와 에너지가 자유롭게 분출된다. 쌍방향 의사소통이 가능하다면 더더욱 좋다. 최첨단 교육 공학 프로그램들은 바로 이러한 원리를 전제로 개발되었다. 오늘날과 같은 개별 전자통신 시대에서 채팅룸과 블로그 등은 개인 간의 의사소통, 상호작용을 최대한 이끌어 낼 수 있는 포럼들을 제공하고 있다. 또한 온라인에서 개설되는 수업들은 학생들이 서로 의견을 교환하고 학습할 수 있도록 설계되어 있다. 현실 세계의 공동체든, 사이버 공간의 가상 공동체든, 공동체에 속하지 않고는 삶에 영향을 줄 만한 소통을 이룰 수 없다. 그리고 요즘처럼 모두가 전자로 연결된 세상에서 가상 공동체는 더 이상 선택 사항이 아니다. 우리는 현실 세계의 공동체와 더불어 사이버 공간의 가상 공동체에도 적극적으로 참여해야 한다.

아울러 창의력은 선구적 정신에서 비롯된다. 창의적 리더는 늑장을 부리거나 책망받지 않을 정도로만 일하면서 안전히 지내려 하지 않는다. 그들은 진취적으로 일을 주도한다. 앞장서서 일을 한다고 모든 일을 혼자 한다는 것은 아니다. 선구자라고 해서 반드시 홀로 탐험을 떠날 필요는 없다. 선구적 리더는 서부 개척 시대에 마차 대열을 이끌었던 리더에 비유할 수 있다. "따르는 자가 없다면 리더가 아니다"라는 옛말도 이에 해당한다. 창의적 인간의 아이디어와 꿈은 그가 이 세상을 떠난 후에도 지속된다. 그는 다른 사람들과 더불어 자신의 꿈을 실현시키고 변화를 이룩하여 그 유산을 후대에 남긴다.[19]

창의적이고 선구적인 리더들은 그들 곁에 사람들을 불러 모아야 한다. 함께 기쁨과 슬픔을 나누는 가운데 그 모임은 서로에게 기여하고 상호작용하며, 서로의 창의적 사고와 에너지를 자극한다. 변화하는 상황, 새로운 도전의 기회, 예상치 못한 위기 또한 창의력의 촉매제이다. 창의적 리더들은 아이디어를 다각적으로 검토하여 다양한 선택의 여지를 탐구할 줄 안다. 그들은 일반적으로 용인된 이론들에 대립되는 요소들에 특히 주의를 기울인다. 실로 창의적 인재는 명확히 분리되어 있는 생각들이나 단편적으로 주어진 정보들 사이에서 연관성을 찾아낼 줄 아는 사람이다.

창의력 얘기가 나올 때마다 자신의 리더로서의 자질을 문제 삼는 리더들이 있을 수 있다. 현실적으로 리더라고 해서 꼭 창의적이어야 하는 것은 아니다. 다만 리더는 모험을 즐기고 참신한 아이디어를 인정하고 수용할 수 있어야 한다. 이를 위해서는 사람들에 대한 신뢰와 확신이 필수적이다.

오늘날의 서구 교회는 교회의 역할을 재정의하고 맡겨진 선교의 사명을 감당하기 위해 고군분투하며 개혁을 추진하고 있다. 이 자신과의 싸움에서 승리하기 위해서라도 교회는 과감하게 창의적으로 개혁을 실행해 나가야 한다. 어쩌면 서구 교회의 영향력이 소리 소문 없이 증발해 버리고, 그에 따라 기부율이 극감하고 있는 현실 자체가 독창적인 사고와 재능들을 촉발할지도 모른다. 예비금이 넉넉할 때는 별 생각 없이 늑장을 부리거나 기존의 방식대로 일을 처리하기도 하지만, 자금 확보에 실패하고 기부금마저 고갈되어 없을 때는 피할 길 없는 우울한 현실을 전복시킬 만한 창의성을 갈구하게 된다.

교회가 창의성을 억압하고 억누르면서 경비 절감 등의 자기 보호적 전략을 취한다면, 교회는 결국 소멸의 나락으로 떨어지게 될 것이다. 나는, 서구 교회의 미래는 긍정적일 것이라고 조심스럽게 평가하고 있다. 지속성이 없거나 유효 기간이 지난 요소들은 앞으로도 계속 사라져 가겠지만, 이미 교회 저변에서부터 확산된 창의적 결단들이 인근 지역과 지역 사회 그리고 전 세계를 의미 있게 변화시켜 나가고 있다. 이는 매우 긍정적이고 창의적인 징조라 할 만하지만, 아직은 그 수효나 파급력이 사회의 흐름을 바꿀 만한 수준은 아니다.

타인을 향한 사랑으로 표현되는 하나님의 긍휼

창의성이 건강한 교회의 미래를 위해 없어서는 안 되는 중요한 요건임은 분명하지만, 창의적 목회를 한답시고 기존 성도들을 당황하게 하거나 그들에게 폐를 끼쳐서는 안 된다. 리더의 입장에서는 전임자의 결정이나 별 문제 없이 이어져 온 관습과 정책들을 무시할 수 없다. 리더가 미래 전략에 정신이 팔려 교회 성도들의 사고방식이나 인상들을 업신여기고 고려하지 않는다면, 창의성은 한갓 무정하고 냉혹한 것으로 전락할 수도 있다. 따라서 창의적 목회에는 기존 성도들의 개인적 안녕에 대한 관심과 보살핌이 수반되어야 하며, 목회 사역에 대한 그들의 공헌도 그 가치를 인정받아야 한다.

역사의 가치를 간과하거나 원로들의 지혜의 말에 귀 기울이지 않는다면 참혹한 결과를 초래할 수도 있다. 이와 관련하여 일반적으로 예로 드는 것은, 솔로몬의 뒤를 이어 왕위에 오른 르호보암의 통치에 관한 이야기다. 이 시기의 이스라엘은 과도기를 겪고 있었다. 솔로몬은 창의력이 뛰어나고 야심찬 리더였던 반면, 지나치게 요구가 많은 편이었다. 그래서 경험이 풍부한 장로들은 새로 왕위에 오른 르호보암에게, 솔로몬이 이스라엘 백성에게 내렸던 무거운 세금과 노역을 줄여야 한다고 조언했다. 장로들은 르호보암이 "섬기는 리더"가 되길 간청하며, "왕이 만일 오늘 이 백성을 섬기는 자가 되어 그들을 섬기고 좋은 말로 대답하여 이르시면 그들이 영원히 왕의 종이 되리이다"(왕상 12:7)라고 확신했다. 그러나 안타깝게도 르호보암은 그들의 조언을 받아들이지 않았다. 그가 신뢰하고 함께 의논한 사람들은, 어릴 적부터 함께 자라왔고 그에게 충성할 것이라 여겨지는 젊은이들이었다. 사실 르호보암의 왕위 계승에서 얻은 것이 가장 많은 사람들은 그들이었다. 이 젊은 리더들은 솔로몬을 섬겼던 신하들 위에 군림하고 자신들의 권세를 확장하기 위해 예전보다 더 엄격한 정책을 르호보암에게 주문하였다.

> "함께 자라난 소년들이 왕께 아뢰어 이르되 이 백성들이 왕께 아뢰기를 왕의 부친이 우리의 멍에를 무겁게 하였으나 왕은 우리를 위하여 가볍게 하라 하였은즉 왕은 대답하기를 내 새끼손가락이 내 아버지의 허리보다 굵으니 내 아버지께서 너희에게 무거운 멍에를 메게 하였으나 이제 나는 너희의 멍에를 더욱 무겁게 할지라 내 아버지는 채찍으로 너희를 징계하였으나 나는 전갈 채찍으로 너희를 징계하리라 하소서"(왕상 12:10-11).

이후 이스라엘은, 현실을 바로 보지 못하고 역사와 지혜를 간과한 르호보암의 무신경함으로 말미암아 분열되었다. 북쪽 지파들은 더 이상 다윗의 후손에게 충성하지 않았고, 여로보암을 자신들의 왕으로 추대하기에 이르렀다(왕상 12:12-19).

피터 드러커에 따르면, 비즈니스 업계에 종사하는 많은 기업가들은 편집광처럼 행동한다. 이들은 지독하게 자립적이고 자신의 비전과 직관을 지나치게 중시하기 때문에 주변의 전문 지식이나 조언을 받아들이지 못한다.[20] 그 결과, 한때 사업을 번창시키고 괄목할 만한 결실을 거두었던 수많은 기업가들이 대부분 흔적도 없이 사라졌다.

그들이 수년 간 땀 흘려 쌓아 올린 성과들이 그들이 떠남과 동시에 무너지고 만 것이다.

애통하게도 교회의 현실 자체가 산산조각 난 기념비와 같다. 오늘날 많은 교회들이 추억으로 연명하며 명성에 의지해 목회 사역을 하고 있다. "비전 지향적 리더들에게서 발견되는 가장 흔한 문제점"은 교회의 비전과 개인의 야망을 구분하지 못할 때 발생한다. 헨리 클라우드는 "리더가 아무리 비전 제시 능력이 있다 할지라도 일정 부분 자신의 과욕에 근거하여 비전을 제시했다면, 그 비전은 지속되지 못한다. 이러한 리더들은 비전을 세우고 실천하는 데에는 능숙할지 몰라도, 그 비전을 장기적으로 이행할 팀을 구축하는 데는 소질이 없다. 다시 말해 그들에게는 관계 형성 지능이 부족하다"고 했다.[21] 분별력 있는 젊은 리더들은 이 문제를 명확히 인식하고 있기 때문에 스스로 자세를 낮추고 관계 위주의 운영 방식을 고집하는 것이다.

남을 돌보고 존중한다는 것은 기본적으로 그의 말에 귀를 기울인다는 것이다. 따라서 리더에게는 상대의 말을 경청하는 능력이 필수적이다. 상대방의 이야기에 어떻게 반응할지 미리 정해 놓고 대충 들어서는 안 된다. 그와 같은 듣기 방식은 일종의 PR 활동(public relations exercises)에 지나지 않는다. 다시 말해, 그것은 공중과의 재관계를 원활히 하기 위해, 공개 포럼상에서 감정을 분출할 기회를 사람들에게 제공함으로써 억눌려 있던 분노를 해소시켜 위험을 모면하려는 방법에 불과하다. 진정으로 경청한다는 것은 사유를 환기시키고 새로운 통찰을 얻기 위해 사람들에게 관심을 집중한다는 것이다. 더 나아가 우리는 진정으로 경청할 때에야 비로소 다른 사람의 견해를 이해하고, 그가 왜 반대하며 무엇을 걱정하고 있는지, 그들이 주목하고 있는 것은 무엇인지 제대로 알고 인정할 수 있게 된다.

1994년에 넬슨 만델라가 남아프리카공화국의 첫 번째 민주 선거에서 대통령으로 선출되었다. 남아프리카공화국이 민주 선거를 채택하고 화해를 이끌어 내는 과정에서 가장 결정적인 역할을 한 사건은, 아프리카민족회의(African National Congress)의 리더들과 아프리카너(Africaner, 남아프리카공화국의 네덜란드계 자손을 중심으로 하는 백인), 보어(Boer)인으로 구성된 정부 리더들 간의 소규모 모임이었다. 이 모임에는 몇 가지 규칙이 있었는데, 모두가 엄격히 준수한 규칙 중 하나가 바로 경청하는 것이었다. 리더들은 서로에 대해 보다 깊이 이해하고 신뢰를 쌓기 위해 상대방의 말을 가로막는 일 없이 끝까지 경청하였다고 한다.

의사 소통 과정에서 듣기는 말하기만큼 중요하다. 그런데 사회적 지위나 입장에 상관없이 서로의 이야기를 들을 수 있으려면, 모두가 동등하게 이야기할 수 있는 경기장이 마련되어야 한다. 서열 관계는 전달 과정에서 메시지를 쉽게 왜곡시킬 수 있으며, 약자들은 좌절과 불만만을 토로하거나 발언의 기회를 아예 박탈당할 수도 있다. 위협이 느껴지거나 불이익이 예상되는 상황에 처하면 발화자는 지레 겁을 먹고 자신의 생각이 발설할 만한 가치가 없다고 단정지을 수도 있다.

한편, 조용히 듣고만 있다고 해서 듣는 사람을 수동적이라고 볼 수는 없다. 경청하는 가운데 이어지는 침묵은 교감의 표현이다. 이는 다음에 할 말을 생각하거나 반박할 기회를 노리며 입을 다물고 있는 것과는 전혀 다르다. 진심으로 타인의 말에 귀 기울이는 사람은 들은 바를 숙고하여 상대방이 미처 말하지 않은 부분까지 세심하게 살핀다. 때로는 말로 표현되지 않는 부분이 그 메시지의 핵심일 수도 있다. 적극적인 청자들은 자세한 해명을 요구하기도 한다. 설명을 듣는 과정에서 자신이 오해하고 있거나 잘못 판단한 부분이 있다면 솔직하게 인정한다. 그들은 상대방의 의견을 지지하고 긍정해 준다. 그리고 자신의 나약함, 한계, 모순적인 행동 등을 솔직하게 고백하는 이들에게 진심으로 고마움을 표할 줄 안다. 클로크와 골드스미스는 적극적인 경청의 자세를 다음과 같이 정리하였다.

- 격려하기 : "좀더 이야기해 주세요."
- 간청하기 : 조언과 해명을 구한다.
- 정상화하기 : "다른 사람들 중에도 당신과 같이 느끼는 사람이 많아요."
- 인정하고 교감하기 : "당신이 왜 그렇게 느끼는지 잘 알겠어요."
- 대화법 : 상대방의 말뿐만 아니라 그의 감정 상태와 몸짓, 표정 등의 신체 언어를 따라하면서 다시 생각해 본다.
- 재구성하기 : "당신"(You)을 "나"(I)로 바꿔 '나라면 어땠을까' 생각해 본다.
- 요약하기 : 얼마나 이해했는지 알 수 있도록 표현을 바꿔 정리해 본다.
- 의미 있는 대화였음을 증명하기 : "기꺼이 이야기해 줘서 정말 고마워요."[22]

남을 아끼고 배려하는 리더(caring leader)는 무분별한 행동을 하지 않으며, 결정을 내릴 때마다 예상되는 결과들을 심사숙고한다. 특히 사람들의 인생에 악영향을 끼칠 수 있는 결정에 대해서는 더욱 신중을 기한다. 교회 리더에게 있어 타인에 대한 배려는 매우 중요한데,

특히 기업 합병이나 구조 조정으로 해고를 당한 사람들이 많을 때에는 그들의 상황과 심정 등을 고려하여 교회를 운영해야 한다. 실직과 같은 고통스러운 경험은 사람들을 매우 예민하게 만들기 때문에, 그런 상황에 처한 사람들은 교회 내부의 변화들에 과민 반응을 보일 수도 있다.

이에 반해, 리더는 대립이 예상되는 곤란한 문제에 대해서도 과감하게 결정을 내릴 수 있어야 한다. 그 특성상 대립을 일으킬 수 있는 문제들뿐만 아니라 오랫동안 확인도 하지 않은 채 묵인해 온 억측들이나 팀의 능률을 떨어뜨리는 개별 행동, 태도 등에 대해 결단을 내려야 한다. 리더는 공동체의 비전과 가치를 수호하는 동시에 사람들이 서약한 바를 지킬 수 있도록 해야 한다. 지나치게 관계성만을 강조하다 보면 권위와 서로에 대한 책임감이 감소할 수도 있다. 이에 대해 헨리 클라우드는 최근 몇 년간 "우리는 권위주의 체제의 소멸을 목격하였다. 이로 인해 사람들을 이끄는 일은 더욱 힘들어졌는데, 이제는 권위를 따른다는 것이 무엇인지 알지 못하는 문화 속에서 리더의 역할을 해야 하기 때문이다"라고 지적한다.[23] 이머징 교회의 젊은 리더들은 견해의 차이를 극복하여 일을 끝까지 완수하려 하지 않고, 팀 내 불화를 견디지 못한 채 팀을 떠나 버리는 경향이 있다.

신뢰받고 있다는 확신

위계질서는 의사소통을 왜곡시키고 창의성을 손상시킬 수 있다. 이러한 위계질서를 해체하려면 무엇보다 먼저 서로를 신뢰하는 분위기가 조성되어야 한다. 공동체 내부에 신뢰가 쌓여 갈 때, 개별 구성원들은 서로에 대해 확신을 갖게 되고 공동체 전체의 신용도가 높아진다. 맥스 드 프리에 따르면, "사람들은 그들의 리더가 자신의 청렴함과 성실함을 조직을 향한 충성심으로 발전시키는 것을 보면서 신뢰를 쌓아 나간다."[24] 신뢰는 하루 만에 생기는 것이 아니다. 신뢰는 진실을 말하고 약속을 지킬 때 쌓여 간다. 드 프리는 진실된 약속과 무분별한 약속을 구분한다. 후자는 따르는 자들이 금방 알아차리고 내버릴 가식이며 속임수에 불과하다.[25] 깨지고 잊혀진 약속들은 신뢰를 훼손하고 서로에 대한 믿음을 무너뜨릴 것이다.

사회생활에서나 또는 개인적으로 배신을 당해 믿음을 잃은 사람들과 함께 일할 때, 리더는 인내심을 갖고 상대방을 이해하려고 노력하며 천천히 신뢰를 다져 나가야 한다. 그리고 따르는 자들은, 리더가 진심으로 그들의 유익을 위해 최선을 다하며 그들을 섬기고 있다는 것을 믿어야 한다.

훌륭한 리더는 자신을 따르는 자들에 대해 열정과 포부를 지니고 있다. 그는 그의 곁에서 함께 일하는 사람들이 얼마나 성장했는가를 기준으로 리더십의 성과를 판단한다. 기독교인에게 있어 성장이란 그리스도를 닮아가는 것, 그의 인품을 본받는 것, 그리고 은사를 발견하여 그 잠재력을 최대한 이끌어 내고 전체 사역에 기여할 수 있도록 하는 것이다. 이것이 교회가 맡은 인재 양성 사업이다.

신뢰는 동질성이 아닌 차이 위에 꽃피울 때 더욱 가치가 있다. 다시 말해 개성이나 능력, 인생 경험 등이 전혀 다른 동료들을 높이 평가하고 존중할 때, 그 공동체의 신뢰도를 정확히 가늠할 수 있다. 서열이 다른 두 사람의 관계가 얼마나 쉽게 악화될 수 있는지에 대해서는 사울 왕과 다윗의 관계만 봐도 알 수 있다. 성경은 두 인물의 복

6. 리더십의 특질 217

잡하고 격정적인 관계를 상세히 기록하고 있다. 어린 양치기 소년 다윗이 사울 왕의 눈에 뜨인 것은, 이스라엘이 블레셋 군대의 최고의 전사 골리앗에게 굴욕을 당하며 벌벌 떨고 있을 때였다. 그때 골리앗을 대적하며 다윗이 보여주었던 용기는 가히 전설적이라 할 만하다. 다윗은 대치하고 있던 양쪽 군사들이 다 보는 앞에서 골리앗을 물매와 돌로 물리쳤다.

이후에도 다윗은 과감한 군대 지휘관으로서, 사울의 마음을 달래는 하프 연주자로서 사울을 섬겼다. 그때만큼은 사울이 보기에도 그는 유용한 인물이고 크게 도움이 되는 사람이었다. 그러나 다윗에게 위협을 느끼기 시작하면서, 그에 대한 사울의 질투심은 점점 거세져 갔고 결국 편집증적 증세까지 보였다. 맹목적인 증오심에 휩싸여 사울은 수 차례 다윗의 목숨을 빼앗으려 하였다.

요약

능력 있는 리더의 자질 가운데 인품은 근본적인 것이다. 인품이 없이, 카리스마만 있는 리더는 몰락을 자초할 뿐이다. 청렴함과 성실함 그리고 역량은 서로 분리되어 있는 것이 아니며, 함께 있을 때에야 제 기능을 발휘한다. 선교적 리더는 하나님의 소명에 대한 명확하고 뿌리 깊은 소명 의식을 가지고, 눈앞에 펼쳐진 시련과 도전들에 맞서야 한다. 오늘날의 리더들은 이 점을 명심해야 한다. 기존의 전통적 교회를 유지하면서 방향을 재정립할 때도, 새로운 신앙 공동체를 세울 때도 교회는 하나님의 소명 위에 바로 서야 한다. 그렇지 않으면 이머징 리더들은 피할 수 없는 믿음의 시련들을 견뎌 내지 못할 것이다. 때로는 선교의 험난함으로 인해 희생자들이 생겨나기도 하는데, 모든 기독교인들이 책임감을 갖고 관심 어린 태도로 희생을 최소화시켜야 할 것이다.

관습적인 목사들과는 달리 선교적인 리더들은 교회 문화 밖에서도 일할 수 있어야 한다. 교회문화를 잘 알지 못하는 비(非)교인들에게 다가가고자 할 때, 교회는 그들의 문화와 그들이 처한 상황을 파악하고 섬세하게 대처하며 긍휼을 베풀어야 한다. 이것은 단기간에 끝나는 사업이 아니라 장기적으로 지속해야 할 헌신이다. 선교에 헌신하는 이머징 리더들에게는 교회 안팎에서 대적하게 될 반대 세력을 물리치며 꿋꿋이 사명을 감당할 용기가 필요하다. 그리고 창의성의 날을 날카롭게 유지할 수 있도록 일평생 배움을 게을리 하지 말고, 계속해서 필요한 역량들을 계발해 나가야 한다.

7 리더십 활동

리더십은 다방면에 걸쳐 실질적인 영향력을 행사한다. 그렇다고 리더들이 모든 것을 할 수 있다는 말은 아니다. 리더들은 모두 자기만의 강점과 약점을 지니고 있다. 따라서 리더들은 자신의 한계를 잘 알고 있어야 한다. 누구에게든 단점과 약점이 있고 장점과 강점은 제한되어 있기 때문에, 팀 기반 리더십이 필요한 것이다. 특히 교회는 팀을 기반으로 리더십을 행사하여야 한다. 이 팀의 구성원 중 한 사람이 리더로서 총책임을 맡는다. 앞으로 리더들은 새로운 교회 공동체를 설립하고자 할 때마다, 근원적 개혁을 통해 콘스탄티누스 시절의 사고방식을 선교적으로 전환시키고자 할 때마다, 수많은 시련과 난관에 봉착하게 될 것이다. 이 장에서는 리더들이 직면하게 될 도전들과 관련된 리더십 활동(activities)에 대해 살펴보고자 한다. 기존의 전통적 교회 리더들과 리더십 팀의 일원으로 사역하고 있는 이머징 리더들의 활동을 두루 살펴보겠지만, 논의의 초점은 이머징 리더들에게 맞춰져 있다.

거시적으로 바라보기

선두에 서서 팀을 이끄는 사람은 상황을 전체적으로 파악하고 있어야 하며, 일상 활동 중에도 사명을 생각하며 두 가지를 융합시켜 나가야 한다. 이와 동시에 팀 리더는 미시적으로 세세한 부분까지 통제하려는 유혹을 이겨내야 한다. 그러나 "악은 세밀한 부분에 깃들어 있다"는 말이 있듯이, 팀 리더들은 쉽게 이 유혹에 굴복하고 만다. 미시적 관리(micromanagement)가 문제적인 것은, 그로 인해 신뢰가 무너지고 팀이 방향을 상실할 수 있기 때문이다. 따라서 팀 리더는 세부적으로도 일이 잘 처리되고 있다는 확신과 더불어 모든 일에 개인적으로 연관되지 않도록 유의하는 것이 중요하다.

그렇다 해도 총괄 리더에게는 타인에게 위임할 수 없는 역할들이 있다. 특히 기업 문화를 형성해 신앙 공동체의 가치관과 비전을 통합하는 일은 그의 소임이다. 총괄 리더는 다시금 비전의 불꽃을 밝혀 공동체 구성원들에게 비전을 소개하고 이해시켜서, 그것이 선교 사역이라는 미션과 전략적 목표와 어떤 관계가 있는지를 알려주어야 한다.

이머징 교회의 리더들은 거시적 관점에서 후기 콘스탄티누스 시대의 포스트모던 문화의 조건들을 바라보고 있다. 현재 많은 이들이 복고적 미래 지향주의(retrofuture stance, 과거의 경험으로부터 배움을 얻음)라고 알려진 입장을 취하기 시작하였다. 그들은 지역적, 세계적 미래 동향을 전체적으로 살피는 동시에 사회 주변부에서 활동하던 초대 교회의 활동을 참조하고 있다. 초대 기독교인들과 같이, 그들에게도 반드시 따라야 하는 전형적인 교회 모델은 따로 없다.

미션 확인하기

리더십에 관한 최신 문헌들에서는 **미션**과 **비전**을 혼동하여 사용하는 경우를 흔히 발견할 수 있다. 리더십에서의 "미션"은 핵심적이고 영구적이며 양도할 수 없는 조직의 임무를 말한다. 이미 나는 지상 명령에 대한 순종이 교회의 미션이라고 지적하고, 그 미션의 본질과 범위에 대해 설명한 바 있다. 지상 명령은 예수 그리스도가 온 교회에게 위탁하신 사명이며, 그는 이 사명을 위해 제자들을 훈련시키셨다(본서 3장 참조).

신약의 요한복음에서는 그리스도의 미션이 제자들의 미션으로 이어지고 있음을 특별히 강조하고 있다(요 17:18, 20:21). 그러므로 교회는 예수 그리스도가 나타내 보이신 비전에 이끌림 받아야 한다. 리턴 포드(Leighton Ford)는 그리스도의 비전의 본질을 다음과 같이 규명하였다. 예수 그리스도는 하늘의 아버지와의 관계에서 비롯된 숙명에 이끌림 받았다. 그는 아버지의 뜻에 순종하여 이 땅에 오사 귀속과 구원의 사역을 담당하였다. 그는 잃어버린 자들을 찾아 구원하기 위해(요 4:34, 6:29, 9:4, 20:21), 죄인들을 회개시키기 위해 이 땅에 오사, 죽음으로 우리의 죄를 대속하셨다. 이것이 그의 구원 사역이다(막 10:45). 그는 하나님의 통치를 선포하고 개시하기 위해 이 땅에 오셨다. 세례 요한은 무심하고 타락한 이스라엘에 대한 일종의 협박으로 하나님 나라를 선포하였지만("회개하라 천국이 가까이 왔느니라", 마 3:2), 예수 그리스도는 가난한 자들을 위한 복음으로 하나님 나라를 선포하셨다. 이 가난한 자들이 가장 먼저 복음에 응답하였다.[1]

예수 그리스도의 교회는 하나님 나라의 표적이며 선취(anticipation)이다. 따라서 교회는 그리스도 사역의 우선순위들을 그와 동일하게 실천하여 나타내 보여야 한다. 그러나 교회가 나타내 보이는 표적은 언제나 모호하고 불안정할 수밖에 없다. 교회는 "그리스도다움"이란 무엇인지 일생 동안 배워 나가는, 용서받은 죄인들로 구성되어 있기 때문이다. 예수 그리스도가 아버지만을 본받아 사역을 행하셨으니, 교회도 승천하신 주님 그리고 성령의 인도하심과 권능 부여에 전적으로 겸손히 의지하면서 분별력 있게 사역을 행하여야 할 것이다.

비전 인큐베이팅

"비전"이란, 미션을 특정 맥락 속에 해석·적용하는 것을 말한다. 교회의 비전은 지상 명령을 실현할 방법을 믿음의 눈으로 발견해 낸다. 비전은 기독교인들로 하여금 하나님 나라의 대변인으로서의 정체성을 확인시키고, 변화와 변혁이라는 소임을 받아들일 수 있도록 동기화한다. 미션이 현재 우리가 하고 있는 것 혹은 앞으로 시도해야 할 것이라면, 비전은 현재의 상황에서 그 미션을 실현하기 위해 우리의 정체성을 규명하고 확고히 하는 것을 말한다. 다시 말해, 비전은 뚜렷한 목적 의식으로부터 비롯되는 것이다. 리더는 "우리가 왜 여기에 있는가?"라는 질문에 답할 수 있어야 하며,[2] 누구보다 먼저 공동체의 비전에 대한 확신을 품어야 한다. 단 이때의 우선성은 우월성의 의미가 아님을 잊지 말아야 한다.

비전 계발에 있어 리더의 역할은, 우선적으로 하나님의 마음을 따르도록 신앙 공동체를 인도하는 것이다. 리더가 제시하는 뛰어난 아이디어나 성공을 보증하는 선언문과 비전을 혼동해서는 안 된다. 진정한 비전은 하늘로부터 그리고 공동체 내부에서 생성되어야 한다. 하나님의 마음이 교회 성도들을 통해 드러날 수 있는 이유는, 교회는 그리스도의 몸이요 성도들은 받은 바 은사에 따라 저마다의 위치와 기능을 담당하고 있기 때문이다. 이머징 교회들은 이 점을 지속적으로 강조하고 있다.

그리고 리더는 리더십 팀원들 외에도 전 성도의 참여를 기꺼이 받아들인다. 전 성도가 비전에 참여하도록 하기 위해서는 일차적으로 브레인스토밍 모임들을 잘 운영해야 한다. 그 다음에는 주께서 성도들을 통해 보이시려는 것이 무엇인지 분별할 수 있도록 공동 훈련을 해야 한다. 일단 비전이 확립된 후에는, 리더는 그 비전에 감화 받아야 한다. 리더는 성도들 앞에 비전을 제시하여 그들이 확신을 갖고 비전을 공유할 수 있도록 이끄는, 비전의 창도자이다.

교회의 비전은 인간적인 계획이나 환상의 산물이 아니다. 그것은 예수 그리스도의 미션으로부터 흘러나온다. 리턴 포드는 이에 관해 다음과 같이 이야기하였다.

> 교회 비전의 근원은 예수 그리스도의 비전의 근원과 동일해야 한다. 다시 말해 교회의 비전은 하나님의 말씀으로부터, 성령으로 충만한 심령으로부터, 그리고 "나와 나의 삶과 주위 사람들은 그리스도께서 보시기에 어떠

한가?"라는 질문으로부터 나와야 한다. 교회의 과제는 비전을 꾸며 내거나 계획을 짜는 것이 아니다. 교회는 예수 그리스도의 비전을 바로 알아 우리를 향한 하나님 아버지의 계획하심을 이해해야 한다.[3]

예수 그리스도의 비전은, 그가 이 땅에 세우고자 했던 "하나님의 나라"에 집약되어 있다. 이 비전은 여전히 실행 중에 있으며, 미래의 소망 속에서 완성될 것이다. 잠정적 현실화와 미래의 성취, 이 두 가지가 예수 그리스도의 비전의 핵심 요소이다.

비전을 품고 다듬어 뚜렷이 드러내는 것은 리더의 몫이지만, 신앙 공동체 전체의 기도와 갈급함이 있을 때에야 그 공동체는 비전을 가질 수 있다. 리더는 다양한 방식으로 비전을 전달할 수 있다. 하지만 "리더가 개인적 포부와 공동체의 비전을 구분하지 못하거나 비전 실천에 뒤따르는 고난들을 두려워한다면, 아무리 훌륭한 비전이라도 왜곡되고 만다."[4] 리더들은 이 점을 깨달아 알아야 한다. 바꿔 말하자면, 공동체의 비전은 언제나 리더 혼자 감당하기에는 너무나 크다. 리더들이 개인적인 확신에 근거하여 비전을 품는다고 해서 비전이 그들의 개인 소유는 아니다. 비전은 창조주 하나님께 속한 것이며, 하나님께서 들어 쓰시는 도구인 교회에 속한 것이다. 그리고 비전은 성령께서 주신 자원들을 통해 실현된다. 하나님께서 주시는 모든 비전은 인간적인 능력이나 자원만으로는 실현할 수 없으며, 언제나 그 이상의 것을 요구한다. 비전은 하나님의 은혜 가운데 우리를 던져 넣고 우리가 믿음으로 사는 법을 배우도록 만든다.

리더십 팀 전체가 핵심 임무와 우선순위 그리고 목표들을 명확히 인식하고 있다 하더라도, 총괄 리더에게는 팀이 끝까지 방향을 잃지 않고 사역을 완수할 수 있도록 지켜볼 의무가 있다. 그리고 팀 리더들은 공동체가 품은 미래의 상을 구현한다. 즉 그들은 비전이 실현된 미래의 상을 예시하는 표적으로서 기능한다. 가장 가까이에서 예수 그리스도의 은혜와 진리를 몸소 체험했던 제자들은 그의 진정성(authenticity)을 확신하고 있었다. 리턴 포드는 "예수 그리스도의 리더십은 외부로부터 차용한 스타일이 아니라 그가 나타내 보인 현실 그 자체였다. 그러므로 우리가 던져야 할 질문은 '내가 혁명가나 기업가, 카운슬러 또는 전도사로 성공하기 위해서는 예수 그리스도로부터 어떤 테크닉을 배워야 하는가?' 가 아니라, '예수 그리스도가 추구한 목표는 무엇인가?' 이다"라고 했다.[5]

비전에 열정을 불어넣기

미션은 비전에 추진력을 가하여, 공동체가 장기적으로 열정과 인내를 가지고 상황에 적절히 대응할 수 있도록 이끈다. 윌로우크릭 커뮤니티 교회의 빌 하이벨스 목사(Bill Hybels)는, 오늘날 북미 지역 교회 리더들 가운데 가장 주목받는 비저너리 리더(visionary leader, 비전을 제시하는 리더) 중 한 명이다. 그에 따르면, 비전은 "열정을 낳는 미래상"이다.[6] 하이벨스는 비전의 본질을 다음과 같이 서술하고 있다. "비전은 평생의 과제로 삼을 만한, 의미 있고 고매한 것이어야 한다. 그리고 비전은 나아갈 방향을 제시하고 방향을 바로잡을 수 있도록 명확히 제시되어 있어야 한다."

오더 오브 미션 (TOM, The Order of Mission)은 영국 셰필드 크룩스(Crookes) 지방의 세인트 토머스 교회의 리더십 팀의 비전에서부터 시작된 사역이다. TOM에는 기사단의 리더십이 본래의 비전을 충실히 수행하고 있는가를 지켜보는 세 명의 방문자가 있다. "방문자들"은 기사단의 리더십 팀을 정기적으로 만나 그들이 책임과 의무를 다하도록 보장한다. 세 명의 "방문자" 중 한 사람으로서 TOM을 섬기게 된 것에 나는 크나큰 자부심을 느끼고 있다. 이러한 책무 체제는 다른 선교적 교회에게도 유익하리라 생각한다. 책임이란 근본적으로 시간이 흘러도 열정의 불꽃이 흔들리거나 꺼지지 않도록 지키는 것이다.

하이벨스가 말했듯이, 진정한 미래의 비전은 "열정을 낳는 미래상"이다. 그런데 자신의 지위를 보장해 준다는 이유로, 혹은 현재 리더십 연구 분야에서 유행하고 있다는 이유로 특정 비전을 옹호하는 리더들이 있을 수 있다. 이 경우, 비전은 시련에 부딪치자마자 또는 리더가 다른 직위의 유혹을 받는 순간, 흔적도 없이 사라지고 말 것이다. 진정한 비전은 시간의 흐름과 리더십의 변화를 초월하는 생존력을 지닌다. 찰스 스윈돌(Charles Swindoll)은, "비전은 믿음에서 생겨나고, 소망 안에서 지속되며, 미래상에 대한 통찰력(imagination)에 의해 점화되고, 열정에 의해 강화된다"고 말한다.[7]

리더가 비전을 보다 손쉽게, 보다 널리 전달하기 위해서는 반드시 열정이 있어야 한다. 열정은 단순한 의욕과는 다른 것이다. 의욕은 대체로 그리 오래가지 않는다.[8] 리더십 팀 그리고 공동체 전체가 리더의 헌신의 깊이와 강도를 알고 싶어하는 이유는, 그들 중 어느 누구도 중도에 버림받길 원하지 않기 때문이다.

열정과 더불어 비전에 대한 주인의식도 전염성이 강해야 한다. 주인의식은 기존 구성원들뿐만 아니라 새로 유입된 구성원들에게도 지속적으로 양성·확장되어야 한다. 비전에 대한 열정과 주인의식이 확산되지 않는다면, 비전은 끝내 깨져 버리거나 점점 희미해져 갈 것이다.

전략적으로 활동하기

여기서의 전략적 활동은 일련의 프로그램을 말하는 것이 아니다. 리더십 활동에서의 전략이란 진취적 행동으로, 비전의 본질적 요건을 충족시키고 가치관을 심어 주며 비전 실현에 필요한 은사와 자질들을 활성화시키도록 설계된 구체적인 행동 방안이다. 그리고 "전략적 사유란 최근의 진행 상황을 고려하면서 장기적 관점에서 통찰력 있게 사고하고 기획할 수 있는 능력, 차후 실행 가능한 핵심적 활동 범위를 규정하는 능력이다."[9] 전략적 사유 방식에서는 그 무엇도 최종적으로 확정되어 있어서는 안 된다. 상황은 언제나 예기치 못한 방향으로 전개될 수 있다. 따라서 상황 변화에 능동적으로 시의적절하게 대처할 수 있도록, 정기적으로 전략을 재검토해야 한다. 아무리 전략적으로 사유한다 해도, 우리의 시야는 제한되고 매번 상황을 정확히 파악하기는 어려운 법이다.

리더는 모든 일이 알아서 성사되기를 기다리며 뒤에서 팔짱을 끼고 있을 수만은 없다. 그는 언제나 선두를 달릴 준비가 되어 있어야 한다. 그곳이 폭풍이 휘몰아치는 파도 속이라 해도, 얼음장 같은 물속이라 해도, 리더는 누구보다 먼저 뛰어들 수 있어야 한다. 피터 드러커는 오늘날의 상황과 관련하여 이 점을 강조하였다. "현재의 문화적, 경제적 여건하에서는 예측과 가망성에 기대어 계획을 세워서는 안 된다. 오늘날에는 무슨 일이 발생할지 전혀 짐작할 수 없다."[10] 드러커는 비즈니스 분야에서의 혁신에 대해서도 다음과 같이 이야기하고 있다. "오늘날 새로운 변화를 일으키는 혁신은 거의 불가능하다. 고작해야 이미 일어난 변화들을 활용할 수 있을 뿐이다."[11]

리더십에서는 타이밍 또한 매우 중요하다. 예수 그리스도는 생애 첫 30년간은 은둔하며 보냈지만, 활발히 사역했던 약 3년 동안은 한시도 쉬지 않았다. 그는 종형제 세례 요한의 사역이 완성될 때까지 기다렸다. 세례 요한은 사람들에게 회개하고 세례를 받으라고 외쳤다. 그리고 예수 그리스도가 그에게 세례를 받아 하나님의 아들과 죄악 된 인간이 동일시되는 순간, 요한의 사역은 완성되었다. 그 후에도 예수 그리스도는 요한이 감금되어 참수당한 이후까지 본격적으로 사역을 시작하지 않았다.

많은 리더들도 상대적으로 무명 시절 속에서 훈련의 시기를 거친다. 대부분의 리더에게 있어 이 기간은 깨어짐의 시간이다. 이 기간 동안 하나님은 우리의 연약함과 한계를 깨닫게 하시고 단련시키신다. 비록 힘들고 고통스러우며 위축된다 해도, 이 시기를 겪은 후에야 우리는 자신의 타고난 능력으로 사역을 감당하고 있다는 교만에 빠지지 않을 수 있다. 이후 지명을 받을 때도, 깨어지고 단련된 리더는 자신이 무엇을 해야 하는지, 그 숙명을 명확히 인식하고 있다. 여기서 반드시 기억해야 할 것은, 리더의 숙명은 사람들과 함께, 즉 공동체 안에서 실현되어야 한다는 것이다. 교회의 리더는 오직 주님뿐이다. 주님께서 그리스도의 몸 된 교회 전체에 소명과 은사를 골고루 나누어 주신다. 그러므로 리더들은 독립적인 기업가로서 일하려 하지 말고 성도들과 더불어 협력하며 일해야 한다.

지치고 외로울 때면, 리더들은 가까운 친구를 찾는다. 하지만 친구와의 관계는 지나치게 편하거나 이기적으로 변할 수 있기 때문에, 친구의 존재가 좋기만 한 것은 아니다. 관계 형성을 중시하는 통합형 리더는 자신의 인맥을 개인적인 친구들로 한정시키지 않는다. 그는 가급적 다양한 기질과 상이한 견해를 지닌 사람들을 한데 모아 그룹을 구성한다. 상충되는 관점을 지녔다 할지라도 개의치 않는다. 통합형 리더십으로 우호 관계를 조성해 나가는 리더는 각계각층의 사람들과 친목과 우애를 쌓아 나간다.

열두 제자 중에도 오랜 우정으로 맺어진 친구들이 있었다. 그렇다고 그들의 기질이나 직업, 정치적 성향이 유사했던 것은 아니다. 신약은 이들 간에도 여러 모로 상당한 차이가 있었음을 지적하고 있다. 중대한 변화를 선도하는 사람들을 특성별로 분류, 관찰한 바 있는 맬컴 글래드웰(Malcolm Gladwell)은, 관계 형성 중심의 사람들은 모든 사람들과 교류하며 사람들이 지닌 다양한 가치관과 세계관을 서로 연결한다고 설명하였다. "기존의 친구는 당신에게 새로운 세계를 열어 주지 못하겠지만, 새로운 만남은 그것을 가능하게 할 것이다."[12]

빈야드 USA(Vineyard USA)의 교회 개척 담당자인 스티브 니콜슨(Steve Nicholson)은 친구를 리더십 팀의 일원으로 끌어들여서는 안 된다고 경고한다. 그에 따르면, 팀원을 선택할 때 가장 우선시해야 할 것은 팀의 일원으로서 어떤 역할을 담당할 것이며, 어디에 기여할 수 있는가이다. 우연찮게 친구들이 한 팀이 되거나 사역하는 과정에서 팀원들이 서로 친구가 된다면, 그것은 일종의 보너스인 것이다.[13] 여기서 니콜슨이 우려하고 있는 바는 자못 분명하다. 누구라도 친구가 곁에 있으면 보다 적합한 자질을 갖춘 사람이 있더라도 그에게 일을 주게 되고, 행여 우정을 해칠까 두려워 쓸데없이 자리만 지키고 있는 친구를 끌어내리지 못할 수 있기 때문이다.

상상력 키우기

문화를 창조하는 것은 "이매지니어"(Imagineers)들이다. 이들의 독창적 시도들은 좀처럼 예상하기 어렵다. 그래도 상상의 산물들은 무엇이든 실현 가능한 것으로 받아들여야 한다. 그렇지 않으면 상상하는 행위조차 언젠가 땅에 곤두박질치고 말 연날리기에 불과한 것이 된다. 그리고 팀의 다른 일원들은 이매지니어의 상상이 허망하게 성층권까지 날아가 버리지 않도록 붙잡아 주어야 한다.

어린아이들은 풍부한 상상력으로 어른들을 놀라게 한다. 하지만 안타깝게도 교육이 아이들의 상상력을 해치고 있다. 교육이 상상력을 대체하고 교사들이 "앎"의 유일한 방법은 합리성과 분석뿐이라고 가르치는 한, 아이들의 상상력은 계속해서 침식당할 것이다. 구세대 리더들 중에는 상상력이 부족하고 형식에 얽매인 경영자들이 너무 많았다. 이와 달리 이머징 교회를 이끌고 있는 리더들은 탁월한 상상력과 기업가 정신을 지니고 있다. 어쩌면 유년기의 재능을 잃지 않은 그들이야말로 가장 혁신적이며 선견지명이 있는 사람들일지 모른다.

중요한 것은 상상력이 풍부한 리더, 비전을 제시하는 리더들에게는 그들의 상상과 비전을 현실화할 경영자가 필요하다는 사실이다. 경영자(manager)는 전략적 목표를 실현하기 위해 어떤 단계들을 순차적으로 밟아 나갈 것인지 기획하고, 예상치 못한 기회나 위기에 대한 적절한 대응책을 마련하여 공동체에 기여한다.

어제 나와 내 아내는 성공회 신부 마이크 브린(Mike Breen)을 만나기 위해 영국 셰필드 시를 방문했었다. 얼마 전 세인트 토머스 교회는 셰필드의 황폐한 산업 지구에서 도산 위기에 내몰린 한 전기 공학회사의 토지를 사들였다. 부동산 매물이 나온 것은 급작스런 일이었으나, 그 부지가 예배 사역은 물론 지역 사역과 TOM의 본부로서 유용하게 쓰일 수 있다는 것을 간파한 세인트 토머스 교회는 발빠르게 대처하였다.

매입한 지 6주 만에, 네 개의 대규모 공장 안에 설치되어 있던 전기 장치 및 기계 설비가 모두 제거되었고, 지금은 필라델피아 지점으로 운영되고 있다. 우리 부부는 브린 신부의 안내를 받아 지점 곳곳을 구경하였다. 그때 브린 신부가 우리에게 강조·설명한 것은, 눈앞에 현시적으로 보이는 광경이 아니라 그 지점을 중심으로 전개될 공동체의 비전이었다. 그곳은 이미 교회의 비전을 향한 열정을 불태우는 젊은이들로 활기를 띠고 있었다.

젊은 리더들은 분명 창의적 사고에 능하다. 다행하게도 전통 교파의 선임 리더들도 이 유쾌한 개혁가들에게 관심을 갖기 시작했다. 특히 이대로는 돌파구를 마련할 수 없다는 것을 인식한 선임 리더들이 이들을 주목하고 있다. 젊은 리더들의 왕성한 호기심과 개방성은 상당히 희망적인 조짐이다. 현재 창의적 사고의 상향적 침투는 미국보다는 영국에서 두드러진다. 이는, 대개의 경우 상층부는 상황이 극도로 악화된 후에야 아래로부터의 창의적 발상을 수용하기 때문일 것이다.

팀에 영감을 불어넣어 감화시키기

스스로 의욕도 없고 패배주의에 사로잡힌 리더들은 팀을 감화시키고 말고 할 입장이 아니다. 그들의 태도와 행동에는 부정적인 사고와 낮은 기대치가 짙게 깔려 있다. 그런데 때론 절망감이 영감(inspiration)의 필요성을 깨닫게 해준다. 지나치게 자신만만한 리더들은 능력이 바닥나고 좌절을 경험한 후에야 비로소 영성을 회복시킬 필요를 느낀다. 리더들이 자신의 한계를 통감하고 최악의 상태에 빠져 있을 때, 하나님께서 주도하사 그들에게 통찰력과 에너지를 공급해 주신다.

열정은 영감과는 다른 것이다. **열정**은 개개인에게 국한된 것으로, 열정만으로는 또 다른 사람에게 열정을 불러일으킬 수 없다. 사람들은 열성적인 사람을 가까이하려 하지 않는다. 되레 냉소적으로 대하거나 피하려 한다. 이해 반해 **영감**은 전염성이 강하다. 이는 유행성 질병의 확산과 비교할 수 있다. 맬컴 글래드웰는 "전염병은 발병 시기와 장소의 조건과 환경에 민감하다"고 설명한다.[14] 비록 한 장소에서 소수의 사람만이 병에 걸렸다 해도 신체 접촉이나 인접성에 의해 병균에 감염되면 전염병은 급속도로 퍼져 나간다. 교회에는 강한 전염성을 지닌 영감으로 사람들에게 에너지를 불어넣어 줄 리더들이 필요하다.

영감을 주는 리더는 솔선수범하여 헌신하고 자신감 있게 행동하여 사람들을 동기화시킨다. 다시 말해, 그들은 먼저 본을 보이고 모델이 되어 준다. 영감을 주는 리더는 주변 사람들의 가치를 인정하고 존중하며, 함께 일하는 사람들이 개인적, 직업적 성취감을 얻을 수 있도록 도와준다. 또한 그는 사람들에게 배우고 성장할 기회를 끊임없이 제공한다. 리턴 포드에 따르면, "변혁을 일으키는 리더들은 스스로 자신의 능력을 거두어 따르는 자들에게 투자한다. 리더가 사람들에게 위임한 능력은 그 사람들을 통해 재생되는데, 이것을 목격하는 것이야말로 가장 위대한 능력이라고 할 수 있다."[15]

그러나 영감을 주는 것만이 전부는 아니다. 사람들에게 영감을 불어넣어 주면서 동시에 그들이 정신적으로나 육체적으로 쇠하지 않도록 해야 한다. 즉 리더들은 스스로 페이스를 조절할 줄 알아야 한다. 사역함에 있어 완급을 조절하지 않는다면, 머지않아 많은 이들이 끊임없는 요구 사항에 제압당하고 말 것이다. 현재 그들이 아무리 많은 문제들과 씨름하고 있다 해도, 항상 더 많은 문제들이 대기하고 있다. 교회 사역에서 "다 마쳤다"고 할 수 있는 경우는 거의 없다. 리더들은 이 점을 이해해야 한다. 그리고 "이 정도면 충분하다" 싶은 시점을 알아차리고, 그들 앞에 놓인 모든 문제들에 대한 하나님의 응답이 자신이 아님을 깨달아야 한다.

리더들은 또한, 자신이 없어서는 안 될 존재인 양 행세해서도 안 된다. "자신이 전능한 것처럼 행동하는" 순간, 리더는 사역에 실패하고 자기 파멸의 나락에 굴러 떨어지고 만다. 예수 그리스도는 자신을 따르는 무리들과 리더들에게 자신의 멍에를 메라고 하셨다. 보기에는 감당하기 어려울 만큼 무거워 보여도, 주께서 우리와 함께 그 멍에를 지고 계시기에 우리는 그것이 놀랍도록 가볍다는 것을 발견하게 될 것이다(마 11:28-30).

마지막으로 리더들은 장기전을 뛸 각오를 해야 한다. 더욱이 오늘날과 같이 도전적인 상황에서 새로운 모험을 감행하자면 지구력은 필수적이다. 이럴 때일수록 리더들은 동료들로부터 자극받거나 다른 리더들과 협력하면서, 그리고 말씀을 묵상하고 매일매일 하나님의 말씀을 귀를 기울이며 영감을 재충전해야 한다.

자발적인 참여자들 포용하기

주인의식을 품고 교회 비전을 바라보며 교회의 미션을 정확히 파악하고 있는 사람이 과연 얼마나 될까? 냉정히 말해서 너무나 적다. 이처럼 참담한 상황은, (1) 통제적 리더십이 주를 이루고 (2)리더가 신용을 잃고 (3) 교회가 추진력과 방향 감각을 상실한 데서 기인했다고 볼 수 있다.

영감을 주는 리더는 "수용하는 자" 모두를 "포괄하는 자"이다. 그들은 교회의 비전이 자신이 아닌 하나님께 속한 것임을 이해하고 있으며, 사람들의 재능이나 열정을 자신의 지위에 대한 위협으로 간주하는 어리석음을 범하지 않는다. 영감을 주는 리더는 사람들에게 기회를 제공하고, 그들이 보다 쉽게 다가올 수 있도록 힘쓴다. 리턴 노드의 표현을 빌리자면, 그는 "자신의 왕국을 건설하는 자가 아니라, 하나님의 나라를 구하는 자이다."[16]

선교적 리더십은 관계 형성 중심의 통합형 리더십과 변혁적 리더십을 겸비해야 한다. 통합형 리더는 거래적 리더보다 훨씬 더 많은 것을 이뤄 낸다. 이는 거래적 리더십은 대체로 안정성을 지향하기 때문이다. 거래적 리더는 사람들 간의 의견을 조율하여 협상을 성사시키고, 합의점이나 절충안을 마련하여 다른 공동체들과 단기 동맹 관계를 맺는 데는 능하지만, 그의 접근 방식이 시너지 효과를 산출하는 데는 그리 효과적이지 않다. 이에 반해, 통합형 리더는 탁월하고 용이한 접근 방식을 사용하여 사람들 간의 시너지 효과를 일으킨다. 한편, 변혁적 리더는 분리와 정복이 아닌 연결과 통합에 주력한다. 그는 자신의 비전을 다른 사람들의 꿈과 연결시킨다. 그리고 외부에 있는 공동의 적을 물리치기보다 구성원들 간의 문제를 극복하기 위해 노력한다. 요컨대, 변혁적 리더는 단순히 마음이 맞는 사람들의 수를 늘려가기보다 다양한 자질과 성향, 의견을 가진 사람들을 포괄적으로 수용하여 공동체를 구성해 나간다. 물론 이는 공동체의 미션과 비전 그리고 가치들에 대한 사전 동의가 이루어졌다는 전제하에서 진행된다.

전혀 관심이 없는 사람에게 동기를 부여하려고 헛되이 애쓸 필요는 없다. 리더는 참여하기를 원하는 사람들을 발견하는 데 많은 시간을 투자해야 한다. 유능한 리더들은 자발적 참여자들에게 공을 들인다. 예수 그리스도는 세례 요한을 부추겨 자신을 찾고 있던 사람들을 제자로 부르셨다. 처음부터 그들은 헌신하겠다는 의지가 돋보였던 것이다.

예수 그리스도는 자신을 내어줌으로 사람들에게 힘과 능력을 부여하였다. 그는 일상 속에서 제자들과 자신의 삶을 공유하였다. 열두 제자는 예수 그리스도의 주권 아래서 하나의 공동체를 구성하였고, 그 공동체의 목표는 바로 하나님의 통치를 드러내는 것이었다. 제자들은 함께 지내며 예수 그리스도와 동행하였다(막 3:14). 그들은 예수 그리스도의 말씀을 듣고 그의 행하심을 눈여겨보면서 함께 배워 나갔다. 제자들은 차츰차츰 예전엔 알지 못했던 것들을 날카롭게 인식하기 시작했다. 그들은 함께 위험을 감수하고 실패를 경험하면서 하나 둘씩 배워 나갔다(눅 9:40-43). 예수 그리스도는 언제나 제자들과 함께 있을 것이라 강조하였고, 특히 잡히시기 전날에는 주께서 함께 하실 앞날을 기꺼이 누리게 될 것이라고 제자들에게 주지시키셨다. 그 말씀대로 승천하신 예수 그리스도는 제자들에게 성령의 세례를 부으시고 계속해서 충만케 하사 제자들에게 자신을 아낌없이 내어주셨다.[17]

혼돈 해석하기

폭풍우 몰아치는 바다와 암초로 가로막힌 미지의 해안을 항해하는 동안, 리더는 자신의 위치를 굳건히 하고 제때에 적합한 방식으로 항로를 수정하기 위해 부단히 노력한다. 그는 우리 앞을 가로막으며 에워싸고 있는 시대의 동요를 이해하기 위해 전력을 다한다. 뛰어난 기상학자가 현재의 날씨만이 아니라 해당 지역에 영향을 주는 기압권의 흐름을 광범위하게 예측하여 알려주듯이, 교회 리더 또한 현재 상황과 관련된 정보들을 최대한 입수하여 전반적인 변화의 흐름을 주시해야 한다. 리더에게는 태만히 늑장부릴 시간이 없다.

선교적 리더와 기상학자 간에는 몇 가지 유사점이 있다. 그들은 개별적으로 고려해야 문제들을 포함하여 현 상황을 총체적이고 거시적인 관점에서 해석해 나가야 한다. 하지만 그들이 대면하고 있는 현실은 참으로 복잡하다. 따라서 간단히 감정이나 본능에 의존해서는 상황을 이해할 수 없다. 기상캐스터가 제 몸이 욱신거린다고 비가 올 것이라고 보도할 수는 없는 일이다. 정확한 기상 예보를 위해서는 객관적인 자료가 필수적이듯, 리더십을 맡은 자들도 다양한 소식통으로부터 정보를 입수하여 세밀히 검토해야 한다. 온갖 정보의 파편들을 모아 분석하고 연결하여, 정확한 영적 기류를 읽어낼 수 있어야 한다. 뉴스를 보고 시사 자료를 읽는 것도 한 가지 방법이겠지만, 현장의 상황과 동향에 대해 숙지하고 있는 각계각층(교사, 도시 기획자, 경찰, 신문 기자, 부동산 업자 등등)의 구성원들과 대화하는 것이 더욱 유익할 것이다.

정보화 시대에는 얼마나 많은 정보를 축적하고 있는가에 따라 권한이 주어진다.[18] 이는 리더십에 있어서도 마찬가지이다. 다양한 정보와 견해들을 해석하는 과정에서 리더가 유의해야 할 점은, 성경 말씀에 입각하여 그것들을 해석해야 한다는 것이다. 개인적인 문제건 공동체 전체의 과제건 상관없이, 리더는 모든 일을 함에 있어 하나님의 음성을 먼저 구해야 한다. 선지자란 주의 깊게 경청할 줄 아는 사람을 말한다.

급진적인 변화를 시도하고자 하는 교회와 네트워크들은 그에 앞서 책무 체제를 갖추어야 한다. 외부 평가자를 초빙하여 자문을 받고 문제적인 부분이 있는지 검토하고 경각심을 불러일으켜야 한다. 그리고 외부 평가자는 교회나 네트워크가 비전을 충실하게 이행하고 있는지, 리더들이 성실하고 정직하게 활동하고 있는지 주시해야 한다. 정기적으로 단체를 방문하는 것도 중요하지만, 때론 예고 없이 나타나 상황을 살펴봐야 한다. 이밖에도 실험적인 교회와 네트워크들은 리더들의 지혜와 정직함, 방향 감각과 능력, 그리고 안위를 위해 기도할 중보 기도 팀을 구성해야 한다.

혼돈을 이해하고 해석하려면 직관과 통찰력을 통합시킬 수 있어야 한다. 직관적 지식과 필요한 검토 과정을 거친 후 획득한 식견을 적절히 연결할 수 있다면 미로 속에서도 길을 발견할 수 있다. 직관이란 "**어떻게** 알게 되었는지 알 수 없는 앎"을 말하며, 창의력이 뛰어난 리더들에게서 발견되는 정의하기 어려운 능력이다.

혼돈이 있는 곳에는 늘 갈등의 요소가 존재한다. 리턴 포드는, 리더들이 다루어야 할 갈등들을 세 가지로 나눠 "초월적 갈등", "대립적 갈등", 그리고 "내적 갈등"으로 규정하였다.[19]

먼저 초월적 갈등은, 사단과 초자연적인 것에 대한 갈등을 가리킨다. 리턴 포드는, 하나님의 통치를 진전시키는 중대한 일들이 벌어지는 곳에서는 언제나 영적 전쟁이 일어난다고 주장한다.

대립적 갈등은 종교 리더들 사이에서 발생한다. 서로에 대한 질투심, 권력이나 지배력 상실에 따른 패배 의식이 갈등을 유발한다. 또는 특정 움직임에 대한 진심 어린 염려로부터 갈등이 생겨날 수도 있다. 그러므로 변화가 많은 시기에는 특히 주의해야 하는데, 대립적인 갈등을 사전에 방지하려면, 소통 경로를 투명하고 광범위하게 개설하고 유지해 나갈 필요가 있다. 대개의 경우 변화를 선도하는 것은 현재 상층부에 있는 교파가 아니라 저변에서 활동하고 있는 교파들이다. 따라서 새로운 흐름을 이끌고 있는 리더들은 다른 교파들에게 자신의 교파를 충분히 알려야 한다. 교파의 리더들은 뜻밖의 사건으로 놀라게 되는 것을 그리 달가워하지 않으며, 문제가 발생한 현장에 뒤늦게 불려와 정리 정돈해야 하는 상황은 더더욱 원하지 않는다.

내적 갈등은 제자들 간의 내부 모임에서 일어나는 마찰을 말한다. 이에 관해서는 마태복음 20장 20-28절에 명확히 제시되어 있다. 야고보와 요한은 예수 그리스도의 좌우편에 앉아 권세를 부리려다가 다른 제자들과 충돌한다.

공동체의 활동을 전면적으로 개혁하고자 할 때에도 갈등이 발생한다. 개혁 시에는 불안감이 증폭되고, 모두가 개혁에 반발하거나 그것을 피해 달아나려 하기 마련이다. 리더는 이러한 갈등과 마찰을 변화의 계기로 삼아 감당해 나가야 한다. 이럴 때일수록 리더는 침착하고 끈기 있게 대안 시나리오를 검토하고, 사람들을 이성적으로 설득하며, 그들이 감정적으로 변화를 받아들이려면 어느 정도의 시간이 더 필요한가를 파악해야 한다.

한정된 자원 내에서 탄력적으로 대응하기

새로 일어난 운동들이 기부금이나 보조금으로 자금을 확보하는 것은 지극히 어려운 일이다. 그들에게는 든든한 밑천도 없다. 찰스 핸디는, 최신 운동들을 이끌고 있는 리더들은 "새로운 연금술사"가 되어야 한다고 지적한다. 즉 그들은 "무에서 유를 창출할 수 있어야 한다."[20] 이 단체들의 재정 상태나 경력 전망은 예수 그리스도의 첫 제자들의 상황과 별반 다르지 않다. 제자들은 아무것도 모르는 상태에서 예수 그리스도를 좇았다. 그들은 주와 함께하는 여정이 어디를 향하는지조차 알지 못했다. 오늘날 많은 젊은 리더들이 보여주는 실천적 믿음은 이에 비견할 만하다.

보수적인 리더들은 대개 재정이 확보될 때까지 기다리지만, 기업가적인 리더들은 일용할 양식을 채워 주실 주님을 의지하며 한 걸음씩 전진한다. 그렇다고 하나님께서 무모한 시도들을 모두 책임져 주신다는 것은 아니다. 무엇보다도 영적 분별력이 필요하다. 리더들은, 하나님께서 그들의 열정을 시험하시거나 도전을 주어 그들의 길을 가로막으실 수도 있다는 사실을 잊지 말아야 한다.

일을 시작하기에 앞서 대규모의 자금을 요구하는 경영자들은 계속해서 자원을 구걸하게 될 가능성이 높다. 자본 집약적 사업을 하려면 지출을 엄격히 관리해야 하고, 이를 위해서는 지출 관리를 담당할 관료진을 구성해야 한다. 반면, 최신 운동들은 제한된 자본 내에서 재생산이 가능하도록 운영되고 있다. 따라서 그들은 경기 불황에도 큰 타격을 입지 않는다.

앞으로 교회들은 이와 같은 재정 정책을 도입할 필요가 있다. 이는 도시 빈민들에게 교회의 미션을 성육신적으로 구현하는 방법이 될 것이다. 하나님의 미션을 올바로 나타낼 수 있도록, 서구 교회는 최소한의 예산으로 검소하게 교회를 운영하는 법을 배워야 한다. 그렇지 않으면 교회는 부유한 교외 중산층에 제한되어, 사회적, 경제적 빈곤이 기승을 부리는 지역에서는 주도적으로 미션을 수행하지 못할 것이다.

요약

이 장에서는 선교를 위한 운동, 선교 지향적 운동으로서의 교회를 꿈꾸고 있는 젊은 리더들의 리더십 활동들에 대해 살펴보았다. 젊은 리더들은 타 문화에 대한 편견이 없으며 명확한 비전을 품고 있다. 그들은 성경에 관해 아무런 배경 지식이 없는 사람이라도 이해할 수 있을 만한 언어로 복음을 해석하려는 열정을 지니고 있다. 그리고 신앙 공동체 전체가 문화 전반에 참여하여 개인적으로 그리고 공동체 차원에서 믿음의 주장을 실천해야 한다고 확신하고 있다. 이전 세대들의 리더들은 이 점을 본받아야 한다.

반대로 젊은 리더들에게는, 다년간의 사역에서 얻은 지혜를 바탕으로 조언을 해주고 새롭고 도전적인 운동을 가로막는 장애물들을 해석해 줄 멘토가 필요하다. 실제로 많은 젊은 리더들이 멘토를 갈망하고 있는데, 그들이 진정으로 원하는 것은 분별력과 인내심을 가지고 자신들의 얘기를 경청해 줄 멘토이다. 그들은 책임을 다하길 원하며, 동료뿐만 아니라 영적 지도자들로부터 그것을 점검받고자 한다. 여기서 말하는 영적 지도자는 개인적 삶 속에서, 영적 성장을 갈망하고 사역에 헌신하는 데 있어 조금의 부끄러움이나 주저함이 없는 사람이다. 이와 같은 책무 구조가 부재한다면, 젊은 리더들은 선임 리더들과 다름없이 정신적, 육체적으로 쇠진하거나, 더 이상 감당할 수 없는 사역의 짐으로부터 벗어나기 위해 성적 타락에 빠지고 말 것이다.

8 리더십 태도

때론 기성 단체들의 침체와 진부함에 대한 불만과 분노로부터 새로운 움직임이 태동하기도 한다. 하지만 현재 변화를 선도하고 있는 대부분의 젊은 교회 리더들은 반항적이지도 저항심을 품고 있지도 않다. 그들은 현재까지 이어져 내려온 전통을 충분히 인정하고 감사히 여기고 있다. 그들은 복고적 "미래지향주의"라 불리는 문화 경향을 내세운다.[1] 젊은 리더들은 미션을 중심으로 전통을 재해석하고, 과거 변화를 이끌고 전통 교파들을 창시한 리더들이 지녔던 급진주의를 되찾고자 한다. 이 모든 움직임은 미션을 향한 열정에서 비롯된 것이다.

목적과 방향성을 잃는 순간, 운동은 더 이상 전진하지 못하고 분열되어 분쟁적 당파로 전락하고 만다. 매거릿 위틀리와 마이런 켈너 로저스는, 자기 반성이야말로 공동체나 운동의 수명을 좌우하는 결정적인 요소라고 주장한다.

> "우리는 누구인가?", "중요한 것은 무엇인가?" 이 질문에 공동체로서 대답하지 못한다면, 그리고 왜 우리가 함께해야 하는지에 대해 의견이 일치하지 않는다면, 우리의 뜻을 관철시키기 위해 만든 단체들은 아무런 도움도 되지 않는 전쟁터로 변하고 말 것이다. 기껏 하는 일이라고는 증오하고 두려워하는 대상에 대항하기 위해 투쟁 계획을 세우거나 새로운 규제들을 쏟아내고 자기방어적 장치들을 마련하는 것뿐이다. 그곳에서는 지금까지 알고 있었던 우리의 모습은 찾아볼 수 없다. 요구 사항은 계속 늘어나고 만족도는 점점 떨어진다. 우리의 단체들은 지리멸렬함과 무능함 속에서 산산이 흩어지고 만다.[2]

따라서 교회 리더들이 앞장서서 교회의 조직적 자기 반성을 장려해야 한다. 그리고 교회의 자기 반성은 비판적이고 공정하되 긍정적인 방향으로 이루어져야 한다. 자기 반성적 태도와 아울러 교회 리더들은 신뢰받을 만하고 헌신하는 태도를 지속적으로 보여주어야 한다. 오늘날 이러한 태도들을 갖춘 리더들이 제자 삼기를 중심으로 교회의 선교적 현존을 실천하고 있다. 단체의 리더가 보여주는 태도들은 전염성이 강하다. 리더가 어떤 태도를 취하느냐에 따라 단체 전체가 행복감을 느낄 수도, 낙담과 의심으로 가득 찰 수도 있다. 따라서 태도의 중요성을 과소평가해서는 안 된다. 이 장에서는 이머징 교회 리더들의 태도와 그 특징에 대해 살펴보고자 한다.

열정 : 신앙 공동체와 그 미션에의 헌신

이머징 리더들은 자신이 속한 신앙 공동체가 비전을 가지고 교회 미션에 전념할 수 있도록 돕고 있다. 그들의 공통점은 열정을 지니고 있다는 것이다. 그들은 정열적이다. 그들의 열정은 리더십 팀에 그리고 그가 속한 네트워크 전체에 영향을 준다. 그 열정은 명확히 감지되고 매력적이며 전염성이 강하다. 실제로 이러한 열의, 삶에 직접적인 영향을 미치는 기쁨과 충만함에 이끌려 공동체에 참여한 사람들도 적지 않다.

그런데 사명감이 투철하고 열정적인 사람들은 때론 잔인하다 싶을 정도로 고압적으로 변할 수도 있다. 그들은 무엇보다 중요한 미션과 비전을 위해서라면 사람들을 쓰고 버리는 것도 서슴지 않는다. 비즈니스 분야에서는 목표 관리(MBO: management by objectives)를 위해 이처럼 파괴적인 리더십을 추구하기도 한다. 이러한 경영 전략은, 사람들에게 비현실적이며 불합리하고 과도한 노력을 요하는 수행 목표를 부과한다. 가차 없는 요구에 노고를 치른 불운한 사람들은 서로를 향해 곧잘 이렇게 말한다. "나의 목표는 발전적이지만, 너의 목표는 무모하다!"

열정적인 리더들의 힘은 곧 그들이 가진 에너지와 영감이다. 하지만 힘은 매우 신중히 다뤄져야 한다. 이머징 교회들이 추구하는 리더십은 사람들을 **향한** 힘(영향력을 행사하고 일을 성사시키는 리더의 역량을 통해 발휘되는 힘)도, 사람들 **위에** 군림하는 힘(사람들을 조직화하여 각자의 임무를 수행하도록 조정하는 리더의 역량을 통해 발현되는 힘)도 아니다. 이머징 교회에서의 리더십은 사람들과 "함께하는" 힘이다. 이는 그룹이 하나 되어 협력할 때 생기는 힘을 의미한다. 이머징 리더들은 구성원들을 지지하고 대변함으로써, 사람들을 위한 힘이 무엇인지를 보여준다. 이 리더들은 공동체 구성원들을 위해 힘을 발휘하고 자신의 영향력을 행사하여 그들에게 권한을 부여한다.[3] 개개인을 존중하고 관계를 구축해 나감으로써, 이머징 교회의 리더들은 자신의 열정이 단순히 목적 달성을 위한 것이 아니라 모두를 위한 것임을 증명해 보인다.

독립성 : 동조하라는 압력에의 저항

이머징 리더들은 어리석은 순응이나 자기 안전을 위한 동조를 거부한다. 그와 같은 행동이 운동을 소멸시킬 수 있다는 것을 알기 때문이다. 매거릿 위틀리와 마이런 켈너 로저스는 공동체 사회에 대한 연구에서, 동조의 치명적인 악영향에 대해 다음과 같이 말하고 있다.

> 지역의 원주민들 사이에서는 개인을 공동체 발전에 기여할 수 있는 유일한 존재로 여기고 존중해 준다. 그리고 개인은 공동체가 필요로 하는 다양한 재능과 역량을 갖춘 사람으로 간주된다. 그러나 사회는 개인들에게 공동체의 "보다 더 큰 선"에 동조하고 그에 순응하여 봉사하라고 강요한다. ······이와 같은 전체성을 확보하기 위해 공동체가 치러야 하는 대가는 지나치게 소모적이며, 구성원들에게는 실로 치명적이다.[4]

일반적으로 기관들은 계승된 정체성을 견고히 하고 리더들의 권력을 강화하기 위해, 개인들을 압박하여 규칙과 관례에 동조하도록 한다. 동조(conformity)는 사람들에게 친밀감을 제공하여 안심하도록 하는 심리적 접합제이지만, 다른 한편으로는 개인들의 자발성과 창의성을 손상시킨다. 강제적으로 동조하는 한 개인은 자신의 개성과 인격에 따라 태도를 취하지 못하며, 어떤 역할을 맞더라도 자신의 은사와 경험을 제대로 살리지 못한다.

교회 역시 규정된 예배 순서와 특정 장르의 음악 그리고 설교 방식을 고수하며 계승된 전통을 따르라고 목사들을 압박한다. 교회는 우선순위를 정해 목사들에게 자신의 기대치에 부합하도록 사역하라고 요구한다. 흔히 교회가 제시하는 우선순위는, 담임목사들이 보다 명망 있는 위원회에 참여하고 거대한 조직을 이끌며 유명한 사람들이 그들을 방문하기를 바란다.

《펭귄 나라로 간 공작새》(*A Peacock in the Land of Penguins*)에서 바바라 헤이틀리(Barbara Hately)와 워런 슈미트(Warren H. Schmidt)는, 강요된 동조가 어떤 결과를 초래하는지를 예리하면서도 재미난 방식으로 이야기하고 있다. 머지않은 어느 한 옛날, "조직의 바다"에는 펭귄들이 권력을 쥐고 다스리는 나라가 있었다. 어느 날 자신들보다 뛰어난 경영 수완과 업적을 쌓은 새들을 발견한 펭귄들은 그들을 끌어들여 펭귄 나라를 발전시키고자 했다. 펭귄들은 화려하고 다채로운 재능을 지닌 새들을 부러워하면서도, 펭귄 조직 내에서 승진하려면 모든 새들이 최대한 펭귄다워져야 한다고 생각했다. 그러고는 펭귄 나라의 발전을 위해 다른 새들을 데려오는 대신 훈련시키고 통제하여 펭귄으로 만들려고 했다.

조직 내에서

승격하고 싶어했던

몇몇 새들은

펭귄처럼 걷고

펭귄처럼 행동하려 애썼고

굉장히 노련해졌다.

하지만 **그들** 역시

그토록 원했던 요직에

오를 수 없다는 것을

깨달았다.

아무리 노력해도 본연의 모습을 바꿀 수는 없었던 것이다.

펭귄 조직은 생김새도 다르고 깃털의 색깔도 다른 새들을 모집하였지만, 일단 펭귄 나라에 들어와 정착한 이상, 펭귄의 모습을 하고 펭귄처럼 행동해야 한다고 강요했다.

이국의 새들은

좌절하고 마음에 상처를 입고

슬퍼했다.

그토록 드높은 희망과

큰 기대를 품고

펭귄 나라에 왔는데

이 나라에 공헌하고
성공하기 위해 왔는데,
그들이 얻은 것이라곤
충고를 가장한 비난과
숨막히는 동조에의 강요, 그리고 교묘한 거절뿐이었다.[5]

결국 모든 새들이 펭귄 조직을 떠났다. 어떤 새들은 스스로 떠났고, 나머지는 그들을 끌어들였던 고참들이 강제로 쫓아냈다. 남은 것은 슬픔과 좌절 그리고 혼란뿐이었다.

35세 미만의 사역자들 가운데 교회의 조직 문화에 동조하지 않고 교회를 떠나간 사람들이 많다. 많은 교회들이 그들에게 버림받았다. 그들은 단순히 개인적인 차원에서 반항한 것이 아니다. 그것은 동세대에게 복음을 전하기 위한 어쩔 수 없는 선택이었다. 교회는 점점 복음 전파를 방해하는 장애물로 전락하였고, 그러한 교회의 현실에 절망한 젊은 리더들은 스스로 돌파구를 찾아 나섰다. 기존의 동조 체제하에서는 자신의 가치를 인정받을 수 없고 권한을 부여받을 수 없다는 것을 깨닫고는, 자기 자신에게 충실할 수 있고, 소통가능한 사람들을 만날 수 있는, 보다 자유로운 환경을 찾아 떠난 것이다.

창조성 : 혁신적인 접근법 탐구

교회가 후기 기독교 사회에 적응하면서, 교회의 자기 이해 역시 급진적인 변화를 맞고 있다. 지금은 동조의 시대가 아니다. 그보다는 고무적이고 포괄적인 비전을 지향하는 창의적 사고와 혁신이 필요하다. 더욱이 혁신은 허가하고 권한을 부여하는 환경에서만 활성화될 수 있다. 시대를 정확히 인식하는 리더라면, 기존의 틀을 깨고 자율적인 분위기를 조성해야만 한다는 것을 이해할 수 있을 것이다. 자유야말로 풍부한 상상력과 창의적인 사고의 전제 조건이다.

한편, 혁신은 충격적이고 위험할 수 있다. 혁신가들에게는 상상력이라는 힘이 주어졌지만, 모든 상상의 산물들은 그것의 현실 적용 가능성을 검토해야 한다. 혁신가들은 예외 없이 한시도 가만 있지 못한다. 비전은 끊임없이 쏟아져 나오고 계속 진화한다. 혁신가가 마음속으로 그린 심상들은 개념화, 현실화 과정을 거치면서 보다 명확해지지만, 실제로 비전을 실현하는 일은 결코 쉽지 않다. 구현된 심상은 항상 부분적이며 불완전하다. 그렇다 하더라도 리더들은 "혁신적인 계기를 제한해서는 안 된다." 빌 이섬은 "그것이 올바른 일인지 확신할 수 없다 해도" 포기해서는 안 되며, "비평가들의 말을 듣지 말고 자신의 타고난 직관에 귀를 기울이라"고 조언하고 있다.[6]

미지의 땅을 탐험할 때에는 그만큼 학습 곡선이 가파를 수밖에 없다. 실수도 많이 하고, 대안을 수립했다 할지라도 활용할 수 있을지 폐기해야 하는지 확신할 수 없다. 따라서 이 과정에는 담대함과 결의 그리고 어떤 상황에서도 주눅 들지 않을 유머 감각이 필요하다. 혁신적인 리더는 자신을 너무 심각하게 받아들여서는 안 된다.

호기심 : 지식과 이해력을 향한 그칠 줄 모르는 강한 열망

이머징 교회 리더십의 또 다른 특징은 만족할 줄 모르는 호기심이다. 대부분의 이머징 리더들은 혁신가이기에, 끊임없이 참신한 통찰력을 얻고 새로운 역량을 익히고자 한다.[7] 그들은 항상 "왜?", "그래서?"라는 질문을 던지며, 배운 것에 대한 적절한 대응 방법을 모색한다. 그들의 관심사는 매우 다양하고 폭넓기 때문에, 그들은 다방면에 걸친 지식과 지혜를 습득할 수 있다. 그리고 그들은 수평적 사고를 함으로써 다른 사람들은 쉽게 발견하지 못하는 관련성과 접합점을 찾아낼 줄 안다. 단선적인 사고를 하는 사람들은 논리적 순서에 연연하지만, 수평적인 사고를 하는 사람들은 다양한 학문 분야를 자유롭게 넘나들며 지식과 지혜를 구한다. 통찰력과 해결 방안을 탐구하면서 혁신적으로 사고하며, 단편적으로 주어진 지식과 정보들 사이에서 능숙하게 연결점을 찾아낸다. 이는 복잡성과 혼란으로 규정된 문화의 시대에 꼭 필요한 은사이다. 이머징 교회 리더들은 오늘날과 같은 포스트모더니즘하에서는 만물이 서로 연결되어 있음을 인식하고 있다. 따라서 우리는 도전들과 문제들에 수평적으로 접근할 수 있어야 한다.

호기심 많은 리더는 개방적이고, 새로운 아이디어를 존중하며, 다른 사람들이 무엇을 생각하는지 관심을 갖고 진지하게 살펴본다. 호기심이 없는 사람들은 대체로 자신감이 없다. 그들은 타인에게 거리를 두거나 아예 어울리지 않는다. 이와 달리 호기심 많은 리더들은 적극적으로 관계를 맺는다. 꾸준히 주위 사람들과 교제하며 그들의 참여를 기꺼이 받아들인다. 호기심 많은 리더들은 공동체에 기여하고자 하는 사람들로부터 흔쾌히 조언을 구한다. 그들은 대체로 비전을 꿈꾸는 사람들이다. 단순히 논리적 순서에 따라 일을 하기보다는, 상상력을 발판 삼아 도약한다. 마지막으로, 탐구적인 리더들은 현시적인 흐름을 운명으로 착각하는 우를 범하지 않는다. 그들은 운명론적으로 사고하지 않으며, 우리에게는 미래의 행로를 정하고 개척할 수 있는 힘이 있다고 믿고 있다.

그런데 안타깝게도, 호기심 많은 사람들은 대체로 산만하고 집중력이 부족하다. 그로 인해 곤경에 처하지 않으려면, 획득한 정보들을 충분히 이해하여 서로 관련 지을 수 있도록 항상 집중력을 유지해야 한다. 다시 말해, 새로운 정보와 지식에 휘말려 집중력을 잃거나 사소한 데 정신이 팔려서는 안 된다는 것이다. 외부로부터 얻은 지식들은 전체적인 상황에 맞게 해석되고 적용되어야 한다.

불안은 호기심과 창조성을 파괴하는 "바이러스"로서, 어느 공동체에서든 쉽게 발견된다. 그것을 방치한다면 공동체는 큰 타격을 입을 것이다. 발전적인 자극을 찾아 모든 일에 진지한 관심을 보이는 것과 근심 걱정에 쫓기며 강박적으로 주위를 둘러보는 것은 판이하게 다르다. 불안과 걱정에 시달리는 사람들도 가능한 한 모든 정보를 얻으려고 분주하게 뛰어다니지만, 결국 걱정은 그들에게서 새로운 정보를 소화하고 재해석하는 데 필요한 창의성을 강탈할 것이다. 리더들은 산더미처럼 쌓여가는 사건들과 의견들 속에 파묻혀 압사하지 않도록 주의해야 한다.

끊임없이 걱정하는 사람들은 대개 자신에게 너무 큰 짐을 지운다. 근심이 많은 리더는 성과를 내야 한다는 불안에 시달리다, 끝내는 모든 일을 자신이 해야 한다고, 자신은 없어서는 안 되는 존재라고 착각하게 된다. 스스로를 왕국의 건설자의 자리에 앉히는 순간, 리더는 신(神) 노릇을 하기 시작한다. "때때로 우리는, 하나님의 사역이 우리에게 달려 있다고 생각하고는 미친 듯이, 강박적으로, 지나칠 만큼 사역에 관여한다. 왕의 제자가 아니라 왕국의 일중독자들이 되는 것이다. 명심할 것은, 이와 같은 과잉 행동은 순종하는 믿음에서 비롯되는 것이 아니라 불신앙의 근심에서 기인한다는 사실이다."[8]

소망 : 하나님이 보장하신 미래에 대해 믿음으로 유지

소망은 호기심 많고 창의적인 교회 리더들에게 용기를 북돋우고 그들을 자극한다. 실제로 그들은 "근거 없는 낙천주의" 기질이 다분해 보이는데, 호기심과 혁신을 올바로 결합시키려면 담대함과 더불어 하나님의 인도하심과 예비하심에 대한 믿음이 있어야 한다.[9] 그리고 성경은 믿음과 소망이 견고히 연결되어 있음을 반복해서 강조하고 있다. 히브리서 11장 1절에서는 "믿음은 바라는 것들의 실상이요 보이지 않는 것들의 증거"라고 명확히 말씀하였다. 소망이란, 찰스 디킨스(Charles Dickens)의 소설 《데이비드 카퍼필드》(*David Copperfield*)에 나오는 미코버(Mr. Micawber)가 보여주었던 근거 없는 믿음이 아니다. 그는 감당할 수 없는 빚을 지고도 언제나 "뜻밖의 일이 일어날 거다!"라고 확언했다. 근거 없는 낙천주의는 무책임함이나 현실 도피와 다르다. 공상은 부정과 망상의 안개 속에서 피어난다. 반면, 소망은 믿음에서 생겨난다. 교회 리더들은 "내가 이 반석 위에 내 교회를 세우리니 음부의 권세가 이기지 못하리라" 하신 예수 그리스도의 언약의 말씀에 의지하여 소망을 품어야 한다(마 16:18).

또한 소망은 창조성을 위한 공간, 즉 온갖 역경과 혼돈 가운데서 혁신적인 선택들이 이뤄질 수 있는 자리를 마련한다. 단 믿음이 그 소망을 충동질하고 이끌어 나가야 한다. 믿음에 근거하지 않은 소망은 금세 증발하고 만다. 맥스 드 프리는 "소망은 가장 연약하고 쉽게 사라지며 부서지기 쉬운 미덕이다"라고 지적한 바 있다.[10]

리더들은 사람들의 협력을 필요로 한다. 다시 말해, 주위 사람들의 격려와 지지가 있어야 한다. 리더십이라는 무거운 짐을 지고 가다 보면 지치고 낙심될 때가 많다. 이럴 때일수록 각기 다른 성향의 사람들이, 특히 긍정적인 사고를 하는 사람들이 리더를 지지해 준다면 그에게 큰 힘이 될 것이다. 지혜로운 리더들은 이 점을 잘 이해하고 있으며, 사역을 함께하고 대신할 사람들이 필요하다는 것을 인정한다. 리더가 한시도 쉬지 않고 계획을 세우고 공동체를 선도할 수는 없는 일이다.

믿음과 소망과 사랑은 하나님께서 우리에게 주신 선물이다. 하지만 그 선물은 한 번 받았다고 해서 평생 소유할 수 있는 것이 아니다. 믿음과 소망과 사랑은, 우리가 주님과 지속적이며 신뢰받을 만한 관계를 유지할 때 주어지는 것이다. 예수 그리스도는 제자들에게 인생과 사역의 열매를 맺으려면 그분 안에 거해야 한다고 강조하였다(요 15:4). 따라서 주 안에 거함은 지극히 성경적인 목표이며, 그 어떤 성공이나 성취보다 값진 것이다. 풍성한 열매를 맺는 자만이 참된 종이라 할 수 있기 때문이다. 예수 그리스도와 동행하며 그분의 명령에 순종하는 리더는 많은 결실을 맺을 수 있다.

열매를 풍성히 맺는다는 것은 재생산하고 번식한다는 것이다. 열매는 양적 성장과 질적 성장을 결합시켜 교회의 사역과 미션의 진정성을 증명해 보인다. 즉, 그것은 단순한 성공의 증표가 아니다. 그 안에는 확실한 유산이 내포되어 있다. 성공은 주로 개인적인 것이며 또 곧 사라지지만, 열매는 성장하며 기하급수적으로 재생산되는 씨를 포함하고 있다.

그런데 믿음과 소망은 화창한 봄날과 같이, 막힘 없이 쉽게 사역이 진척될 때에는 좀처럼 번성하지 않는다. 리더들은 이 점을 반드시 이해해야 한다. 그리스도 안에 거함은 고통스러운 가지치기를 겪어야 한다는 것을 의미한다. 열매를 맺는 가지들이 그 본성대로 더 많은 열매를 맺을 수 있도록, 열매를 맺지 못하는 가지들은 제거된다(요 15:1-2). 예수 그리스도는 제자들에게 이를 경고하였다. 그리고 거한다는 것은 결코 강요된 관계가 아니다. 그것은 단순한 편의나 개인적인 유익을 위한 관계도 아니다. 그리스도 안에 거함은 주를 향한 사랑, 그리고 이웃을 향한 사랑의 끈으로 단단히 묶여 있는 관계이며, 주님께 자신을 맡기고 이웃에게 자신을 내어준다는 의미이다(요 15:10, 12-17). 따라서 우리는 "소망 중에 즐거워하며 환난 중에 참으며 기도에 항상 힘쓰라"(롬 12:12) 하신 말씀을 의지해야 한다. 고통 없는 사랑은 없다. 중요한 것은, 우리가 겪는 고통은 기쁨의 산고라는 사실이다.

통합 : 항상 모든 구성원들의 참여를 구함

공동체의 리더들은 측근이나 엘리트 그룹들과만 관련이 있고 그들에게만 의무가 있는 것이 아니다. 리더들은 그들의 보호하에 맡겨진 신앙 공동체 전체와 연결되어 있다. 가장 어린아이에서부터 가장 연로한 연장자까지, 가장 부족한 사람, 가장 재능이 뛰어난 사람, 방금 새로 온 사람 등 모두가 리더와 연결되어 있다. 이와 같은 관점은 두 가지 신학적 확신에 근거한다. (1) 사람은 하나님의 형상대로 지음 받았으며 (2) 리더는 무리 전체를 돌보는 목자로서 부름 받았다. 그리스도의 몸을 이루는 모든 지체는 저마다의 가치를 지니고 있으며, 주어진 자리에서 특정한 기능을 수행한다. 따라서 리더에게는 목자로서 하나님의 백성으로 구성된 공동체의 영적 안녕을 지켜야 할 소명이 있다. 리더가 목자로서의 본분을 다하려면, 자신의 우선 분야와 관련된 사역만을 해서는 안 된다. 그들은 스페셜리스트가 아니라 제너럴리스트로서, 인생의 각 단계에 속해 있는 사람들에게 그 삶의 조건과는 상관없이 관심을 가져야 한다.

사람들은 누군가 자신의 이야기를 들어 주거나 걱정거리를 처리해 줄 때 그리고 자신의 가치를 인정해 줄 때 소속감을 느낀다. 모든 성도들이 교회의 비전을 공유하려면, 우선적으로 그들이 소속감을 느끼고 인정받고 있음을 실감해야 한다. 모든 성도가 강한 소속감을 갖고 적극적으로 참여하고 있는 이머징 교회는 가히 이상적이라 할 만하다. 그와 같은 교회의 성도들은 수동적 소비자가 아니다. 한 이머징 교회의 리더는 자신의 공동체에 관해 다음과 같이 말했다. "이 교회에는 허비할 만한 것이 없다." 그는 교회를 의도적으로 소규모로 운영하면서 모든 성도들이 선교 활동과 공동의 예배에 활동적이고 창의적으로 참여할 수 있도록 유도하였다.

통합적으로 그리고 포괄적인 관심을 가지고 접근한다는 것이, 모두가 시키는 대로 한다는 의미는 아니다. 리더가 불만을 품은 개개인을 하나하나 달래 주다가는 그만 진이 빠져 비전을 잃고 책임을 포기하려 할 수도 있다. 통상적으로 수동적 소비자는 불만이 많은 혹평가로 변하게 마련이다. 이 점에 유의하여 리더가 사람들의 말에 귀를 기울이고 문제를 해결해 주며 그들의 가치를 인정해 준다면, 사람들은 불평불만 가득한 비난이 아닌 기쁜 마음으로 헌신하고 소속감과 주인의식으로 무장하게 된다.

규모가 작은 교회일수록 모두를 통합하여 완전한 참여를 이끌어 내기 쉽다. 작은 교회에서는 사람들이 무리 가운데서 주저하거나 아무도 모르게 숨어 다닐 수 없기 때문이다. 규모가 큰 교회라면, 소그룹과 팀을 구성하여 사람들이 진정으로 소속감을 가질 수 있고 가치를 인정받을 수 있도록 해야 한다. 그런데 교회의 지도부가 이 일을 주도하는 것은 그리 효과적인 방법이 아니다. 위로부터의 권고나 지시에 따라 팀을 구성하기보다는 사람들이 우호적이고 신뢰적인 관계 속에서 자신의 달란트와 은사를 발견할 수 있는 환경을 조성하는 것이 좋다. 이러한 환경이 마련된다면, 사람들은 사역에 대한 열정과 관심 그리고 고민을 서로 공유할 수 있게 될 것이다.

예배에 참석하는 사람들은 성도로서 교회와 일차적인 관계를 맺고 있다. 하지만 이들을 다음 단계, 즉 헌신으로 이끄는 것은 매우 어려운 일이다. 공동체 일원으로서의 자격은 완전한 통합에서 주어진다고 확신하는 리더라면, 모든 성도들을 장려하여 성도들이 소그룹에 들어가 생활 기술을 배우고 사역에 참여할 수 있는 기회를 얻도록 해야 한다. 이 과정에서 목회사역은 공동의 예배 체험이라는 핵심적인 부분을 담당하고 있다. 예배는 더 이상 하루 중 잠깐 시간을 내어 참여하는 60-90분짜리 프로그램이라는 협의의 의미로 해석되지 않는다. 공동의 예배 체험을 통해 성도들은, 예배란 매일의 그리고 매주의 모든 활동 가운데 하나님께 드려지는 산 제사의 표현이라는 것을 깨닫는다.

소그룹과 사역 팀을 성공적으로 구성한 교회들은 이런저런 전체 행사를 열어 이들을 한자리에 모으고 성경적인 가르침을 제공하는 데 역점을 둔다. 각 모임의 일원들은 포괄적이며 생활에 필요한 가르침을 갈망하며 한데 모인다.

참여하는 가운데 소속감이 견고해지며, 개인이 그 가치와 고유성을 인정받을 때 교회 사역은 진척되고 다각화된다. 각종 프로그램이나 세미나에 참석한다고 해서 사역에 참여할 수 있는 것은 아니다. 사역의 기회는 다른 구성원들과의 관계로부터 샘솟는다. 건강한 그룹들은 다양한 은사들을 발견하여 구성원들의 필요를 충족시키고 협심하여 보다 폭넓은 사역의 기회들을 생산해 낸다.

그런데 통합은 특정한 사고방식에 의해 저지되기도 한다. 고린도전서 12장에서는 다음의 두 가지 경우에 대해 경고하고 있다. 첫째는 다른 사람, 특히 교회 내에서 주목받는 지체들에 비해 자신의 재능이나 은사가 보잘것없다고 여긴 개인이 스스로를 배제시키는 경우이다. 그리고 둘째는 거만하고 자부심이 강한 사람들로부터 참여와 기여를 거부당한 사람들이 스스로를 무가치하다고 여기는 경우이다(고전 12:14-26). 그러므로 리더는 열등감을 느끼는 개인들을 격려하고, 자신의 능력이나 중요도를 과대평가하는 사람들을 자숙하게 해야 한다.

구성원들을 통합할 때에는 각 사람의 인격과 은사 그리고 그들의 인생 경험, 전문 기술과 열정을 참작해야 한다. 리더는, 교회의 각 지체가 하나님께 권한을 위임 받아 특정 부분에 참여하여 전체 사역에 기여하도록 부르심 받았다는 사실을 이해해야 한다. 뿐만 아니라, 분열을 조장하고 교회의 미션을 전복시킬 수도 있는 행동을 하는 사람들도 있다는 것을 인식해야 한다. 리더는 그와 같은 행동을 하는 사람들을 대적해야 한다. 초대 교회는 부도덕한 행동을 하는 사람들을 징계하였다. 교회 성도들의 관용과 물질적인 헌신을 악용하여 태만한 삶을 영위하려 하는 사람, 성도들에게 거짓 교리를 전염시키는 사람, 리더십의 권한에 아무 이유 없이 도전하는 사람들을 징벌하였다. 오늘날에도 통합에는 제한을 두어야 한다. 그렇지 않으면 성도들 간의 교제는 갈기갈기 찢기고 운동은 방향을 잃게 될 것이다.

상호 의존 : 진정한 관계 형성

리더들은 사람들에게 최상의 모습을 바라며 그들이 그리스도의 인품을 닮아가길 원한다. 리더들은 이러한 마음으로 사람들을 평가하고 통합한다. 훌륭한 리더는 사람의 단점보다는 잠재력에 주목한다. 쉽게 말해, 이머징 리더들은 관계를 중심으로 성장해 나가기 때문에 기본적으로 사람들에게 호의를 보인다. 그들에게 있어 사람들의 존재는 에너지 소비원이 아니라 공급원이다. 이머징 리더들은 지속적으로 사람들을 서로 연결시켜 준 후, 한 걸음 뒤로 물러나 차후 진행 과정을 살핀다. 그들은 새로운 관계들을 통해 생성되는 창조적인 에너지를 결코 두려워하지 않는다.

리더들은 공동체 내 관계 형성에 결정적인 역할을 담당하고 있으며, 차후 관리 역시 그들의 몫이다. 사람들을 연결시킨 후에도 리더들은 관계가 지속되는지, 생산적인 방향으로 움직이는지를 주의 깊게 관찰해야 한다. 교제와 사역은 사람들 간의 관계로부터 출발한다. 따라서 관계가 손상되거나 무너지면 교회도 무너지고 만다. 그러므로 리더는 사람들에게 공동체의 가치들을 권고하기에 앞서, 스스로 그 가치들을 실현해 보여야 한다. 맥스 드 프리는 리더들을 "언행과 품행의 지침서"라고 표현했다. 리더들에게는 사람들에게 주어진 "평등한 접근 기회를 수호"하고 모두의 목소리에 귀를 기울일 의무가 있다. 또한 리더들은 공동체 구성원 모두에게 잠재 능력을 개발하고 공동체에 기여할 권리가 있음을 주지시켜야 한다. 이 점을 명확히 인지하고 있는 리더들은 "정중하고 예의 바르며 감성이 풍부하고 서로를 용서하는" 기업 문화를 창출한다.[11]

용서 : 실패에 대한 긍정적 대응

교회와 관련하여 아무런 경험이 없는 사람들은 그리스도를 따른다는 것이 무엇을 의미하는지 이해하기 어려울 것이다. 따라서 그들은 예수 그리스도께 순종하는 삶에 대해 하나 둘씩 배워 가면서 생활 방식을 조정해 나가야 한다.

교회는 사람들이 생활 태도를 바꾸고 삶의 우선순위를 재배열하도록 돕는다. 이 문제와 관련하여 고린도 교회는 좋은 본보기가 되어 준다. 이교도 문화권에서 살아온 사람들이 개종하여 교회 공동체에 들어왔다. 바울은 그들에게 복음의 권능을 설명하고 그리스도를 따르는 삶에 대해 주지시켰다.

> "불의한 자가 하나님의 나라를 유업으로 받지 못할 줄을 알지 못하느냐 미혹을 받지 말라 음행하는 자나 우상숭배하는 자나 간음하는 자나 탐색하는 자나 남색하는 자나 도적이나 탐욕을 부리는 자나 술 취하는 자나 모욕하는 자나 속여 빼앗는 자들은 하나님의 나라를 유업

으로 받지 못하리라 너희 중에 이와 같은 자들이 있더니 주 예수 그리스도의 이름과 우리 하나님의 성령 안에서 씻음과 거룩함과 의롭다 하심을 받았느니라"(고전 6:9-11).

사람들은 실족하여 넘어지고 만다. 따라서 교회는 그들을 다시 일으켜 세우고 먼지를 털어 줘야 한다. 그리스도를 따르는 자로서의 삶의 복원은 구원과의 관련성 속에서 이루어져야 하며, 후기 기독교 사회와 신(新)이교주의 문화권에서 활동하는 교회들은 이 점을 특히 강조해야 한다. 삶의 복원은 비단 새 신자에게만 국한된 문제가 아니다. 순례자의 길을 꿋꿋이 걷고 예수 그리스도의 제자로서의 헌신을 날마다 새로이 다잡기 위해서는, 우리 모두가 구원의 은혜 가운데 살아가야 한다.

또 한 가지 고려해야 할 점이 있다. 문제가 많은 삶을 살아온 새 신자들은 자신의 변화에 대한 교회의 역할을 지나치게 이상화시키는 경향이 있다. 처음에는 교회의 모든 것이 장밋빛으로 보이겠지만, 시간이 지날수록 그들도 교회 내부의 모순점을 발견하고는 낙담하고 만다. 이제 막 그리스도와 동행하는 삶을 시작한 새 신자들은 교회에도 흠이 많다는 사실을 이해해야 한다. 교회의 성도 모두는 서로에 대한 책임을 다하면서도 서로를 용서하기 위해 부름 받았다. 때로 낙담하고 마음이 상할 수도 있지만, 서로에게 원망을 품거나 냉담해지지 않도록 우리는 그리스도의 은혜 가운데 머물러야 한다. 우리 모두는 영적 순례의 길을 걷고 있으며, 서 있는 장소는 각자 다르다. 우리 중 누구도 예수 그리스도의 제자로서 완성된 자는 없다. 모두가 과정 중에 있음을 명심해야 한다.

교회가 허물 없이 화목하게 지낼 수 있는 사람들만 원하는 것은 아니다. 교회는 그 성품이나 살아온 환경에 상관없이 모든 연령대의 사람들을 끌어안는다. 그처럼 다양한 구성이야말로 화해를 이루는 복음의 권능에 대한 증거이다. 유대인과 비유대인이 함께 공동체를 이루었던 초대 교회는 교회의 하나 됨이 무엇인지 잘 말해 준다. 하지만 이러한 통합은 때론 갈등을 불러일으키기도 한다. 지역적·문화적 여건에 따라 주요 요인은 다르겠지만 부족 간의 불화, 인종 차별, 경제 불균형, 세대차 등 통합된 공동체 내에는 항상 갈등 요인이 존재한다.[12]

통합은 동조에 의해 이뤄지는 것이 아니다. 그것은 인내심과 관대함을 가지고 함께 일하는 가운데 성취된다. 이 과정에서 리더의 역할은 사람들의 의견을 조율하고 갈등을 해소시켜 화해를 이루도록 하는 것이다. 다시 말해, 리더는 통역관이자 화평하게 하는 자로서 중요한 기능을 담당한다. 다양성 내에서 하나 됨을 이루려면 인내와 강건함이 필요하다. 리더들은 언제 어디서라도 중재에 나설 수 있어야 하며, 오해와 착각에서 비롯된 문제에 대해서는 다소 시간이 걸리더라도 끈기 있게 대처해야 한다. 또한 리더들은 다른 사람의 입장에서 생각할 수 있는 능력을 길러야 한다. 특히 새롭게 출발한 신앙 공동체의 리더에게는 이러한 능력이 필수적이다. 함께 공유할 수 있는 공통된 경험이 없을 경우, 구성원들은 상대방의 즉각적이고 본능적인 반응에 대해 왜곡하여 비난할 가능성이 높다.

그리스도의 지상 명령에 헌신하고자 새로 세워진 교회나 소규모 교제 모임들도 그들만의 내부 사정으로 인해 고초를 겪고 있다. 이들에게는 조직에 대한 충성심을 굳힐 만한 역사와 전통이 부재하기에,

초기에는 태생적으로 불안정할 수밖에 없다. 구성원들은 개인적인 사정이 생기거나 사역이 난관에 부딪치면 쉽사리 교회를 떠난다. 초창기 멤버들도 처음에는 무척 열성적이지만 대개 중도에 낙오되거나 일찍 교회를 떠나간다. 그러므로 새로운 활동을 위해 팀을 구성할 때에는 고려 중인 잠재적 구성원들을 신중히 평가하여, 즉흥적이고 변덕스러운 열의를 지닌 사람들을 추려내야 한다. 팀원들은 처음에 품었던 열의를 맡겨진 사역을 완수할 때까지 유지해야 한다.

담대히 굳은 각오를 하고 새로운 모험을 시도했다 해도, 팀은 한정된 자원으로 인해 악전고투하게 되고, 예상하지 못한 난관들은 갈등을 조장한다. 침착하게 냉정을 유지하지 못하게 되는 경우도 적지 않은데, 특히 창의력이 뛰어난 사람들로 구성된 팀의 경우에는 소동이 벌어지기도 한다. 의견 차로 인해 상호 간의 신뢰와 존중하는 마음이 훼손되어서는 안 된다. 긴장과 갈등이 파괴가 아닌 창조로 이어지도록 해야 한다. 이를 위해서는 자신의 잘못을 인정할 줄 알며, 고집을 피우고 조바심 냈던 것에 대해 용서를 구하는 마음가짐이 필요하다. 팀 내 긴장이 고조되는 때일수록, 팀원들은 파도를 일으키지 않으면서 폭풍우를 이겨 내는 법을 배워야 한다. 그리고 리더들은, 사람들이 다른 사람들에 관해 어떻게 이야기하는지 주의 깊게 살피고, 그들의 관계가 따뜻한지 차가운지를 능숙하게 판단할 수 있어야 한다.

겸손 : 하나님과 섬기는 공동체 앞에서 자신을 낮춤

선교 중심의 이머징 교회에서 사역하는 리더들은, 그들이 전적으로 하나님께 의지하고 있음을 절감하고 있다. 그들은 그 어떤 지위나 명성이 따르기 때문에 역할을 수행하는 것이 아니다. 성도 수가 많은 기성 교회들은 교회의 명성을 유지해야 한다는 중압감을 안고 있지만, 신설된 교회나 재조정된 교회에게는 그와 같은 부담이 없다. 그 대신 이머징 교회들은 운영에 어려움이 많고 위험성이 매우 높다. 따라서 주의 인도하심을 따르고 오직 하나님께로부터 공급받을 수 있는 자원에 의지하지 않으면, 그들의 과업은 실패하고 웃음거리가 될 확률이 높다. 이머징 교회의 리더들은 이 점을 잘 알고 있다. 그래서 그들은 자신의 연약함을 감추지 않고 하나님 앞에 겸손하며 그분께 늘 의지한다.

이머징 교회들은 기본적으로 일단 사역을 "진행하면서 배워 나간다." 참고할 만한 청사진도 없고 기성 교회들을 그대로 모방할 수도 없다. 리더들은 시행착오를 겪으면서 하나 둘 배워 나가야 하며, 이미 잘 알고 있다고 섣불리 가정해서는 안 된다. 어떠한 예견도, 무엇이든 할 수 있다고 생각했던 자만도, 머잖아 어리석음의 소산이었음이 판명될 것이다. 그래서 많은 이머징 교회 리더들은 참으로 겸손하다. 그들은 질문을 하는 사람들에게 자신의 무지를 고백하며 "함께 알아보자"고 말한다.

대부분의 선교 중심 교회들은 저예산으로 운영되고 있다. 그들에게는 부동산을 소유할 만한 자산도 없지만, 또 그것을 원하지도 않는다. 그들은 사역에 유리한 적당한 장소를 골라 임대를 한다. 그리고 리더들은 안정적이거나 명망 있는 지위를 취하지 않는다. 안정과 권위에 대한 거부는 교회 재정 상태에서만 엿볼 수 있는 것이 아니다. 이머징 리더들은 사람들 **위에** 군림하지 않으며, 사람들과 **더불어** 일을 한다. 만약 신분 상승을 기도하는 리더가 있다면, 그들은 온 힘을 다해 그로 인해 생기는 분열을 막을 것이다.

일반적으로 이머징 교회 리더들은 지배 권력 창출에는 전혀 관심이 없다. 그들은 계층적으로 생각하지 않고 관계적으로 사고한다. 탈중심적이고 유동적인 네트워크 조직 내에서는 권력, 지배, 위계적 통치가 불가능하다. 정보화·세계화 시대의 특징은 급격한 시대 변화와 상호 관계의 복잡성이라 할 수 있으며, 이제는 이 상황에 맞는 새로운 유형의 리더십이 필요하다. 짐 콜린스는 오랫동안 시장에서 선두자리를 지켜 온 기업들을 포괄적으로 연구한 바 있다. 그는 이 기업들의 리더들의 변별적 자질들을 다음과 같이 설명했다.

> 리더십에는 개인적 겸양과 전문적 의지라는 모순적인 두 측면이 혼합되어 있다. 그들(리더들)은……자기 자신이 아니라 회사에 대한 야망을 품고 있다. ……그들은 차세대의 후계자들이 보다 더 큰 성공을 거둘 수 있도록 기틀을 마련한다. 그들은 존경하지 않을 수 없는 겸손함을 보여준다. 그들은 한결같이 최고의 **성과**를 내고자 하며, 그에 필요한 일이라면 아무리 어렵고 불가능해 보일지라도 결코 포기하지 않는다. ……그들은 노동자에 비할 만한 근면함을 보여준다. 그들은 쇼에서 묘기를 부리는 말보다는 쟁기를 끄는 말에 가깝다. ……회사가 성공했을 때에는 자기 자신이 아니라 다른 요인들에 찬사를 돌린다.[13]

이머징 교회 리더들도 이와 동일한 기질들을 갖추고 있다.

겸손은 주로 언행에서 드러나지만, 접근하기 쉬운 분위기, 함께하고자 하는 태도 그리고 공감을 표현하는 신체 언어 등을 통해서도 알

수 있다. 리더들은 서열에 따라 접근을 제한해서는 안 된다. 공동체의 모든 구성원에게는 존중받고 의사를 표명할 권리가 있다. 따라서 리더들은 누구를 대하든지 그 앞에서 자신을 낮춰야 한다. 맥스 드 프리는 "리더들은 그들을 따르는 자들에게 속해 있다"고 주장한다.[14] 리더들의 태도에는 그들의 성품이 반영된다. 사람들을 격려하고 권능을 부여하는 리더가 있는 반면, 그들을 낙담시키고 무시하며 모욕하는 리더도 있다. 많은 이머징 교회 리더들은 하나님께서 그들에게 맡기신 사람들에 대해 큰 뜻을 품고 있다. 리더들은, 그들이 그리스도를 닮아가고 사역에 기여하기를 바란다.

요약

리더의 태도는 그를 따르는 사람들에게 영향을 끼친다. 염세적이고 문제에 집착하는 리더들은 패배주의를 낳고 사람들을 무력하게 만든다. 이 장에서는 선교적 교회에 필요한 추진력을 생성하고 지탱하는 긍정적 리더십 태도들에 대해 살펴보았다. 이머징 리더들의 대부분은 이와 같은 태도를 겸비하고 있다. 이 리더들은 열정적인 사람들이다. 그들은 동조를 거부하는 신세대이며, 전례에 구애받지 않는다. 그들은 교회와 선교를 새로운 관점에서 바라보고 있다. 그들은 호기심 많은 사람들이며, 험난하고 가파른 학습 곡선을 감당할 준비가 되어 있다. 그들에게는 실패조차 배움의 일부이다. 리더들은 소망 안에서 미래를 향해 전진한다. 그들은, 그리스도 안에서 맞이하게 될 최고의 순간을 주위의 모든 사람들과 함께 나누고자 한다.

이머징 리더들은, 관계를 촉진하고 육성할 때 교회가 구성된다는 것을 잘 알고 있다. 그들의 소망은 겸손과 짝을 이루고 있다. 그들은, 선교는 인간의 힘으로 성취할 수 없으며 오직 하나님의 은혜와 주권적 역사하심으로 이루어지는 것임을 이해한다. 이머징 리더들은 자신의 한계를 겸허히 수긍하고, 겸손히 하나님께 의지한다.

9
리더십의 대가

단순히 모험심이 강해서 리더십을 동경하는 사람도 있고, 다른 사람들에게 인정받고 추종받고자 리더십을 추구하는 사람도 있다. 또 어떤 이들은 자기 만족을 위해 리더가 되고자 한다. 이들은 리더십의 지위가 권력과 특권을 안겨 주리라 상상한다. 예수 그리스도는 그와 같은 생각이 그릇된 것임을 일깨우고 바로잡아 주신다. 그는 제자들에게, 리더십이란 섬김과 희생임을 항상 주지시켰다.

한번은, 예수 그리스도가 곧 지상에 자신의 왕국을 세울 것이라 기대한 세배대의 아들 야고보와 요한이 최고의 자리를 놓고 수작을 부렸다. 그들은 주의 우편과 좌편에 앉게 해달라고 요청했다(막 10:35-45). 그들이 상상했던 왕국과 예수 그리스도가 이 땅에 세우고자 한 왕국은 전혀 다른 것이었다. 예수 그리스도는 그들에게 자신이 구하는 바를 알지 못하고 있다고 지적하였다.

"내가 마시는 잔을 너희가 마실 수 있으며 내가 받는 세례를 너희가 받을 수 있느냐"(막 10:38).

그들은 버릇처럼 할 수 있다고 대답했지만, 그 성급함이야말로 그들이 오해하고 있다는 증거다. 그들은 축배의 잔을 떠올렸겠지만, 실제로 예수 그리스도가 언급한 것은 고난의 잔이었다. 야고보와 요한은 제 주제를 알지 못하고 과분한 영광을 요구했지만, 예수 그리스도는 섬기는 자로서 자신의 삶을 내어 주어 영광을 얻었다. 즉 섬기는 자의 길을 선택함으로써 그는 모든 이름 위에 가장 높은 이름이 된 것이다.

여기서 우리는 리더십에 대한 예수 그리스도의 이해와 그 제자들의 생각이 판이하게 다르다는 것을 확인할 수 있다. 제자들은 자신들의 유익과 관련하여 리더십을 해석했지만, 예수 그리스도는 대속에 대해 생각하셨다. 예수 그리스도는 세상 죄를 대신하고 그 죄의 짐을 지면서까지 모든 인간을 자신과 동일시하셨다.

하나님 나라에서는 정상을 향해 앞다투어 기어오른다고 해서 성공한 리더가 되는 것이 아니다. 오히려 아래로부터 섬기는 자가 성공한 리더이다. 예수 그리스도는 이에 가장 완전한 본을 보여주었다. 그는 곁에 있는 제자들이 상스러운 자리 다툼을 벌이고 있다는 것을 잘 알고 있었다.

"이방인의 집권자들이 그들을 임의로 주관하고 그 고관들이 그들에게 권세를 부리는 줄을 너희가 알거니와 너희 중에는 그렇지 않을지니 너희 중에 누구든지 크고자 하는 자는 너희를 섬기는 자가 되고 너희 중에 누구든지 으뜸이 되고자 하는 자는 모든 사람의 종이 되어야 하리라 인자가 온 것은 섬김을 받으려 함이 아니라 도리어 섬기려 하고 자기 목숨을 많은 사람의 대속물로 주려 함이니라"(막 10:42-45).

예수 그리스도의 제자들이 체험한 리더십은 로마의 지배하에서 이스라엘 백성들이 체험한 리더십과는 전혀 다른 것이다. 진정한 리더십의 특성은 강압적인 통치나 정복이 아니다.

리더십은 주로 상급이나 훈장이 아니라 흉터를 남긴다. 부활 후 제자들을 만났을 때, 예수 그리스도는 못 자국 난 손과 옆구리의 상처를 보이며 자신을 확인시키셨다(요 20:20, 26-29). 우리는 이를 결코 잊어서는 안 된다. 우리는 예수 그리스도가 보이신 본을 무시할 수도, 회피할 수도 없다. 길었던 인생 여정을 마무리하면서, 사도 요한은 독자들에게 다음을 상기시켰다.

"그가 우리를 위하여 목숨을 버리셨으니 우리가 이로써 사랑을 알고 우리도 형제들을 위하여 목숨을 버리는 것이 마땅하니라"(요일 3:16).

히브리서 11장에는 희생적인 섬김의 삶을 살면서 하나님의 리더십을 증거한 사람들의 이름이 나와 있다. 이 "명예의 전당"에 이름을 올린 사람들이 견뎌야 했던 고통은 이루 열거할 수 없다. 그들은 심한 고문을 당하고 조롱 받고 채찍에 맞았으며, 사슬에 결박되거나 옥에 갇히는 시련을 겪었고, 돌에 치이고 톱으로 두 조각이 나고 칼에

찔려 죽음을 당했다.

위험 감수

인적·재정적 지원이 부족한 가운데 새로운 시도를 하려면 위험 부담이 크다. 성공의 기미는 좀처럼 보이지 않고 상당한 문제가 예상될 뿐이다. 우선 오류를 범하기 쉬운, 리더의 인간적 기질로 인해 문제가 발생한다. 리더가 하나님의 지시를 따르느냐, 아니면 자기 마음 내키는 대로 행하느냐에 따라 사업의 성패가 갈린다. 리더가 믿음의 길을 가느냐, 어리석은 선택을 하느냐에 따라 사업의 행보가 결정되는 것이다.

이밖에도 타이밍, 장소, 팀 구성, 그리고 현명하지 못한 판단이 문제를 일으키는 요인들이다. 새로운 시도들은 이렇다 할 진전을 거두지 못한 채 허둥대는 경우가 허다하다. 종국에는 새로운 신앙 공동체나 운동의 효과가 증명되겠지만, 초반에는 실망과 좌절을 거듭하고 때로는 완전히 실패하는 경우도 있다. 어떤 리더들은 비난과 조롱의 표적이 되어 고초를 겪기도 한다.

새로운 시도를 하기에 앞서, 리더들은 개인적으로 실패의 짐을 짊어질 각오를 해야 한다. 더 나아가 리더들은 부진을 면치 못하는 신규 사업에 실망한 사람들에게 대해서도 중책을 맡고 있다. 사람들이 자기가 결정한 일에 대해서는 스스로 책임을 져야 한다 해도, 그들에 대한 리더의 책임은 사라지지 않는다. 리더들은, 사람들이 주의 인도하심을 따르며, 동조의 압력에 굴복하거나 특정한 리더를 절대화·신격화하여 받드는 개인 숭배에 빠지지 않도록 지켜봐야 한다.

간혹, 기독교 사역의 근무 환경 때문에 이 사역을 선택하는 리더들이 있다. 그들은 교회에서는 속세의 억압에서 벗어나 안전하게 지낼 수 있으리라 기대한다. 이러한 사고방식을 가진 리더들은 위험 부담을 감수하려 하지 않으며 리더십의 대가를 치를 준비가 되어 있지 않다. 그들은 대체로 보수적 성향이 강하다. 하지만 과거 교회가 누렸던 안정성과 지속성은 전통적인 교회 문화에서나 가능한 것이었다. 삶의 모든 국면들이 놀라운 속도로 바뀌고 있는데도 그들은 여전히 교회만은 변함없이 있어 주기를 바라며, 그들이 폭풍에 휩쓸리지 않도록 든든한 닻이 되어 줄 거라고 기대하고 있다.

교회 성도 가운데 주로 구세대들이 보수 성향이 강하지만, 신학교에 다니는 젊은 리더 지망생들 중에도 이와 같은 사고방식을 지닌 이들이 있다. 나는 신학교 강의에서 이런 학생들을 많이 보았다. 이 걱정스런 리더 지망생들은 현상 유지를 고집하거나 신보수주의를 지지하는 리더가 될 우려가 있다. 그들이 지닌 위험 부담과 혁신에 대한 고질적인 반감은 교육에 의해 강화된 것이다. 다시 말해, 전통적 신념들을 고집스럽게 옹호하는 교육 환경이 젊은 세대를 보수주의자로 키워 내고 있는 것이다. 그들은 교회 리더로서 성도들이 고령화되고 줄어가는 현상을 지켜보면서도 여전히 틀에 박힌 사고방식을 유지할 가능성이 높다.

오래 참음과 인내

우리의 일차적 관점은 전통적인 "관리형"의 틀을 깨고 동시대 문화에 관여하고 있는 이머징 교회들에 있지만, 오늘날의 난관을 헤쳐 나가기 위해 고군분투하고 있는 전통적인 교회들을 간과해서는 안 된다. 오랜 역사를 지닌 교회들 중에는 도시 빈민가나 인구가 적은 농촌 지역에 위치하고 있는 교회들이 많다. 하나님께서는 이 공동체들에 속해 있는 믿는 자들을 버리지 않으셨다. 혁신적인 신생 공동체나 이머징 교회들과 마찬가지로, 이 공동체들에도 새로운 리더들이 필요하다.

하나님께서는 또한 고령의 성도들에게 다시금 활기를 불어넣어 줄 젊은 리더들을 부르고 계신다. 이들은 필요한 자질과 능력을 갖추고 있는지, 충분히 훈련받았는지 검증받아야 한다. 난관에 봉착한 전통적 교회에서 사역할 젊은 리더들에게는 오래 참음과 인내가 절실히 필요하다. 인내와 끈기 없이 이 고된 사역에 뛰어든다면, 리더들은 오히려 그리스도를 따르는 신실한 공동체에 뼈아픈 상처만을 남길 것이다. 실제로 많은 교회들이 빈번한 리더 교체로 인해 소외와 좌절을 경험하고 있다.

마크 라오 브랜슨(Mark Lau Branson)은 다문화 지역의 교회들에 특별한 관심을 갖고 개인적으로 헌신하고 있다.[1] 그는 시내 교회들이 늙어 죽도록 내버려 두어서는 안 된다고 믿는다. 이 교회들은 예전에도 어려움과 낙심 가운데 힘들어 했던 시절이 있었고, 또 그 시기를 잘 극복해 왔다. 따라서 그들은 자신의 역사로부터 새로운 힘을 끌어내어야 한다. 브랜슨은 교외 지역 교회들의 성공 사례에 그들이 기죽을 필요가 없다고 강조한다.

리더십에서의 오래 참음과 인내를 죽어가는 환자의 손을 잡아 주는 것이라 해석해서는 안 된다. 리더는 상황을 절망적으로 인식하고 단념한 채 위로를 전하는 사람이 아니다. 이 경우, 위로하는 사람은 환자와 함께 죽을 수도 있다. 오래 참음과 짝을 이루는 인내는 하나님께서 각 신앙 공동체를 위한 미래를 예비하신다는, 흔들림 없는 믿음에서 솟아난다. 전통적 교회들이 가망이 없는 불치의 상태에 놓여 있는 것은 아니다. 물론 과거로부터 이어져 온 일정 부분과 전통들을 내려놓아야 한다는 점에서 죽는 것이라고 볼 수 있겠지만, 이 죽음은 소멸이 아닌 부활로 이어지는 죽음이다.

즉각적인 만족과 결과를 요구하는 문화에서는 특히나 오래 참음과 인내라는 자질이 강화되어야 한다. 오래 참음과 인내는 모든 영적 문제와 관련하여 필수적인 자질이며, 이는 고충을 겪고 있는 전통적 교회의 리더는 물론 새로운 신앙 공동체와 운동의 리더들에게도 마찬가지이다. 도전과 문제들은 언제나 위압적이다. 하지만 그것의 속성은 시대에 따라 다르다. 오늘날 리더십이 치러야 할 가장 높은 대가 중 하나는, 아무리 지형이 험하고 언덕이 높더라도 끝까지 교회와 함께하며 오랫동안 충실히 소임을 감당하려는 자세이다. 젊은 리더들은 꿋꿋하게 믿음을 지켜 온 구세대로부터 지혜를 배우고, 그들이 증거하는 오래 참음의 가르침을 통해 다가올 미래를 대비해야 한다.

변화와 새로운 아이디어에 대한 저항에 직면

얼핏 보면, 이머징 교회의 젊은 리더들은 전임자들보다는 훨씬 수월하게 새로운 아이디어나 변화를 도모할 수 있을 것이라 예상된다. 그러나 실상은 전혀 다르다. 잠재적인 저항들이 곳곳에 숨어 있으며, 그것들은 예상치 못한 방식으로 순식간에 나타난다. 이것은 그리 놀랄 만한 일이 아니다. 이머징 교회에 참여한 사람들은 대부분 고유의 경험을 지니고 있으며 서로 다른 길을 걸어왔기 때문에, 자신만의 이야기를 가지고 있다.

인생을 살다 보면, 과거를 부정하고 그에 반하는 행동을 하는 사람도 있고, 과거를 소중히 간직하고 보존하려고 애쓰는 사람도 있다. 대부분의 사람들은 두 가지 성향을 모두 갖고 있다. 마크 브랜슨(Mark Branson)의 "강점 기반 조사"(appreciative inquiry, A.I)와 같은 방법은, 그동안의 경험 내용을 확인하여 지금의 내가 그리고 우리가 있기까지의 과정을 규명하는 데 매우 효과적이다. AI는 자신의 이야기를 하도록 성도들을 독려하는, 일종의 교회 상담식 접근 방법이다. 사람들은 처음 교회에 오게 된 계기나 교회에서 함께 지내는 동안 가장 귀하게 여겨 온 가치들에 대해 이야기한다. 이 과정을 통해 사람들은 상대방의 반응과 식견을 예상하고 해석할 수 있다. 뿐만 아니라 다른 구성원들이 어떤 부분에서 인생의 상처를 입었고 그것을 보호하기 위해 어떤 방어막을 설치해 두고 있는지 알 수 있다.

신생 공동체에서는 누구도 새로운 아이디어와 정책 변화에 대한 저항을 예측하지 못한다. 저항은 대체로 예상하지 못한 상황에서 갑작스럽게 나타난다. 새로운 상황이 발생하거나 더 많이 참여하기를 열망하는 사람들에 의해 다시금 변화의 물결이 일면, 공동체가 기획했던 초기 구상들은 도전을 받는다. 새로운 목소리들은 단체의 문화적 표준으로 정착한 것들에 대해 문제를 제기한다. 전형적으로 단체의 핵심 구성원들은 이러한 움직임을 위협으로 받아들이고 불안해하며, 리더들은 반사적으로 보호주의적 입장을 취한다. 이는 그 단체의 설립자들이 (1) 공동체의 이상을 설계하고 (2) 용기를 내어 기성 지식과 관행들에 도전하고 (3) 비판받을 것을 각오하면서까지 초기 위험을 감수하는 등, 많은 대가를 치렀기 때문이다.

특히 운동을 창안한 목사나 리더가 떠나거나 죽은 후, 그 유업을 이어받은 사람들은 비판에 대해 매우 민감하다. 때때로 민감함이 극에 달하면, 선임 리더의 결정을 문제 삼는 것 자체를 신성한 기억에 대한 배반으로 치부하기까지 한다. 어떤 공동체나 운동이든지 10년 이상의 세월이 흐르면, 제도적 규범들이 점점 굳어져 고착화되게 마련이다. 따라서 새로운 목회자들은 저항과 강경한 반대와 같은 대가를 치를 준비가 되어 있어야 한다. 오늘날 가장 보수적인 교회기관들이 처음에는 급진적인 운동으로 시작했었다는 사실을 되돌아보면 사뭇 엄숙해진다. 어제의 급진파 리더들은 현재 보수주의자들이 되어 있다. 그들에게는 혁신의 뼈아픈 대가를 두 번씩 치를 준비가 되어 있지 않았던 것이다.

비판 이겨내기

어떠한 맥락에서도 비판은 피할 수 없는 리더십의 대가다. 실망하거나 불만이 있는 사람들이 보기에 리더는 가장 잘 눈에 뜨이는 표적이다. 더군다나 기관이 제대로 움직이지 않고 곳곳에서 문제가 발생하면 모두가 리더에게 질타를 퍼붓는다. 리더들은 희생양인 셈이다. 기관들은 공동의 책임을 부인하거나 집단적 부정 행위에 대한 이목을 분산시키고자 리더를 희생양으로 삼는다.

정당한 사유가 있건 없건, 리더가 비판을 면할 길은 없다. 게다가 비판을 사전에 방지하려 하거나 호감을 얻으려 애쓰는 것은 별 도움이 되지 않는다. 인기에도 항상 높은 가격이 붙게 마련이다. 개인적인 인기를 구하는 리더들은 머지않아 그들의 인기가 한순간에 물거품처럼 사라지는 것을 목격하게 된다. 따라서 리더들은 인기도 없고 논란의 여지가 있는 결정이라도, 그것이 운동의 존속과 번영을 위한 것이라면 과감하게 추진할 수 있어야 한다. 인기와 평판이 리더십의 기준이 되어 버리면 리더는 더 이상 비판을 견뎌 내지 못할 것이다. 인기에 연연하는 리더들은 결국 여론에 휩쓸리며 이리저리 헤매게 된다.

자신의 결정과 행동에 대해 확신을 가진 리더들만이 비판을 이겨 낼 수 있다. 맥스 드 프리에 따르면, 리더의 임무는 현실을 규정하는 것이며, 사람들이 그 사실을 받아들일 준비가 되어 있느냐는 상관이 없다. 공동체의 현실을 규명한 후에는, 주도적으로 대처 방안을 모색해 나가야 한다. 그렇다고 리더들이 언제나 틀림없으며 절대 확실하다는 말은 아니다. 리더에게는 주관을 가지고 리더의 생각에 거침 없이 문제를 제기하고 대안을 제시하며 리더와 격렬하게 논쟁을 벌일 수 있는 사람들이 필요하다. 지혜로운 리더들은 이러한 사람들을 항상 곁에 두고 그들의 말에 귀를 기울인다. 그리고 이러한 토론 가운데 창조적인 아이디어와 해결 방안들이 제시된다.

리더들은 정당한 비판들을 긍정적으로 받아들이며 그것의 진정성과 우려를 인정할 줄 알아야 한다. 반면, 유해한 비난에는 적절히 대응하면서 그 저의를 밝혀내야 한다. 리더들이 지나치게 위협을 느껴 더 이상 반대 의견을 듣지 않으면, 비난이 거세지기도 한다. 대개 비난을 일삼는 자들은 믿음이 적은 자 또는 '위험 인물'로 낙인 찍힌다. 리더들은 불편한 질문도 할 줄 알고 긍정적 비판을 제공하는 "충성된 반대파"의 가치를 인정하고, 그들을 위해 자리를 마련해 줘야 한다.

비판이 거세게 확산되면 무조건적인 거부로 이어질 수 있다. 중국 내지선교회(China Inland Mission, CIM)의 리더였던 오스왈드 샌더스(J. Oswald Sanders)는 다음과 같이 말한다. "흔히 군중들은 리더를 인정하지 않다가 그가 죽은 후에야 생전에 그에게 던졌던 돌로 기념비를 세우곤 한다."[2] 때때로 정당한 거부 반응이 일기도 한다. 특히 리더들이 불합리한 요구를 하거나 더 이상 그를 신뢰할 수 없을 때 나타나는 거부 반응은 타당한 경우가 많다. 반면, 제자도의 길을 충실히 선언했음에도 불구하고, 듣는 자들의 미숙함으로 인해 반발이 일기도 한다. 예수 그리스도는 엄청난 인기를 누리기도 하였지만, 그에게 반발하는 세력도 만만치 않았다. "자기 땅에 오매 자기 백성이 영접하지 아니하였으나"(요 1:11). 그리스도를 따르는 자들 역시 그와 같은 취급을 받게 될 것이다.

외로움 견디기

리더의 소명에는 본질적인 외로움이 깃들어 있다. 그것은 동시대인들보다 더 멀리 보고 그들이 의심 없이 받아들이는 신념에 정면으로 도전장을 내밀며 진취적인 사유를 하는 비전가의 외로움이며, 다른 사람의 삶에 영향을 미치는 결정권자의 외로움이다. 또한 그것은 불순종과 연약한 믿음이 폭로될 줄 알면서도 하나님께로부터 받은 말씀을 전해야 하는 설교자의 외로움이고, 자신을 따르는 사람들에게, 그리고 가장 가까운 친구들에게 버림받았을 때 오는 리더의 외로움이다.

다윗 왕은 처절한 외로움에 시달리며 하나님께 울부짖었다. 원수들뿐만 아니라 가장 친한 지우(知友)마저 그에게서 등을 돌리고 그의 생명을 위협하고 있었다. 다윗은 그들로부터 자신을 지켜 주실 주의 보호하심을 바랐다(시 3-7편, 10-13편, 17편, 22편 참조). 그리고 예수 그리스도는 겟세마네에서 영적 고통 가운데 있을 때 제자들이 잠든 것을 보고 더욱 절실한 외로움을 느꼈다(막 14:32-42). 복음 전도를 하던 사도 바울 역시 동역하던 이들에게 버림받아 아시아에 홀로 남겨진 적이 있었다.

> "아시아에 있는 모든 사람이 나를 버린 이 일을 네가 아나니 그중에는 부겔로와 허모게네도 있느니라"(딤후 1:15).

외로움에 고통스러울 때일수록 리더는 자신의 영적 자원을 이끌어 내야 한다. 그리고 팀과 함께 사역하는 것이 외로움에 대한 가장 적절한 대응이다. 자신을 숭배하고 흠모하는 사람들이 있어야 기쁨으로 일하는 리더들은 파멸에 이르고 만다.

때로는 리더 스스로 외로움을 자초하는 경우도 있다. 교만하거나 심적으로 불안정한 리더들은 타인을 멀리한다. 그들은 약점을 들킬까 봐 전전긍긍하며, 가급적 사람들을 멀리하여 불리한 상황을 모면하려 한다. 그러나 리더라면 자신에게 완벽한 이미지 또는 적어도 자신감 있게 자족하는 이미지를 투사할 수 있어야 한다. 성자들은 결코 사람들을 멀리하지 않는다. 그것은 연예인들이 하는 일이다. 성자다운 리더는 하나님의 은혜 밖에서는 자신이 아무것도 아님을 잘 알기에, 늘 솔직하며 투명하게 자신의 모든 것을 내보인다.

경쟁적 우선순위 정하기

리스 앤더슨은, 현대 도시에 사는 하나님의 백성들에게 리더십을 집단적으로 적용했을 때 왜 그것이 복잡하고 실망스러운 결과를 낳는지, 그 공통 요인을 몇 가지 규명한 바 있다.[3] 그에 따르면, 경쟁 체제하에서 사람들은 쉴 새 없이 일하면서도 자신의 일에 대해 확신이 없고 늘 불안함을 느낀다. 다시 말해, 경쟁적 삶에서는 시간이 터무니없이 부족하다. 사람들은 예전보다 훨씬 오랜 시간 일을 하고, 언제라도 일할 수 있도록 스케줄을 융통성 있게 운용한다. 그 결과, 그들은 언제 자유 시간이 주어질지 미리 알 수가 없다. 게다가 주말 근무 인력의 비중도 점점 증가하고 있다. LA 노동 인구의 약 20% 가량이 주일에도 일을 한다. 과거 교회가 전폭적으로 의존했던 여성 봉사단의 구성원들은 집에서 일을 하며 자유롭게 시간을 낼 수 있는 사람들이었지만, 지금은 사정이 다르다. 오늘날에는 자원봉사를 방해하는 경쟁적 우선순위들이 많다. 아이들은 경쟁적 스포츠에 몸담고 있으며, 생활 수준이 향상되면서 주말 여행과 같은 선택의 폭이 넓어졌다.

현대 도시인들은 심한 스트레스와 불안에 시달리며 지내다가, 주일이면 자신의 고민거리를 안고 교회를 찾는다. 그렇다면 교회는 이미 극에 달해 있는 그들의 심리 상태를 더 악화시키고 있는가, 아니면 사람들에게 스트레스를 해소할 수 있는 긍정적이고 만족스런 환경을 제공하고 있는가? 〈타임〉 지와 CNN 방송이 공동으로 조사한 설문 결과에 따르면, 대부분의 사람들은 속도를 늦추고 보다 여유롭게 살고 싶어한다. "사람들은 개인적 삶의 요구와 조직 생활의 요구

사이에서 균형을 맞추고 싶어한다."⁴

리스 앤더슨이 교회 리더들에게 전하는 바는, 사람들이 단순히 바빠서 헌신하지 않는 것이 아니라 우선순위를 저울질하고 있다는 사실이다.⁵ 따라서 리더는 시간에 쫓기는 사람들로 하여금 하나님의 통치에 준하는 가치들을 반영하여 우선순위를 세우도록 도와줘야 한다. 그렇다고 비현실적인 요구를 해서는 안 된다. 이를 위해서는 그동안 소중히 지켜온 교회 프로그램들을 재규정하거나 협력 관계를 형성할 수 있도록 재정비해야 할지도 모른다. 여하간 교회는, 사람들이 우선순위를 적절하게 정할 수 있도록 먼저 본을 보여야 한다.

실패를 경험하다

어떤 어려움이나 반대, 걸림돌도 없이 하나님의 사역이 무난하게 진행되는 경우는 매우 드물다. 성공한 리더들의 사례에도 언제나 고통과 아픔이 존재한다. 우리는 그들이 견뎌낸 그 고난에 주의를 기울여야 한다. 행복한 결말에 도달하려면 필연적으로 어둠의 과정을 거쳐야 하는 것이다.

이 걸림돌은 믿음의 시련이다. 쉽게 부서지는 철을 신장성이 높은 강철로 만들려면 고열에 단련시켜야 하듯, 수많은 걸림돌을 뛰어넘는 과정에서 믿음이 성장하고 강화된다. 시련은 우리 자신의 한계를 깨닫게 하고, 우리가 다시금 하나님의 은혜 안에 거할 수 있게 해준다. 우리는 주님께서 우리를 끝까지 책임져 주심과 하나님을 사랑하는 자들에게는 모든 것이 합력하여 선을 이루리라는 믿음을 실천해야 한다(롬 8:28). 하나님의 은혜 가운데 시련을 극복하면서 우리는 하나님께 영광을 돌린다. 바꿔 말하면, 어려운 시기를 거치면서, 우리는 주님의 도움 없이 인간적인 노력만으로는 사역을 완수할 수 없음을 깨닫게 된다.

새로운 시도를 할 때마다 리더들은 모든 것을 새롭게 배워 나가게 된다. 실험 정신은 물론 실수도 과감하게 받아들일 준비가 되어 있어야 새롭게 직면한 학습 곡선을 극복할 수 있다. 신선한 통찰력과 새로운 기술들도 이러한 조건하에서 나온다. 처음 가는 그 길이 막다른 길일 수도 있다. 하지만 온갖 위험을 무릅쓰고 과감히 앞으로 전진하다 보면 막다른 길을 분별하는 법을 배우게 될 것이다. 이러한 과정 속에서 수많은 혁신들이 잉태된다.

성장에 맞춰 변화

리더들은 그들의 교회나 운동과 함께 성장하며 자신만의 스타일을 개발해 나간다. 그런데 교회나 운동의 성장을 유지하기 위해서는 리더십 스타일을 바꿔야 할 때도 있다. 리더가 이 변화의 시점을 정확히 예측하지 못하고 지체하면, 운동은 성장을 멈추거나 분열될 수도 있다.

긴밀한 관계 위주의 리더십은 한정된 수의 사람들로만 유지된다. 일부 X세대 리더들은 개인들 간의 직접적인 상호 작용에 전념하기 위해 교회 규모를 의도적으로 작게 유지한다. 이 경우, 교회는 신약의 초대 교회들과 같이 다른 소규모 교회들과 네트워크를 구성해야만 성장할 수 있다. 그리고 목사들은 교회 성도들과 긴밀한 관계를 유지하면서 네트워크상의 다른 교회 리더들을 멘토링한다.

성도 수가 65명이 넘는 교회가 되었다면, 리더는 더 이상 개인적 관계에 매여 있어서는 안 된다. 그는 개인적 관계를 대신하여 성도들 간에 관계적 유대감을 형성할 수 있는 하위 모임들을 형성하고 장려해야 한다. 이 경우, 리더는 성도 개개인이 아닌 리더십 팀과 개인적인 관계를 유지하게 된다. 두 경우 중 어느 쪽이든지, 교회가 어느 정도 성장한 후에는 리더 역시 초기 리더십 스타일을 바꾸고, 개척 과정에서 가깝게 지내며 일해 온 개인들과의 관계를 어느 정도 느슨하게 조절할 필요가 있다. 자신만의 특정 스타일에 지나치게 매여 있는 리더들은 외부 조언자의 도움을 받아서라도 필요한 변화를 도모해야 한다.

의사 결정에 따르는 압박감

리더십에서 스트레스는 피할 수 없는 것이지만, 관리할 수는 있다. 첫째, 리더는 자신의 스케줄을 조정하여 일의 양을 적절하게 유지해야 한다. 짧은 시간 안에 지나치게 많은 사안에 대해 결정을 내려야 한다면 압박감이 커질 수밖에 없다. 따라서 결정할 사안의 수를 제한하는 것이 가장 좋다. 중대 사안들만을 분별하여 처리한다면 리더가 결정해야 할 사안들은 상대적으로 줄어들 것이다. 나머지는 자연스럽게 제자리를 찾아가게 되어 있다. 둘째, 리더는 의사 결정과 이행 과정을 공유할 수 있는 책무 구조를 설립하여야 한다. 다시 말해, 서로 책임지고 지지하는 관계를 맺어야 하며, 의사 결정은 항상 공동의 과정이어야 한다. 고집스럽게 혼자서 의사 결정을 하는 리더는 공격받기 쉽고, 불필요한 짐까지 짊어지게 된다. 셋째, 리더는 세세한 부분까지 스스로 관리하려는 욕심을 버려야 한다. 시간이 소요되는 세부사안들은 다른 사람들에게 위임하고, 그들에게 책임에 걸맞은 권한을 부여해야 한다.

교회는 통합적으로 구성되어 있다. 특정 사안에 대한 결정이 다른 일에 영향을 미쳐 의도치 않은 결과를 초래할 수도 있다. 그러므로 의사 결정에 대한 통합적인 접근이 필요하다. 개별 결정 사안들은 다른 사안들과 보조를 맞춰 시행되어야 하며 그 시기와 순서 등을 고려해야 한다.

한정된 자원으로 사역 꾸려 가기

찰스 핸디는 기업가적 리더들을 "새로운 연금술사"라고 표현했다. 이들은 무에서 유를 창출할 수 있는 리더들이다. 대부분의 경우, 이머징 교회의 리더들은 전통 교파나 기성 단체들로부터 재정적인 후원을 받지 못한다. 그래서 이머징 교회들은, 적어도 초반에는 상당히 적은 예산으로 운영되고 있다. 그리고 리더들 대부분은 대형 교회의 리더가 되는 것에는 별 관심이 없다. 그들은 자신이 세우는 공동체가 재생산이 가능해야 하며 막대한 자본 지출에 의존해서는 안 된다고 주장한다.

상당수의 이머징 교회 리더들이 두 개 이상의 직업을 가지고 있으며, 물질적으로 풍요롭지 못하다. 교회에도 예산을 충당해 줄 만한 손 큰 기부자가 없다. 성도들은 세를 내고 장소를 빌려 모임을 갖는다. 중요한 것은, 그들이 재정적인 취약성을 성장의 장애물로 여기지 않는다는 사실이다. 오히려 자원이 한정되어 있기 때문에, 이머징 교회들은 네트워크 확장에 심혈을 기울이며 다양한 방법들을 모색하고 있다. 이머징 교회를 섬기는 이들에게는, 주어진 자원 내에서 긍정적으로 사역을 꾸려 나가는 법을 배우는 것이 삶의 방식이 된 듯하다. 많은 이머징 교회 리더들이 막대한 재정 자원이나 사회적 혜택 없이도 성공적으로 번성하였던 초창기 기독교 운동들에 대해 지적한다.

많은 경우, 인적 자원 역시 극히 제한되어 있다. 시간이나 달란트를 들여 교회에 헌신하는 사람들이 그만큼 줄어든 것이다. 따라서 교회는 한정된 재정적, 인적 자원들을 가지고 사역을 이끌어 나가는 법을 배워야 한다. 다시 말해, 적은 예산을 가지고 많은 일을 할 수 있어야 한다.

지속적으로 인력 충원

유능한 리더들은 주위 사람들이 크게 성장하기를 원한다. 그들은 사람들이 다양한 능력을 기르고 지금까지의 조직 경험을 활용하여 다른 일을 하기 위해서는 사역지를 옮겨야 할 때도 있다는 사실을 잘 알고 있다. 지혜로운 리더들은 또한 리더십 팀의 높은 변동률을 감안하여 계획을 세운다. 특히 젊은이들이 주축을 이루는 리더십 팀과 일할 때에는, 다수의 팀 리더들이 대개 3년 간격으로 바뀔 수 있다는 사실을 염두에 둔다.

이로 인해 리더들은 계속해서 인력을 충원해야 하는 부담을 안게 된다. 리더들은 매번 신규 사업에 필요한 비전과 능력을 갖춘 사람들을 뽑아 교체 멤버를 훈련시켜야 한다. 이 과정이 반복되면 리더들은 정신적으로 지칠 수밖에 없다. 인력 양성과 훈련에 소요되는 시간도

적지 않다. 따라서 리더들은 내일의 리더들에게 자신의 인생 경험을 아낌없이 제공하면서 스스로를 내어주어야 한다. 데살로니가에서 사도 바울은 복음을 전하였을 뿐 아니라 자기 자신을 내어주며 복음 전달의 핵심이 무엇인지를 명확히 보여주었다. 데살로니가전서 2장 8절에서 바울은 다음과 같이 말하고 있다. "우리가 이같이 너희를 사모하여 하나님의 복음뿐 아니라 우리의 목숨까지도 너희에게 주기를 기뻐함은 너희가 우리의 사랑하는 자 됨이라."

사람들이 떠나고 나면 그들이 가지고 있었던 숙련된 기술과 경험도 사라진다. 그러므로 그들이 떠나기 전에 보조하는 사람들을 훈련시켜 미래를 대비해야 한다. 디모데를 훈련시킨 후 외지로 파견시켰던 사도 바울의 사례가 좋은 성경적 본보기이다.

육체적 · 정신적 피로

육체적으로 지쳤을 때보다 정신적으로 쇠약해졌을 때 회복 시간이 더 오래 걸린다. 대부분의 사람들은 하룻밤 푹 자거나 산책을 하고 나면 신체적으로 원기를 회복한다. 반면, 정서적으로 기진맥진해 있을 때에는 긴장을 해소하고 정신적인 평정을 되찾을 수 있도록 잠시 떠나 있는 것이 좋다. 복음 전도, 제자 훈련 및 교회 개척에서의 리더십은 상당히 어렵고 고되다. 이 사역들은 수시로 영적 대립에 휘말린다. 그리고 도움을 청하는 궁핍한 사람들과 자주 접촉하다 보면 영적으로 쇠진할 수 있다.

고린도는 방종함과 폭력으로, 국제적으로 정평이 나 있는 도시였다. 그곳에서 사도 바울은 정신적 · 육체적으로 쇠진하였고 위협을 느꼈다. 처음 고린도에 도착했을 때 사도 바울은 두려움에 떨며 심히 걱정하였지만(고전 2:2-3), 주님께서 그를 안심시키셨다. 주께서 그에게 "두려워하지 말며 침묵하지 말고 말하라 내가 너와 함께 있으매 어떤 사람도 너를 대적하여 해롭게 할 자가 없을 것이니 이는 이 성 중에 내 백성이 많음이라"고 말씀하셨다. 사도 바울은 그 말씀에 의지하여 "일 년 육 개월을 머물며 그들 가운데서 하나님의 말씀을 가르쳤다"(행 18:9-11). 이와 같은 경험이 있었기에, 바울은 고린도에 남겨진 신자들에게 다음과 같이 간증할 수 있었던 것이다:

"그러므로 우리가 낙심하지 아니하노니 우리의 겉사람은 낡아지나 우리의 속사람은 날로 새로워지도다 우리가 잠시 받는 환난의 경한 것이 지극히 크고 영원한 영광의 중한 것을 우리에게 이루게 함이니 우리가 주목하는 것은 보이는 것이 아니요 보이지 않는 것이니 보이는 것은 잠깐이요 보이지 않는 것은 영원함이라"(고후 4:16-18).

서구의 주요 도시들은 대부분 유사한 문제들을 안고 있다. 현대 서구 사회에서는 수많은 요구 사항과 위험 요소가 뒤범벅된 영적 혼전이 벌어지고 있으며, 이런 상태에서는 피해자들이 다수 발생할 수 있다. 따라서 리더들은 생존 전략을 세워야 한다. 영적으로 중무장하고, 선교에 있어 민첩하게 행동해야 한다. 주변에서 어떤 일들이 일어나고 있는지 분별하고 해석하여, 바깥 동정을 정확히 살펴야 한다. 그들에게 있어 사회는 세미나나 훈련 센터와 다를 바 없는 배움의 장소라고 할 수 있다.

도시 영세민들을 위해 사역하고 있는 기독교 봉사 단체, 섬기는 동역자(Servant Partners, 한국 웹사이트에서는 '하인 파트너' 라 표기)는 미국의 도심지를 비롯해 개발 도상국의 대도시에서 교회를 개척하고 섬기며 보조하도록 젊은 리더들을 훈련시키고 있다.[6] 미국 캘리포니아 주 패서디나 소재 하람비 센터(Harambee Center) 역시, 미국 내에서 활동할 수 있는 젊은 리더십, 토착적 리더십(Indigenous Leadership), 도시 리더십 훈련에 주력하고 있다.[7] 이 센터에서 사역하고 있는 루디 카라스코(Rudy Carrasco)는 하람비 프로그램에 대해 다음과 같이 설명한다.

조직 철학: 우리의 비전은 흑인과 라틴계가 주를 이루는, 소외된 지역의 도시 청소년들을 크리스천 리더로 키우는 것이다. 그들이 전인적 기독교 공동체를 실천하고 인종 간의 화합을 이루어 지역 사회에 공헌할 수 있도록 양성하는 것이다. 모든 활동은 이 비전을 중심으로 이루어진다. 현재 우리의 주요 활동 무대는 서북 패서디나 지역이지만, 앞으로는 토착적 리더십을 추구하고 있는 전국의 동기 사역자들을 개발·지지하며 섬기고자 한다.

프로그램: 우리는 방과후 프로그램, 주니어 스태프 프로그램, 여름 프로그램, 사립 기독교 학교 그리고 하람비 기관이라 불리는 신규 프로젝트를 실시하고 있다. 방과후 프로그램에서는 애프터스쿨 도우미, 새 소식반(GNC : Good News Club), 놀이 지도 등의 기본 활동과 미술 공예, 노래, 가라테, 탭댄스, 컴퓨터와 관련된 수업도 진행하고 있다. 그리고 모든 활동에는 앞서 소개한 조직 철학이 반영되어 있다.

주니어 스태프 프로그램에서는 십대들을 중심으로 직업 훈련 과정, 대입 준비 과정을 운영하고 있으며, 매주 성경 공부를 실시하고 있다. 이 프로그램에 참여하는 십대들에게는 장학금을 지원하고 있으며, 매년 4월에 소수의 인원을 선발하여 봄방학 선교/봉사 여행을 보낸다. 주니어 스태프 프로그램에 참가한 학생들 가운데 과반수 이상이 대학에 진학한다.

우리 단체가 운영하고 있는 기독교 학교인 하람비 사립고등학교는 전인적 기독교 공동체 개발이라는 교육이념을 바탕으로, 훌륭한 사립 교육을 제공하고 있다.

새롭게 설립한 하람비 센터는 광범위한 영역에 관여하고 있다. 교회, 초교파 사역 집단, 대학, 신학교 그리고 여러 교파들이 이 센터를 지속적으로 방문하고 있다. 그들은 우리의 시스템을 본떠 일정 부분을 자신의 사역에 적용시키고자 한다. 나는 세간의 신문이나 간행물에 하람비의 사역에 관해 소개하고, 전국을 돌며 학교와 컨퍼런스에서 강연하고 있다. 이 모든 일들은 하람비 모델과 관련된 것이다.

이밖에도 여름 혹은 1년간 봉사자들을 모집하는 인턴십 프로그램을 제공하고 있다. 지금은 덴마크와 북 캘리포니아에서 온 인턴이 두 명 있다. 현재 나는 기독교 공동체 개발 교육과 하람비 모델의 정식화 과정을 밟고 있다. 따라서 하람비 모델은 아직 출발선상에 있다고 해야 할 것이다.[8]

위험 부담 나누기

리더만이 리더십의 대가를 치르는 것은 아니다. 그를 좇는 모든 이들이 리더십의 대가를 견뎌야 한다. 우리는 서로의 행동의 결과를 함께 짊어지게 된다. 우리는, 그리스도를 따르며 제자도의 대가를 기꺼이 받아들이고자 하는 이들에게 그 대가에 대해 상세히 설명해 줘야 한다. 동료는 물론 가족들에게도 제자도의 대가에 대해 면밀히 밝혀야 한다.

예수 그리스도는 대가에 대해 감추지 않으셨다. 그는 모든 것을 숨김없이 밝히며, 그를 따르려면 날마다 십자가를 질 준비가 되어 있어야 한다고 제자들에게 경고한다(눅 9:23). 이 말씀을 듣고 당시의 제자들이 받았을 충격은 지금의 우리로서는 상상조차 할 수 없다. 우리는 사형을 선고 받은 죄인이 처형 도구를 제 등에 지고 가는 장면을 실제로 본 적이 없으니 말이다. 물질적 특권을 누리려고 그를 따르려 했던 사람들에게 예수 그리스도는 "인자는 머리 둘 곳이 없도다"라고 대답하셨다(눅 9:58).

때로는 리더십으로 인해, 벌이가 좋은 직장을 그만두거나 안정된 교회가 제공하는 연봉과 다양한 혜택들을 내던져야 할 때도 있다. 이 밖에도 사람들을 재정적으로 위험 부담이 큰 사업에 참여시키거나 불확실한 미래로 이끄는 것도 리더십이 감당해야 할 대가이며, 편안한 교외 생활을 포기하고 도심 내 우범 지역으로 가는 것도 리더십의 대가이다.

오스왈드 샌더스는 리더들에게, 모든 위대한 성취의 대가는 한꺼번에 치를 수 있는 것이 아니라고 지적한다. "매일매일 대가를 불입해야 한다. 지불 명령서는 계속해서 발행되고, 납입 기한은 리더십이 쇠퇴할 때까지 지속된다."[9] 그러므로 우리는 일생 동안 주기적으로 대가를 지불할 준비를 해야 한다. 차기 분납금을 지불할 수 없다면, 자리에서 물러날 준비를 해야 한다.

우리는 리더십의 대가를 치를 때마다 리더십이 우리의 전부를 요구한다는 것을 절감하게 된다. 리더십의 대가는, 우리를 구원하시기 위해 자신의 전부를 내어 주신 독생자와 그를 이 땅에 보내신 하늘의 아버지께 순종하며 우리의 전부를 바치는 것이기 때문이다. 이 과정에서 우리는 우리를 향하신 하나님의 사랑과 예수 그리스도의 희생을 거듭 상기하게 된다. 우리는 또한, 진정한 자유와 만족은 전부를 바칠 때 얻게 되는 것임을 깨닫는다. 믿음, 소망, 사랑은 모든 것이 지나간 후에도 우리에게 남아 있을 것이다(고전 13:13). 이 성령의 열매들이 우리에게 인내할 수 있는 힘을 준다. 믿음과 소망과 사랑 안에서 우리는, 주께서 이끄시는 대로 순종함으로 나아갈 때 우리와 함께하겠다고 약속하신 그리스도의 말씀을 마음에 새기고, 눈앞의 고난에 좌절하지 않고 저 너머를 내다볼 수 있다. 리스 앤더슨은 다음의 규칙을 매일매일 따르라고 조언한다.

- 당장의 궁지만을 염려하지 말고 왕국 전체를 생각하라.
- 눈앞의 상황과 여건만을 보지 말고 고개를 들어 우리와 함께하시는 그리스도를 바라보라.
- 어려움이 아닌 성공에 초점을 맞추라.
- 문제를 확대 해석하여 실패를 허용하지 않도록 유의하라.
- 축복과 성공의 목록을 작성하여 보관하라.
- 현실을 포괄적으로 바라보며 예외적인 부분, 모든 불완전한 부분까지 고려하라.
- 불평에 흔들리지 말고 주어진 소명을 재확인하라.[10]

우리에게 요구되는 대가가 얼마이건 간에, 하나님께서 우리를 위해 치르신 대가에 비하면 그것은 정말 아무것도 아니다.

그렇다 해도 쓸데없는 요구들로 인해 불필요하게 부풀어 오른 대가를 지불하는 것은 무의미하다. 리더들은 이러한 일이 없도록 스스로를 보호할 수 있는 방벽을 세워 둘 필요가 있다. 사람들의 요구 조건이나 "내가 아니면 안 된다"는 그릇된 자만과 착각 속에서 스스로에게 부과하는 요구들은 하나님께서 우리에게 필요로 하시는 것을 넘어선다. 하나님께서는 언제나 당신께서 부여하신 은사들과 내려주신 육체적·정신적 능력에 맞게 요구하신다. 우리는 주변의 집요한 요구에 지쳤을 때 하나님의 부르심에 귀 기울이지 않고 자신에게는 없는 은사를 요하는 활동에 자꾸 관여하게 될 때, 단호히 "아니오"라고 말할 수 있어야 한다. 뿐만 아니라, 우리보다 더 잘할 수 있는 사람들이 멀찍감치 서서 일에 가담하지 않고 있다면, 그들에게 자리를 양보하고 참여할 수 있도록 독려해야 한다. 예수 그리스도를 본받아 따르는 길 위에서 우리가 충성해야 할 분은 오직 하늘에 계신 아버지이다. 따라서 사람들이 우리에게 지우는 불합리한 요구들에 굴복하지 말고, 오로지 하나님께서 명하시는 대로 행해야 한다.

요약

이 장에서는 리더십이 치러야 하는 높은 대가에 대해 선교적 이머징 교회들을 중심으로 살펴보았다. 리더십은 비판 앞에서도 사랑을 실천하고, 비난과 모욕을 감당할 수 있는 강인함 속에 부드러운 마음을 갖추고 있어야 한다. 모든 리더들이 외로움이라는 대가를 치르게 되지만, 선구적 사역을 개척하거나 젊은이들과 함께 사역하는 리더들은 고통스런 외로움을 견뎌야 한다. 리더들은 또한 아무리 자원이 부족하다 해도, 시련에 압도되거나 기회를 포기해서는 안 된다. 때론 가슴속에 큰 비전을 키워 가면서도 작은 일에 만족해야 할 때가 있다. 그런 때일수록 리더들은 "네 시작은 미약하였으나 네 나중은 심히 창대하리라"(욥 8:7) 하신 말씀을 믿고 나아가야 한다. 그리고 리더들은 주변의 모든 사람들과 위험 부담과 취약함을 함께 공유한다. 그들에게는 물러설 수 있는 안전한 피난처란 없다.

10
새로운 리더십의 출현과 발전

　　오늘날 우리는 후기 기독교 사회, 포스트모더니즘 시대에 살고 있다. 이 시대의 리더는 지금까지와는 달라야 한다. 서구 교회는 차세대 리더들을 발굴, 육성하는 데 총력을 기울여야 한다. 이를 위해서는 새로운 사고방식과 새로운 전략이 필요하다. 다시 말해 낡은 사고의 틀을 깨고 나와야 한다. 예수 그리스도의 표현을 빌리자면, 낡은 가죽 부대에 새 포도주를 붓거나 생베 조각을 낡은 옷에 덧붙이는 것은 부질없는 짓이다(마 9:16-17). 급진적인 변화를 요구한다고 해서 과거를 한꺼번에 내동댕이치라는 것은 아니다. 새로운 포도주를 담을 부대가 필요하다는 것이지, 용기를 아예 플라스틱으로 바꿔야 한다는 말이 아니다! 다만 눈앞에 가로놓인 선교적 난국들을 타개해 나가려면, 작금의 서구 교회와 그 리더십에 대한 비판적 재조명은 불가피한 일이다.

변화의 시대, 새로운 리더들을 발굴

현재 서구 교회가 겪고 있는 시대적, 문화적 변동들은 장기화될 가능성이 높다. 그렇다고 시대의 흐름이 기독교 사회 때로 돌아갈 리는 만무하다. 이런 상황에서 이머징 교회 운동을 일시적인 유행으로 치부하거나 이머징 리더들도 결국에는 전통적 기대에 부응하리라 기대하는 것은 심각한 잘못이다.

진정 오늘의 사회가 새로운 리더를 요청하고 있다면, 우리는 장래에 교회를 이끌어 갈 리더 후보자들을 발굴하고 선별하여 훈련시킬 수 있는 새로운 방법을 모색해야 할 것이다. 그리고 이미 정식 목회 훈련을 받고 있는 사람들은 시대적 난관과 도전들을 정확히 파악하여 준비해야 한다. 바꿔 말하면, 우리는 이 시대의 리더들을 사회 주변부의 초문화적 환경 속에서 일할 수 있는 선교사들로 키워야 한다.

지난 2004년, 영국국교회의 선교 공보국(Department of Mission and Public Affairs)은 〈선교를 위한 교회〉(Mission-shaped Church)라는 보고서를 발표한 바 있다. "리더십과 훈련"이라는 항목에서는, 선교적 리더 양성을 교파적 차원에서 우선시해야 한다고 주장하고 있다. "평신도, 성직자의 구분 없이, 영국국교회의 모든 목회자들은 초문화적 복음주의, 교회 개척, 새로운 형태의 교회에 대한 기초 훈련을 받아야 한다. 그리고 안수식 이후 3-4년간 시행되는 목회자 평생 교육(CME) 프로그램에서도 이를 중점적으로 다루어야 할 것이다." 이는 신학대학을 향한 경고였다. 미국의 교파들도 이와 같은 적극적인 태도를 취할 필요가 있다. 상황 반전을 기대하며 현상 유지에 매달려서는 안 된다.

비록 그 수가 많지는 않지만, 미국 내에도 교회의 각성을 촉구하고 새로운 교회들을 지원하고자 하는 단체들이 "있다"는 것은 참으로 다행스러운 일이다. "복음과 문화"(The Gospel and Culture) 네트워크는 북미의 지역적 상황과 선교적 교회에 관한 뉴스레터와 서적들을 공급하고 있으며, "리더십 네트워크"(Leadership Network) 역시 이머징 교회를 다룬 서적들을 출판하고 컨퍼런스를 개최하고 있다.

교회의 교육 철학만이 검토의 대상인 것은 아니다. 비즈니스 분야의 리더들, 교육자들도 직장에서의 교육 역할에 대해 재고하고 있다. 워런 베니스는 다음과 같이 질문한다.

> 현재 우리가 제공하고 있는 교육을 통해 신경제(New Economy)의 지속적인 성장에 필요한 인지력, 감성 능력, 대인 관계 능력, 그리고 리더십 역량을 충분히 함양할 수 있는가? ……우리의 교육은 학생들에게 지속적인 배움에 대한 열정, 행위의 결과에 대해 엄정하면서도 분별력 있는 도덕적, 윤리적 판단 능력을 심어 주고 있는가? 일과 인간 조직의 목적에 대한 이해에 도움이 되는가?[1]

현재 신학교나 성경대학을 갓 졸업한 사역자들은 현실적인 어려움을 감당하지 못하고 있다. 이는 지역 교회 사역의 높은 중도 포기율이나 사역 피해 발생 빈도만 봐도 알 수 있다. 신학교와 성경대학들은 이러한 현실을 간과해서는 안 된다. 쇠퇴의 늪에 빠진 교회들은, 이 졸업생들이 교회에 희망을 불어넣고 상황을 역전시켜 주리라 기대한다. 이러한 비현실적인 기대 역시 졸업생들에게는 큰 부담으로 작용한다. 그리고 새로 안수를 받은 목사들 대다수가 오늘날의 문화적 상황 속에서 사역을 하고 선교에 임할 준비가 되어 있지 않는 것이 상황을 더욱 악화시키고 있다. 그들은 이 도전적인 시대에 대해 왜곡되거나 너무도 순진한 시각을 지닌 채 훈련을 마치고 사역을 시작한다. 제1차 세계대전 때 징집된 병사들이 처음으로 참호전을 겪으면서 "그 누구도 이 정도일 거라고는 말해 주지 않았다"고 불평했듯이, 그들은 참담한 결말을 맞고 있다.

신학교가 직면하고 있는 딜레마

이 문제에 대한 책임이 전적으로 신학교에만 있는 것은 아니다. 신학교는 해당 교파와 학파의 요구 사항들을 모두 고려하여 학생들을 평가해야 한다. 그 결과, 인가받은 신학교들은 소명에 대한 진정성과 명확성, 인품, 은사나 역량과 같은 목회 자질은 보지 않고, 학업 능력을 중심으로 학생들을 평가하고 있다. 대부분의 사람들의 생각과는 달리, 실제로 신학교들은 학생들이 목회의 소명을 확인하는 데 있어 거의 도움이 되지 않는다. 또한 장래 목회에 대한 학생의 적합성을 평가하는 데 있어서도 신학교들의 역할은 매우 미비하다.

특정 교단에 속해 있지 않은 초교파 신학교의 경우에는 특히 더하다. 초교파 신학교의 학생들은 서로 교파가 다르다. 더욱이 최근에는 특정 교파에 속하지 않은 학생들이나 자천(自薦)한 독립 교회 개척자들의 비중이 점점 증가하고 있다. 이들은 선발 기준에 제약을 받지 않는다.

신학교가 우선시하는 것은, 인증 기관들이 제시하는 평가 기준을 충족시키는 것이다. 인증 기관들은 프로그램이나 코스의 이수 기준을 높이라고 신학교들을 압박하고 있다. 성경 언어, 성서 주해, 교회사, 교회 철학 등 고전적 학문에 대한 역량 평가는 그나마 용이한 편이다. 하지만 목회 위주 수업의 경우에는 문제가 훨씬 복잡하다. 목회 경험이 적거나 거의 없는 학생들도 많고, 다년간 계속된 교육과 훈련 탓에 소속 교회와 연락이 끊긴 학생들도 있다. 이 밖에도 학생들은 신학교의 수업을 따라가느라, 가족의 생활비를 벌기 위해 "속세의" 일을 하느라 바빠서, 수업 내용을 실제 목회 사역에 적용시키지 못하고 있다.

과반수 이상의 학생들이 경험을 쌓고 지혜를 터득하기도 전에 새로운 지식들을 습득해 나간다. 신학교에서 목회 실습과는 동떨어진 이론 위주의 교육을 시키기 때문에, 학생들은 세상과의 소통에 필요한 통찰력이나 기술을 갖추지 못한 채 졸업하는 경우가 태반이다.

단순히 목회 실습 수업을 추가로 개설한다고 해서 문제가 쉽게 해결되는 것은 아니다. 신학교에서 목회를 위한 실습 훈련을 강화한다고 해도, 학생들의 형편이나 시간적 제약 때문에 제대로 운영되지 않을 가능성이 높다. 따라서 기존 교과 과정에 목회 훈련이라는 수업을 추가로 개설하는 것은 별 의미가 없다. 3년 혹은 4년 과정으로 진행되는 목회학 석사 과정의 전형적인 커리큘럼은, 고전 학문으로만 구성되어 있다. 그리고 등록금은 계속 오르는 데다 장학금은 터무니없이 부족하여, 학생들은 학비를 벌기 위해 더 많이 일해야 한다. 이런 상황에서 학생들이 훈련받은 내용을 실제 목회 사역에 적용시키기는 어렵다. 아무리 목회 관련 수업들이 유익하다고 해도 대부분의 학생들은 형편상 그 과목을 이수하지 못할 것이다.

현 상황에서 신학교들에게 학생들을 위해 목회 실습을 제공하라고 하는 것은 무리가 있다. 신학교가 그 역할을 감당하기는 어려울 것이다. 이미 파트타임 교회 사역자(스태프)로 일하고 있는 학생들은 가능하지 않겠느냐 생각할지도 모르지만, 그들의 사정을 매번 수업 내용에 반영할 수는 없는 노릇이다. 그리고 수업 내용이 학생들이 처한 현실적 문제들과 무관하다면, 통합과 적용의 기회를 제공한다는 애초의 취지에도 맞지 않는다. 이론의 실천적 적용 문제를 탐구해 온 로버트 뱅크스(Robert Banks)는 변증법적 접근 방식을 주장한다. 이론을 실제로부터 분리해 따로 살펴볼 것이 아니라 둘의 연관 관계를 지속적으로 검토해야 한다. 이론만으로는 문제 해결에 필요한 기술을 터득할 수 없다. 이론적 연구는 반드시 문제의 실제 상황에 대한 검토로부터 출발해야 한다.[2]

선교적 참여에의 촉진

신학 교육의 역할 논쟁은 계속 있어 왔지만, 상황이 더욱 긴박해졌다. 상황이 더 악화되기 전에, 조치를 취해야 할 때이다. 뱅크스는 선교적 신학 교육 모델을 제안한다.

"선교적" 신학 교육 모델의 핵심은 말 그대로 **선교**에 놓여 있다. 선교는 목회의 실전 **파트너**이다. 다시 말해, 전통을 해석하고 강한 영성과 공동체성을 실전에 반영하고자 할 때 목회는 선교와 함께해야 한다. 이러한 관점에서 보면, 신학 교육이 우선시해야 할 것은 **하나님 나라**에 대한 실제적 **섬김**(actual service)이다. 실제적 섬김은 충분한 정보로 무장하고 사회를 변화시키는 것이다. 이것이 신학 교육의 유일한 임무는 아닐지라도 우선적인 임무라 할 수 있다. 그러므로 선교적 신학 교육은 인지적, 영적·도덕적, 그리고 실천적 **순종**을 우선적으로 강조한다.[3]

오늘날 신학교의 주된 임무는 "제자 삼기"이다. 다시 말해 사도적 목회자로서 문화 네트워크에 참여하여 그리스도를 전하고, 새로운 제자 공동체를 세워 나갈 제자들을 배출하는 것이다.

이 "종족" 네트워크를 통해, 그리스도의 제자 공동체들은 자신이 속한 문화를 변화시켜 나가야 할 것이다. 이 비전을 이행하기 위해서는, 역사적 신학 논쟁이나 현재 신학자들 사이에서 벌어지고 있는 내부 논쟁만으로 신학 수업을 진행해서는 안 된다. 고전 학문들도 콘스탄티누스 시대의 관점보다는 선교적 관점에서 현대 사회의 쟁점들과 대중문화를 검토해야 할 것이다.

앞으로 신학 교육이 역점을 두어야 할 것은, 교회 내부의 신학적 논쟁이 아니라 대중문화와 관련된 문제들이다. 이제는 신학의 분과 학문으로서의 **선교학**을 넘어, 신학교 교과 과정 전반을 **선교적 신학**을 중심으로 구성해야 한다.

차세대 리더 발굴

그렇다면 어떻게 차세대 교회 리더들을 발굴하고 지원할 것인가? 현행 방식과 달라야 하는가? 다음 세대를 이끌어 갈 리더들을 충분히 확보할 수 있는가?

현재 많은 교파들이 필요한 만큼의 리더들을 확보하지 못하고 있다. 이는 목회를 준비하는 신학생 수가 충분치 않기 때문이다. 목회를 제2의 직업으로 삼으려는 사람들까지 수용하고 은퇴한 교역자들의 지원을 받는다 해도 수요에 미치지 못한다. 오히려 리더십의 노화로 인해 성도들이 고령화되는 역효과가 나타나고 있다.

신학교에 진학하는 사람들은 대부분 이미 유지 관리 모드에 진입한 교회의 성도들이며, 그들은 그 안에서 사회화되어 있다. 그들이 원하는 것은, 교회의 현재적 구조와 윤리가 제공하는 인정(認定)과 안정성이다. 그들은 새로운 선교적 도전에 필요한 창조적 사고를 하거나 위험을 감수하지 않는다. 이러한 상황을 직시한 영국국교회는 리더들을 발굴·훈련하는 방법을 새롭게 고안하려 하고 있다.

> 대주교의회 목회국(Ministry division of the archbishops)은, 평신도 사역과 목회자 사역 모두를 위해 선구적 교회 개척자를 발굴하고 선별하여 훈련시킬 방안을 모색해야 한다. ……구체적 선별 기준을 확립해야 한다. 훈련 방식은 훈련 대상의 역량, 은사 및 경험에 적합해야 한다. 개척자 및 선교적 기업가들을 발굴하고 지지할 수 있는 자질을 충분히 갖춘 사람들이 선별 과정에 참여해야 한다.[4]

이 권고 사항은 광범위하게 적용 가능하며, 시대에 맞는 리더십을 강구하고 있는 교회나 운동들에게 중요한 지적을 하고 있다. 이 글은 "어떻게 하면 새로운 리더들을 양성할 수 있는가?"라는 질문에, 앞으로의 목회가 학업 평가를 풍부하게 반영할 경우 갖게 될 잠재력을 현재의 목회 성과와 대조·검토하면서 해답을 제시하고 있다.

훈련을 설계할 때에는 개인의 학습 방식, 개인적 은사 및 소명을 고려해야 한다. 그리고 이론, 실전 적용, 반영과 평가 간의 상호 관련성을 지속적으로 검토해야 한다. 훈련의 성취도는 습득한 정보의 양이 아닌 개인적 형성물을 기준으로 측정해야 한다. 이때 형성물이란 지식과 경험 그리고 지력(智力)을 말한다.

내일의 리더들은 누가 될 것인가? "유명" 교회들이 추천하는 학구적 엘리트들이나, 중년의 위기를 맞아 새로운 길 또는 안정성을 모색하는 사람들에게만 집착해서는 안 된다. 이제 교회와 신학교는 지금까지의 고정된 시선을 거두고, 저변으로부터 그리고 규범적 구조 바깥에서부터 부상하고 있는 잠재적 리더들에게 주의를 기울여야 한다.

최전방 사역의 가치 인정

어떤 조직이든 존폐 위기에 몰릴 때가 있다. 불투명한 장래와 급격한 변화의 물살에 휩쓸려 조직이 휘청거릴 때마다, 의식 있는 리더들은 새로운 분야를 개척하고 새로운 미래를 선도해 나간다. 얼핏 보기에는 그들이 중심지에서 멀리 떨어진 가장자리에서 일하는 듯 보여도, 그 주변부야말로 현실을 뒤바꾸고 타개해 나갈 수 있는 경계 지대이다. 그럼에도 불구하고 많은 이들이 그들을 주시하지 않으며 심지어 외면하기까지 한다.

우리는 이와 관련하여 하나님께서 어떤 사람들을 리더로 세우셨는가를 살펴봐야 한다. 아브라함과 사라는 갈대아에서 온 보잘것없는 부부였다. 열두 형제 중 막내였던 요셉은 형들로부터 무시를 당했다. 모세는 동족 이스라엘을 지도하려 했으나 거부당했다. 다윗의 가족들은, 다윗이 어리다는 이유로 왕위 후보에서 제외시켰다. 예수 그리스도가 사도로 택한 열두 제자들은 거의 정식 교육을 받지 못한 상인들이었다. 그들은 제사장도, 율법학자도, 바리새인도 아니었다.⁵

먼저는 '사람', 다음은 '할 일'

성공한 기업에 관한 연구에서 짐 콜린스(Jim Collins)는, 새로운 사업에 착수할 때 가장 먼저 검토해야 하는 것은 "사람"(Who)이라고 주장한다. "어디로 갈지 결정하기에 앞서, 적합한 사람들을 태우는 것"이 더 중요하다는 것이다. "할 일"(What)을 결정하는 것은 차후의 문제이다. 팀 구성은 리더의 비전만큼이나 중요하다. " '천 명의 사람들이 한 명의 천재에게 의존하는' 단체는 그 천재가 떠나 버리면 실패하게 마련이다."⁶ 다시 말해, 리더의 역량은 적합한 사람들을 선별하여 팀을 구성하고 그들 간의 건강하고 창조적인 관계를 형성하는 데 있다.

콜린스는 또한 문제의 수렁에 빠져 허우적대는 사람들보다는, 그것을 기회로 전환시킬 수 있는 사람들을 택해야 한다고 강조한다. "최악의 상황이라 할지라도, 그것을 위기가 아닌 기회로 보는 인재들을 배치하라." 콜린스는 "좋은 경영진과 위대한 경영진의 차이"를 다음과 같이 설명한다. "위대한 경영진은 최상의 해답을 찾아 열띤 논쟁을 벌이면서도, 결정된 사안에 대해서는 모든 이해 관계를 뛰어넘어 화합할 수 있는 사람들로 구성되어 있다."⁷

선교 관점 제공

선교 관점(Mission Perspective)을 계발하려면, 먼저 교회 자체가 선교의 산물임을 깨달아야 한다. 영적 사명을 품는 것만으로는 충분하지 않다. 교회는 선교의 열매이자 동시에 선교 기관이다. 리더십 훈련은 이제 무리를 보살피는 목자를 넘어서 세상을 향한 사역에 주력해야 한다.

호주의 교회 개척 운동인 FORGE의 리더들은 "진정한 선교적 교회로 발돋움하기 위해서는 교회가 사도적, 예언자적, 복음주의적 양식을 회복해야 한다"고 주장한다.[8] 사도적 교회가 되려면 초대 교회와 같이 복음 전도와 교회 개척에 매진해야 한다. 교회는 "하나님 나라를 건설한다"는 자세로 모든 가능한 선교 방법을 총체적으로 연구해야 하며, 삶의 모든 영역을 포용하고 광범위한 문화적 쟁점들을 다룰 수 있어야 한다. 선교를 단순히 교회의 생존과 번영을 위한 수단으로 여기고, 적당하고 편안하게 규정해서는 안 된다. **선교**(*missio Dei*)는, 하나님께서 이 세상의 모든 교회에게 부여하신 험난하고 도전적인 사명이다.

예수 그리스도는 교회를 향해 그의 우선순위와 자원을 가지고 그의 사명을 이어 나가라고 명하셨고, 이를 위해 교회를 준비시키셨다. 따라서 우리는 예수 그리스도가 솔선하신 바대로, 특정 문화로서 선교를 실천해야 한다. 예수 그리스도는 아래로부터 위로, 상향식 접근 방식을 취하였다. 그 시작은 겨자씨만큼이나 소박했지만, 어떤 불리한 상황에서도 또 거센 반대와 핍박에 직면해서도 지속적으로 재생되고 확장되는 위대한 잠재력을 지니고 있었다. 초대 교회는 번성을 거듭하였다. 예수 그리스도의 제자들은 교회와 함께하시는 성령을 통해 그리스도의 지속적 현존을 체험했으며, 사도들은 복음 전도와 교회 개척을 최우선 과제로 삼았고, 교회는 문화에 종사하며 토착화에 힘썼다. 이것이 바로 그 번성의 비법이다. 그리고 초대 교회의 리더십은 일차적으로 교회로부터 부상하였다.

우리는 철저하고 분별력 있는 문화 분석을 토대로 효과적인 선교 전략을 세워야 한다. 이를 위해서는 내부인과 외부인의 의견 모두를 수렴해야 한다. 내부인은 그 문화 속에서 성장한 만큼 직관적으로 문화적 맥락을 파악할 수 있다. 그리고 외부인이 제공하는 객관적 기준들은 복음을 제한하고 전복, 왜곡시켜 복음의 영향력을 떨어뜨리는 요소들을 식별하는 데 매우 유용하다.

토착적 리더십의 잠재력 인식

《선교를 위한 교회》(*Mission-Shaped Church*)에서, 영국국교회는 성육신에 대해, 사람들과 **함께하는** 것이자 그들을 **있는 그대로** 받아들이는 것이라고 설명한다. 그리고 "문화적 상황에 맞는 이머징 리더들을 발굴하고 훈련시키는 능력이 교회의 성육신화의 결정적인 요소가 될 것이다"라고 강조한다.[9] 다시 말해서, 교회가 사회에 대한 선교적 영향력을 지속적으로 행사할 수 있을 것인가는 이머징 리더의 발굴과 훈련에 달려 있다. 그리고 초문화적 교회를 세우려면 토착적 공동체들이 자기 내부의 리더십을 확인하고 발전시켜 나가야 한다.

이 보고서에 따르면, 영국국교회는 새로운 승인 절차들을 개발하여 개척 교회 및 새로운 형태의 교회 조직에서 사역하고 있는 평신도 리더들을 인정해 주어야 한다. 현재 활동하고 있는 평신도 리더 외에도 앞으로 리더가 될 평신도들의 활동과 은사를 잠정 승인해 주어야 한다. 또한 영국국교회는 판별 과정을 마련하여 현직 목회자들을 정식으로 인정해 주어야 한다. 이미 사역 중인 목회자들은 현장 훈련과 교육을 통해 검증받을 수 있도록 하는 제도가 필요하다. 이 제도는 과거 검증과 훈련이 분리되어, 검증 후에 사역자 훈련을 했던 관습에 대한 대안이 될 것이다.[10]

과거 검증과 훈련이 분리된 정책은 목회자들에게 상황에 맞는 효과적인 훈련을 제공하지 못했다. 대부분은 자신의 목회 상황과는 동떨어진 훈련을 받았다. 훈련을 받은 후에도 그들은 하나님께서 위치 지우신 본래의 사역지에서 아무것도 할 수 없었다. 선교를 위한 교회에서는 이와 같은 과거의 실수를 지적하면서, "실지(實地) 훈련, 멘토링, 견습 방식의 개발"을 권고하였다. "리더가 실제로 사역할 선교 상황과 무관하거나 그와 동떨어진 훈련은 무익하다."[11]

밥 홉킨스(Bob Hopkins)는 눈앞에 놓인 선교적 기회들을 시급히 포착할 수 있는 전형적인 교회 개척 모델을 고안해야 한다고 주장한다. 교회 개척 모델에서는 실질적인 선교 상황 내에서 훈련이 이루어진다. 이와 달리, 현행 리더십 훈련 시스템은 지나치게 엘리트 중심적이며, 속도가 느리고 비용도 많이 든다. 현재 시스템은 리더들을 배출하는 원천으로 기능하기보다 병목 현상만 일으키고 있다. 선교의 기회들을 제때 붙잡으려면, 정체를 야기하는 병목들을 부숴 이머징 리더들에게 더 많은 훈련의 기회를 제공해야 할 것이다.

진정한 선교적 리더십 훈련 시스템을 개발하려면, 신학교와 신학대학, 교회 그리고 선교 기관들이 긴밀히 협력해야 한다. 신학교들은 학술적 교과 과정을 유지하면서, 한편으로는 교회들의 훈련 프로그램에 참여하여 전문 지식을 제공해야 한다. 이를 위해서는, 우선적으로 "자원 기지 교회 모델"(Resource Church Models)을 인정해야 한다.[12] 신학교 교수들은 리소스 교회에 가서 수업을 진행하며 교회 멘토들을 가르쳐야 한다. 이 멘토들은 이론적 학습 내용을 구체적인 선교 상황에 "어떻게 적용할 것인가"를 고민할 줄 아는 사람들이다. 로버트 뱅크스가 제안한 방법들은 고전 신학에 관한 수업들을 위와 같이 시행하는 데 있어 매우 유용하다.[13]

토착적 리더십을 장려하는 과정에서 교회가 염두에 두어야 할 점은, 구체적인 상황에 따라 리더의 역량 평가 기준을 다르게 잡아야 한다는 것이다. 일선에서 일하는 평신도 리더들이 학술 기관의 기대치나 요구 조건에 못 미친다는 이유로, 그들을 도외시해서는 안 된다. 지금까지는 리더의 학문적 자질이나 사회적 규범들을 가지고 리더들을 평가해 왔다. 하지만 아무 관련 없는 기준들을 가지고 현지 리더들의 역량을 평가하는 것은 부당한 처사이다. 이 기준들은 이미 지역 사회의 존경을 받으며 효과적으로 리더십을 실천하고 있는 현지 리더들에게는 적용될 수 없다. 리더십의 잠재력은, 그 잠재력이 인정받을 때 그리고 외부 기독교 교육자들에게 현지 지식을 배울 수 있는 훈련의 기회가 풍부하게 제공될 때 활성화된다. 그리고 현지 지식을 가르치는 강사들에게는 초문화적 감수성과 적정한 학습 평가 기준을 적용할 줄 아는 능력이 필요하다.

지역의 문화적 상황에 맞게 성공적으로 교회를 이끈 선교적 리더인 빌 하이벨스는 다른 목사들에게도 훌륭한 멘토 역할을 하고 있다. 하이벨스는 유용하면서도 타당한 리더십 진단법을 소개하였다. 미션 리더들은 다음 질문들에 답하면서 자신의 소명 의식을 스스로 평가하고 지속적으로 유지하는 데 도움을 얻을 수 있을 것이다.

- 나의 소명은 확실한가?
- 나의 비전은 분명한가?
- 나의 열정은 뜨거운가?
- 나는 은사들을 계발하고 있는가?
- 나는 인격적으로 그리스도를 본받고 있는가?
- 나는 섬기는 자세로 사역에 임하고 있는가? (혹은, 나는 자기를 낮추고 있는가?)
- 나는 두려움을 극복하고 있는가?
- 개인적인 문제들로 리더십을 훼손시키고 있지는 않은가?
- 나는 지금과 같이 사역을 지속할 수 있는가?
- 하나님과 사람들을 향한 나의 사랑은 더욱 강해지고 있는가?[14]

이 질문들은 기존의 교회 제도 바깥에서 활동하고 있는 이머징 리더들에게 특히 유용할 것이다. 현재 그들은 공식적으로 인정을 받지 못하고 있기 때문에, 잘못하면 자신의 잠재력을 과소평가하거나 추진력이 없는 실격자로 판단하기 쉽다. 리더십은 기대치가 오르는 만큼 성장한다. 진 립먼 블루먼은 격려하는 사람들의 역할을 세 가지로 나눠 설명하고 있다. 첫째는 **믿고 맡기는 것**(Entrusting)이다. 우리가 신뢰하는 만큼 그들의 자신감도 증가하고 수행 능력도 향상된다. 그렇다고 믿기만 해서는 안 된다. 신뢰는 반드시 **인정과 지지**(Enabling)로 이어져야 한다. 즉 격려하는 사람들은 성공의 가능성을 극대화할 수 있도록 리더들을 위해 지원을 아끼지 말아야 한다. 이를 위해서는, 리더와 함께 정당한 위험들을 받아들이고 인내할 준비가 되어 있어야 하며, 리더십이 성장하고 발전하려면 충분한 시간이 필요하다는 것을 인정해야 한다. 실제로 립먼 블루먼은 학습 과정에서의 "실패의 유익함"을 강조한다. 마지막으로, 격려하는 사람들은 리더의 그리고 공동체 전체의 성과를 높이 평가해야 한다. 성과는 개인의 리더십과 공동체 전체의 리더십에 **"위엄을 더하며"**(Ennoble) 한 단계 격상시킨다.[15]

상상력 자극

문화 변동기에 교회를 개척한다는 것은 곧 새로운 형태의 교회를 창출한다는 뜻이다. 바꿔 말하면, 기존의 "성공 사례"들을 전면적으로 모방하는 것은 별 의미가 없다. 성공이란 본래 특정 시대와 장소의 산물이다. 앞서 언급했던 《선교를 위한 교회》의 필진들은, "이 시대의 교회 개척은 교회와 복음을 새로운 선교 상황에 참여하도록 하는 것이며, 교회의 새로운 형태는 현지의 선교 상황에 따라 결정되어야 한다"고 주장한다.[16] 그러나 새로운 형태의 교회를 개발한다는 것은 참으로 어려운 문제이다. 기존의 교회 문화 속에서 성장하면서 그에 대해 깊은 애정을 갖고 있는 리더들에게는 특히 더하다. 그들에게는 교회는 이러해야 한다는 고정관념이 자리잡고 있다. 하지만 기존의 방식으로는 사람들에게 그리스도의 복음을 설득력 있게 전달할 수 없을 것이다.

선교적 사고는, 의심 없이 받아들여졌던 기존의 가설들에 의문을 제기하고, 그 너머로까지 사유를 확장시키고 개념을 탐구할 것을 요구한다. 정신 훈련(mind exercise)을 거듭할수록 리더들은 "지성"이 다양한 형태를 취한다는 것을 발견하게 될 것이다. 예를 들어, **상상력**은 지성의 표현 형태 중 하나이지만, **이성**만을 지나치게 강조하는 문화에서는 그것을 경시하는 경향이 있다.

FORGE의 선언문에는 호주의 지역적 상황에 맞게 리더십을 다시 구성하고 훈련한다는, 이 운동의 목적이 명시되어 있다. 이 선언문의 필진들은 "하나님의 백성들의 선교적 상상력이 깨어나 성장하고 발전할 때" 차세대 리더들이 등장하게 될 것이라고 확신한다. 이러한 이유에서 FORGE는 선교적 리더들에게 창의적 사유를 자극하고 활성화시키는 환경, 나아가 선교적 리더들이 자신의 사유의 결과들을 실현하고 받아들일 수 있는 환경을 제공해야 한다고 주장한다. "상상력은 비전과 혁신 그리고 창조성의 토대이다."[17]

이러한 환경 속에서 "예비 리더들은 선교에 참여하고 기독교 공동체를 세울 수 있는, 선구적이고 혁신적인 방법들을 고안하는 데 열중하게 된다."[18] 잠재적 교회 개척자들이 참여하는 FORGE의 프로그램은 선교적 교회론 확립에 관한 세미나로 시작된다. 이 세미나는 2주 동안 진행되며 참가자들은 기간 내내 집중 훈련을 받는다. 선교적 교회에 대한 탐구는 상상력을 촉진시킨다. 세미나가 끝나면, 팀에 소속되어 교회 개척 프로젝트에 참여하게 된다. 그들은 팀원들의 격려와 멘토의 지도를 받으며 프로젝트에 참여하여 자신의 사유를 발전시켜 나간다. FORGE는 잠재적 교회 개척자들에게 기존 모델을 따라 하라는 외부의 기대에 얽매이지 말고, 그들이 활동하고 있는 사역지의 상황에 맞게 선교적 사고를 적용하라고 권유한다. 이러한 권유를 받아들인 교회 개척자들은 단순히 과거의 경험이나 다른 지역의 성공 사례를 모방하여 설계한 비전이 아닌, 문화 특수적 비전을 개발해 나간다. 문화 특수적 비전은 반성적인 상상력과 새로운 형식의 개발에 의해 산출된다.

요엘이 예언하였고 오순절에 되풀이되었던 성령의 은사 중 하나는 바로 "너희 자녀들이 장래 일을 말할 것이며, 너희 늙은이는 꿈을 꾸며, 너희 젊은이는 이상을 볼 것"이라는 것이다(욜 2:28; 행 2:17). 비전가들은 과거에 연연하지 않는다. 대신 그들은 하나님께서 예비하신 새로운 일들을 인식할 줄 안다. 이는 하나님께서 그들에게 그 일들을 보이셨기 때문이다. 꿈이나 비전은 논리적인 사고의 산물이 아니다. 그러므로 우리는 과거에 얽매이지 않는 젊은 비전가들과 새로운 날들을 열망하는 나이 든 몽상가들에게 관심을 기울여야 한다. 이것이 오늘날의 리더에게 적합한 교육이다.

참여에 의한 구성

다시 말하지만, 사역에 대한 준비는 그 자체로서 사역에 대한 참여라는 인식이 필요하다. 만약 선교가 신학의 어머니라면, 신학은 선교지에서나 혹은 지역 사회의 문화에 깊이 관여하고 있는 교회 기관 안에서 가장 잘 발전하게 될 것이다. 이와 같은 관점은 극적인 사유의 전환을 요구한다. 지금까지 교회들은 주로 내부의 이해 관계나 갈등을 반영하는 교회 내부 문제에만 집착해 왔다. FORGE 홈페이지에 마련되어 있는 "교육 철학" 섹션에서는, "선교 상황으로부터 멀리 떨어져 있는 한 사람들은 선교에 대해 배울 수 없다"고 강조한다.

선교를 배우려면, 팀원들과 함께 상상력을 탐구하고 훈련시킬 수 있는 환경, 그로써 집단 지혜와 아이디어를 생성할 수 있는 환경이 필요하다. 이뿐만 아니라 실패로부터 배움을 얻고, 미처 실현하지 못한 기대들에 맞서고, 우연히 발견한 행운의 순간들을 자축할 수 있는 기회들이 제공되어야 한다. 영국 셰필드에 있는 오더 오브 미션(The Order of Mission, TOM)의 훈련 정책과 호주의 FORGE 프로그램이 지적하고 있는 것은, "교육생들을 '위험 지대'나 안전지대 바깥, 즉 배움을 간절히 열망할 수 있는 상황 속에 배치해야 한다"는 것이다. "그곳에서는 교육의 시간이 곧 실천적 필요의 순간"이며,[19] 이로써 신학 교육은 거리나 일터, 사람들이 사회 활동을 하는 모든 장소에서의 실천적 목회와 통합된다.

찰스 핸디는 "교육이란 조용함 속에서 이해되는 경험"이라고 말한다. "과거에는 너무나 쉽게 경험과 이해를 분리시켜 생각했다."[20] 교회 리더들은 교실과 같은 안전한 환경 속에서 교육을 받아 왔다. 보다 정확히 말하자면, 과거 리더들의 학습 환경은 이론적이고 학구적인 두뇌들만이 빛을 발하는 곳이었으며, 따라서 다른 유형의 두뇌들은 위축될 수밖에 없었다. 물론 행동을 통해 배우는 학습 모델은 지적으로 뛰어난 사람들에게 부담이 될 수 있다. 하지만 지적 능력이 언제나 탁월한 사역으로 연결되지는 않기 때문에, 이런 부담은 감수할 필요가 있다.

학습 상황이 도전적일수록, 위험 요소가 많을수록 리더들은 지적으로 그리고 경험적으로 성장한다. 한 가지 유의해야 할 점은, 엄청난 스트레스를 받는 상황에서 사역하고 있는 이머징 리더들에게는 그와 같은 도전적 환경이 숨겨 왔던 인격 문제들을 폭로할 것이라는 점이다. 이 경우에 문제를 모르는 체하거나 덮어 두려 해서는 안 된다. 그러면 나중에 더 심각한 문제가 발생할 수도 있다. 따라서 이머징 리더들은 적합하고 시의적절한 방법으로 문제를 해결해 나가야 한다.

지식과 지혜를 습득하고 이해력 기르기

실천적 성찰 학습 모델에서는, 학생들이 자신이 내린 결정에 대해 책임지고 그 결과에 수긍하도록 지도한다. 우리 능력의 한계, 실수나 기벽(奇癖) 등도 모두 전체적인 학습에 기여한다. 케니스 클로크와 조앤 골드스미스는 다음과 같이 말한다. "우리가 서로에게 공감하고 흥미를 느끼며 적응할 수 있는 것은 사실 우리에게 허물이 있기 때문이며, 우리가 복잡하고 서로 다르기 때문이다. 우리 모두는 실수를 하는, 흠 있는 자들이다. 그것을 알기 때문에 우리는 처치 불가능해 보이는 문제들에 대해서도 해결책을 찾으려고 서로 돕는다. 다시 말해 실수와 결함이야말로 창의성의 거대한 원천인 것이다."[21] 우리는 실수를 거듭하면서 자신의 결함과 허물을 확인했을 때, 기존의 가설과 목표, 계획들을 재검토하게 된다. 즉 실수와 결함 등은 상상력의 원재료를 제공한다.

전통적 교육에서는 지식을 평가하고 잘못된 관점을 바로잡으며 사람들 간의 지식 격차를 메우는 데에만 치중하였지, 삶의 변화에 대해서는 거의 강조하지 않았다. 교육이 학생들의 삶을 변화시키고 있는가? 그들은 교육을 통해 보다 성숙해지고 유능해지는가? 클로크와 골드스미스는 다음과 같이 지적하고 있다.

무언가를 변화시킨다는 것, 그것을 180도 바꾼다는 것은 달라지게 한다거나 향상시키는 것, 바로잡는 것과는 엄연히 다른 것이다. 180도 전환과 변화는 비선형적이고 예측할 수 없으며 불연속적으로 나타난다. 선택하고 헌신하며 깊이 경청하고 어렴풋이 지각하고 순간적으로 간파하는 가운데 변화가 진행된다. 우리는 사물뿐만 아니라 스스로를 특정한 방식으로 규정해 놓고 그것을 진리처럼 받아들인다. 하지만 그런 변화는 일반적으로 받아들여지는 진리와 실제적 현실이 만나는 지점, 즉 기존의 진리와 우리가 생각하는 참된 자신이 만날 때 일어난다.[22]

변화는, 개인들이 새로운 임무를 맡아 팀과 함께 일할 때 일어날 가능성이 가장 높다. 팀워크를 하면서 사람들은 한 차원 높은 이해력과 기술을 습득한다. 이는 혼자서는 좀처럼 이룰 수 없는 일이다. 팀워크에서는 믿을 수 있는 피드백과 경험이 풍부한 사람들로부터 멘토링이나 지도를 받을 수 있다.

새내기 리더들은 선구적 리더나 실천가 밑에서 견습 생활을 하면서 삶의 변화를 배우고 체험한다. 실패 또한 변화의 동인이 될 수 있다. 실패와 좌절을 경험하면서, 사람은 자만을 버리고 자기 과신과 선입견의 틀을 깨고 나와 자유롭게 사고한다. 마지막으로, 변화는 결정적인 터닝포인트라 할 만한 성공의 여운 속에서 일어나기도 한다.

기독교 공동체에게 있어 변화는 특별한 의미를 지닌다. 변화를 체험하면서, 우리는 우리의 이해와 가치를 넘어서는 주님의 역사하심과 그분의 현존을 새롭게 확신하게 된다. 위대한 업적, 도덕의 극적 성장, 은사의 만개(滿開) 그리고 사람들과 공유하는 풍부한 경험 등이 변화의 산물들이다. 변화는 곧 하나님의 은혜다. 은혜를 넘치도록 부으사 기독교 공동체를 축복하시며 감사함으로 하나님을 바라보도록 이끄시는 것이다.

맥스 드 프리는, 일터는 "잠재력이 실현되는 장소"가 되어야 한다고 주장한다.[23] 그렇다면 교회는 더욱 그와 같은 장소가 되어야 한다. 교회는 단순히 사람이 만든 기관이 아니다. 교회는 그리스도의 몸이며, 그 안에서 각 지체는 주어진 위치에서 서로 다른 기능을 한다. 교회가 그리스도의 몸이라 함은, 사람들이 공동체적 관계를 맺고 언약에 헌신하면서 성장하는 곳이라는 의미이다. 즉, 교회는 변화를 일으키는 학습 환경을 창출하는 곳이다. 교회는 일터보다 훨씬 "변화나 반대 의견, 감추어진 잠재력, 참여와 불안정한 사고에 대해 개방적"이다.[24]

드 프리가 말하는 "잠재력이 실현되는 장소"란 도전적인 일들, 다시 말해 힘들고 험난하지만 가치 있는 일들이 일어나는 곳이다. 그곳에서 사람들은 "배우고 성장할 수 있는 기회를 얻는다." 그곳은 또한 쓸모없는 짐을 벗어 던질 수 있는 곳이기도 하다. "그곳에서 사람들은 버림의 의미를 이해한다. 그곳은 신뢰와 배려와 용서를 바탕으로 사람들을 치유하는 곳이다."[25] 그리고 습관의 속박을 부수고 변화의 결정적인 계기를 마련하는 지점에서 배움이 이루어진다.[26] 이로써 사람들은 변화의 잠재력을 확인하고, 이론의 왕국에서 나와 논쟁의 광장으로 발걸음을 옮긴다. 이 광장에서는 집단의 문화를 바꿀 수 있는 새로운 패러다임들을 앞다투어 발표되고 신랄한 의견교환이 이루어진다.

이제 교회 리더십 교육과 훈련에 관한 고정관념을 버리고 사고를 전환하여야 한다. 기계적 모델에 대한 집착을 버리고 유기적인 모델을 추구할 필요가 있다. 훌륭한 정원사는 해박한 전문 지식은 물론, 해당 지역의 토양과 기후에 대한 폭넓은 이해, 본능적이고 비상한 시간 감각을 지녔다. 그는 이 모든 것을 통합적으로 활용하며, 늘 위험 요소들을 감안하여 계획을 세운다. 하나님께서는 새로운 일이라고는 아무것도 하지 않는, 기계와 같은 조직을 원치 않으신다. 하나님께서 설계하시고 선택하사 들어 쓰시는 공동체는 복합적이고 유기적인 조직체이다. 빌 이섬의 표현을 빌리자면, "우주는 태엽이 다 풀리도록 내버려진 거대한 시계가 아니다. 우주는 혼돈 속에서도 번성하고 울창해지는 거대한 정원과 같다."[27]

참여 교회, 선교 기관 그리고 신학교 간의 네트워크 구성

현재 활동하고 있는 이머징 운동 중에는, 리더십 훈련 프로그램을 마련하여 신학교와 성경대학, 교회 그리고 선교기관들을 통합하려는 연합 모임들이 있다. 그들은 오늘날의 선교적 도전들에 대응하려면 다른 단체들과 힘을 합하고 서로를 인정해야 한다는 것을 알고 있다. 혼자의 힘으로는 그 수많은 도전들을 감당할 수 없다.

한 리더십 훈련 프로그램에서는 현직 목회자들을 대상으로 목회학 석사 과정 수준의 교육을 제공하고 있으며, 앞으로 영국 전역으로 확대 운영할 예정이다. 적어도 50여 개의 교회들이 이 수업에 동참하리라 예상되고 있다. 이 프로그램의 교육 장소는 전략적으로 배치되어 있다. 자동차로 한 시간 이상 소요되지 않는 거리에 교육 장소를 마련하여, 시간에 쫓기는 학생들도 교육에 참여할 수 있도록 유도한다. 목회 실전 경험이 있는 사람들이 수업을 진행하고 있으며, 이 프로그램은 이미 정식 승인을 받은 학위 프로그램이다.

내가 소속되어 있는 풀러 신학교에는 다른 학생들과 함께 온라인 상에서 수업을 듣고 석사 학위를 취득할 수 있는 이수 과정이 마련되어 있다. 목회대학원(M. Div.) 과정을 둘로 나눠, 1년간 본 대학원에서 필수 과목들을 이수한 후에 나머지 수업은 온라인에서 진행하거나 집중 강좌 형식으로 대체하는 신학교들이 점점 늘어가는 추세이다. 또한 대도시를 중심으로 일어나고 있는, 도심을 중심으로 이루어지는 목회와 선교를 위한 정식 훈련 센터들의 수도 증가하고 있다. 하지만 어떤 사람들은 인증 제도가 자신들이 지원하고 격려하려는 리더들에게는 문화적으로 맞지 않는다고 말한다.

호주의 "FORGE는 제1세계 국가들을 대상으로 한 선교 훈련을 전문적으로 추진하고 있는 네트워크이다. FORGE의 선교 훈련은 모듈식으로 진행되며, 실천적 성찰 인턴십 훈련 모델에 기반해 있다."[28] FORGE는, 리더십 훈련 기회를 개발하기 위해 신학대학, 교회 그리고 선교 기관들이 제휴하여 구성한 네트워크이다. 이들은 각자 이 사역에 특정한 기여를 하고 있다. 대학은 인증된 교과목을 교회와 선교단체들은 훈련 장소 및 인턴십을 제공한다.

인턴십은 한 학년제로 운영되며, 한 주의 수업 시간은 20시간 정도이다. 1년에 걸친 교육 과정에는 세 단계의 인텐시브 코스가 포함되어 있으며, 각각의 코스는 주 5일간 집중적으로 이루어진다. 첫 번째 코스에서는, 오늘날의 호주의 상황과 그 상황 속에 놓인 선교적 교회의 패러다임에 대해 소개한다. 두 번째 코스에서는 교육생들에게 자신의 내적 삶(영성, 지속성, 제자도)을 탐구하도록 한다. 마지막으로 세 번째 코스에서는 선구적 리더십 계발에 필요한 통찰력과 소양들에 관해 교육한다. 리더십 구성 요소에 관한 훈련을 마지막 단계에서 하는 이유는, 리더십이 경험과 실질적인 잠재력을 필요로 하기 때문이다. 이 세 가지 인텐시브 코스는 열 개의 4시간짜리 대화형 세미나의 일부이다. 각각의 세미나는 학생들에게 적합한 주제를 다루며 한 달 동안 진행된다. FORGE의 리더들은 이 단체에서 제공하는 교육 및 훈련 과정이 전통적 신학교육을 대체한다기보다는, 그것을 보완할 수 있기를 바란다고 조심스럽게 이야기한다.

성공회와 침례교의 전통을 통합적으로 수용한 영국 셰필드의 세인트 토머스 교회에서는 1년짜리 훈련 프로그램을 선보였다. 이 프로그램의 목적은 (1) 성경적 교양을 제공하고, (2) 리더들이 전형적인 영성 훈련을 자기화할 수 있도록 돕고, (3) 개별적으로 멘토링을 해주고, (4) 리더들이 도심과 도시 주변에서 선교 활동을 하면서 사역 경험을 쌓아 가도록 하는 것이다. 이 프로그램 참가자들은 스스로 파트타임 아르바이트를 하여 학비를 마련하고 있다. 상당수의 학생들은 교구민의 집에 머물면서 기본적인 생활비를 절감하고 있는데, 기독교 가정에서의 생활은 훌륭한 멘토링이자 그들의 영적 형성에 도움이 된다.

세인트 토머스 교회는 현재까지 200명이 넘는 학생들을 훈련시켰다. 이 중에는 교회에 남아 헌신하는 이들도 있지만, 외부에서 새로운 신앙공동체를 꾸리거나 지도하고 있는 이들도 있다. 세인트 토머스 교회는 연 2회 교회 개척자 모임을 개최하고 있다. 처음에는 국내 규모의 행사였으나 최근에는 국제적인 회합으로 발전하였다. 모임의 참석자들은 하나님께서 행하신 일들을 송축하고, 현재 그들이 직면하고 있는 구체적인 사안들에 관해 토론하며 해답을 찾는다. 현재 이 교회의 성도 수는 2,000명이 넘으며, 교파를 불문하고 영국 북부 지역에서 가장 큰 교회로 성장하였다. 그러나 세인트 토머스 교회는 북미 식의 대형 교회가 되는 데에는 관심이 없다. 이 교회의 우선적인 바람이자 계획은 제자 네트워크를 창출하는 것이다. 소규모로 구성된 그룹에서 "그리스도의 제자로 살아가는 법"을 배우며 나날이 성장하는 제자 네트워크를 창출하는 것이다.

2003년 4월, 세인트 토머스 교회에 기반을 둔 오더 오브 미션(TOM)은 당시 요크 시의 대주교였던 데이비드 호프(David Hope)에 의해 추진되었다. 그는 선임 방문자(senior visitor)로 TOM을 섬기고 있다. 오더(the Order, 기사단)의 구성원들은 검소(simplicity), 순결(purity), 그리고 책임(accountability)을 서원한다. 또한 그들은 현대적인 방식으로 고대 수도원에서 지켰던 기도 시간의 규율을 준수한다. 하지만 TOM의 구성원들은 수도원과 같은 폐쇄적인 공동체에서 생활하지 않고 일터에 나가 있다. 대다수가 매일 직접 교회에 와서 기도 시간에 참석하지 못한다 해도, 그들은 휴대전화의 문자 메시지를 이용하여 그날의 중보 제목을 주고받는다. 현 단계에서 휴대전화 보급률은 미국보다는 영국이 훨씬 높다. TOM은 신학대학과 연계하여 훈련 프로그램을 확장 운영하고 있으며, 현재 2년 단위 훈련 프로그램이 진행되고 있다.

이들 네트워크는 학술 자원, 선교 장소, 식견과 경험들을 공유하며 서로 협력한다. 대부분은 초교파적으로 활동하며 다양한 기관들과 힘을 합하고 있다. 오늘날의 후기 교파주의 시대에는 이와 같은 제휴 단체들이 계속 늘어날 가능성이 높다.

개인적 코칭과 멘토링

개별적으로 제공되는 코칭과 멘토링은 영성과 전문성 모두를 향상시킨다. 멘토링은 기본적으로 개인이나 소그룹 차원에서 제공된다. 피터 셍게는 멘토가 개개인의 사역 발전에 어떤 도움을 주고 있는지, 그 멘토의 역할에 대해 다음과 같이 설명한다.

- **촉진하는 자** : 사람들이 자신의 은사와 열정을 발견하고, 성격을 이해하고, 자신의 은사를 소명과 사역으로 연결시킬 수 있도록 돕는 자.
- **평가하는 자** : 그 사람의 성과와 평판에 대해 솔직히 조언하는 자, 그 사람에게 맞는 기준과 기대치를 명확히 설명하는 자, 사람들의 자기 평가 및 낙담과 희망의 말을 경청하는 자, 성과와 목표의 관계를 설명하는 자, 개선을 위해 구체적으로 어떻게 해야 하는지 제안하는 자.
- **예측하는 자** : 새롭게 부상하고 있는 경향들과 진전에 관해 이야기해 주고 새로운 기회를 제공하는 자, 앞으로의 방향을 지적해 주며 문화적, 영적 현실을 이해하고 있는 자.
- **조언하는 자** : 그 사람의 은사와 경험, 성과를 바탕으로 가능성을 확인시켜 주는 자, 뛰어넘어야 할 장애물이 무엇인지 이야기해 주고 지지해 주는 자.
- **가능하게 하는 자** : 계획들을 세부적으로 발전시키고, 유용한 연락망을 구성하고, 네트워크를 형성하며, 자원을 발굴하는 자.[29]

교회에서 멘토링은 아직까지는 다소 생소한 개념이다. 대부분의 리더들은 멘티와 멘토의 관계에 대한 이해가 부족하고 경험도 적다.

신약에서 멘토링 관계에 대해 강조하고 있다는 사실을 고려한다면, 이러한 현실은 쉽게 납득하기 어렵다. 신약에서는 예수 그리스도와 열두 제자, 사도 바울과 동행인들(마가 요한, 디모데를 포함한)의 관계가 잘 드러나고 있다. 실제로 신학교가 없던 시절에는 대부분의 리더들이 목회 사역을 준비하기 위해 다른 목사나 학자 밑에서 견습 시절을 보냈다.

현재 우리에게는 자질을 갖춘 멘토가 턱없이 부족하며, 이 때문에 많은 사람들이 고생하고 있다. 따라서 우리는 멘토 훈련을 우선시해야 한다. 훈련과 교육을 맡고 있는 사람들이 나서서 교회를 향해 멘토링 사역의 전략적 중요성을 역설해야 한다. 멘토의 일차적인 기능은 내용을 가르치는 것이 아니라 피드백을 제공하는 것이다. 멘토에게는 뛰어난 경청 능력이 필요하다. 멘토와 견습생(apprentice) 간의 대화는 비판적이기보다 건설적인 방향으로 진행된다. 다시 말해서, 어느 한쪽의 생각을 강요하지 않으며 상대방에게 행동 방침을 제의한다. 멘토링 관계는 신뢰에 기반한 관계이다. 따라서 멘토와 멘티는 서로에게 솔직하며 진실되다. 뿐만 아니라 멘토링은 연배가 높은 리더들이나 성도들에게 있어 중요한 섬김의 기회가 된다. 멘토의 역할을 하면서 그들은 단순히 수동적으로 반응하기보다 배움의 자세를 유지할 수 있다.

이 장에서 나는 신학교 교과 과정에서의 목회 실습과, 신학과 선교의 통합에 대해 강조하였다. 이를 교육 수준의 하향화로 해석해서는 안 된다. 수준 높은 훈련이 제공되어야 함은 물론, 그것을 실제로 활용할 수 있도록 다양한 입장들에 대한 포괄적인 이해가 필요하다. FORGE 프로젝트에 관해 기술한 리더들은 다음과 같이 확언했다.

선교적 리더십 계발에 있어 지성의 성장은 필수적이다. 의미 있는 문화에의 참여가 가능하려면, 우선 그 문화를 이해하고 해석할 수 있어야 한다. 이는 상당한 지적 발달과 역량을 요하는 일이다. 그런데 신학과 목회를 지성적으로 이해하는 방법이 학원 시스템만 있는 것은 아닐 것이다. 우리는 다른 방법이 있을 것이라 생각한다. 우리의 목표는 매사에 배움에 대한 깊은 애정을 품는 것이다.[30]

유산을 남기는 리더들

리더십에 대한 평가에서 가장 중요한 것은, 현재의 성과가 아니라 리더들이 남기고 가는 유산이다. 리더가 떠난 후 그가 이끌었던 운동은 어떠한 모습을 하고 있는가? 단순히 규모만 커졌는가, 아니면 더 건강해졌는가? 미션은 본래의 비전에 충실한가? 그리고 비전은 변화하는 여건에 따라 재고되고 재해석되는가? 새로운 리더들은 창조적인가? 위험 부담을 감수할 준비가 되어 있는가? 운동으로부터 실적을 갖춘 리더들이 나오고 있는가? 그리고 그 리더들은 새로운 운동에 착수하여 자신의 창조성과 능력을 증명하고 있는가? 그들은 과거의 보상과 안정성을 버리고, 하나님께서 명하시는 새로운 비전을 따를 준비가 되어 있는가? 오스 기니스는 리더의 소명 의식이 얼마나 중요한가를 강조하고 있다. 리더에게 있어 하나님께서 주신 소명 의식은 평생에 걸친 사역을 충실히 그리고 효과적으로 지속하기 위해 반드시 필요한 것이다. "소명은 인생에서 유종의 미를 거두는 특전과 그 도전에 중심적인 것이다."[31]

맥스 드 프리는 유산을 남기는 행동을 전략적 계획과 구분하고 있다. "전략적인 계획은 우리가 추구하는 것에 대한 장기적 헌신을 의미한다. 유산은 다른 사람의 마음속에 남아 있는 우리의 행동으로서, 이것은 우리가 되고자 하는 사람 됨됨이에 우리가 얼마나 근접했는지에 대한 기록과도 같다. 내가 보기에 우리가 하려고 계획하는 것은 우리가 후대에 남긴 유산과는 현저하게 다르다."[32]

성경 용어로 말하자면, 이는 성공과 풍성한 열매 맺음의 차이이다. 풍성한 열매와는 달리, 성공은 유산을 보장하지 않는다. "우리가 어떤 일을 성취하는가는 우리의 사람 됨됨이에 달려 있다." 유산은 뿌리가 깊고 매우 영구적이며, 공동체의 삶에서 본질적인 부분을 차지한다. 유산을 남긴다는 것은 단순히 목표를 달성하는 것이 아니다. 유산을 남기려고 노력할 때, 우리는 우리의 인격에 대해 고민하고 기준을 설정하여 그 기준에 맞게 살기 위해 힘쓴다.

요약

차세대 리더십을 발굴하여 증진시키기 위해서는, (1) 장소와 시간에 있어 접근이 용이하고, (2) 교육 과정에서 제공되는 토픽이나 교육 방식이 적절하며, (3) 이론과 목회 실습의 연관성을 증명하고, (4) 젊은 리더들이 감당할 수 있을 만한 조건으로 훈련을 제공해야 한다. 선발 과정을 더욱 혁신적으로 운영하여, 저변에서 활동하는 사람들 가운데 목회 사역에 뛰어난 잠재력을 보이는 사람들을 인정해 주어야 한다. 그들은 배움을 갈망하고 있으며, 가능한 한 좋은 조건에서 최상의 자원들을 가지고 지도받기를 원하고 있다. 스포츠 분야에서처럼, 교회에도 사역 초기에 이머징 리더들을 멘토링하고 훈련시킬

"인재 발굴 담당자"가 필요하다.

유산을 남기는 리더는 많은 사람들의 행동 속에 살아 숨쉰다.[33] 예수 그리스도는 이에 대한 최상의 본보기가 되시며, 2천 년간 지속적으로 성장해 온 교회가 바로 그 증거이다.

각주

Introduction: Where Have All the Leaders Gone?

[1] Warren Bennis, quoted in Kenneth Cloke and Joan Goldsmith, *The Art of Waking People Up* (San Francisco: Jossey-Bass, 2001), p. xi.

[2] See Lyle E. Schaller, *The New Reformation* (Nashville: Abingdon, 1995); and his *Tattered Trust* (Nashville: Abingdon, 1996); George Gallup Jr. and D. Michael Lindsey, *Surveying the Religious Landscape* (Harrisburg, Penn.: Morehouse Press, 2000).

[3] See Wade Clark Roof, *Spiritual Marketplace* (Princeton, N.J.: Princeton University Press, 1999).

[4] For the United States see Gallup and Lindsey, *Surveying the Religious Landscape*, pp. 17-19; for the United Kingdom see Peter Brierley, The *Tide Is Running Out* (London: Christian Research, 2000), pp. 95-96, and *Coming Up Trumps!* (Milton Keynes, Bucks, U.K.: Authentic Media/Christian Research, 2004), p. 39.

[5] Quoted by Warren Bennis, "The Future Has No Shelf Life," in *The Future of Leadership*, ed. Warren Bennis, Gretchen M. Spreitzer and Thomas G. Cummings (San Francisco: Jossey-Bass, 2001), p. 12.

Chapter One: Redefining Leadership

[1] Kenneth Cloke and Joan Goldsmith, *The Art of Waking People Up* (San Francisco: Jossey-Bass, 2001), p. 4.

[2] Ibid.

[3] J. Robert Clinton, *Leadership Emergence Theory* (Pasadena, Calif.: Barnabas, 1989).

[4] James M. Kouzes and Barry Z. Posner, *The Leadership Challenge*, 3rd ed.

(San Francisco: Jossey-Bass, 2002), p. xxiv.

5Steven M. Bernstein and Anthony F. Smith, "The Puzzles of Leadership," in *The Leader of the Future*, ed. Frances Hesselbein, Marshall Goldsmith and Richard Beckhard (San Francisco: Jossey-Bass, 1996), p. 282.

6Robert Banks and Bernice M. Ledbetter, *Reviewing Leadership* (Grand Rapids: Baker, 2004), pp. 16, 17.

7Walter Wright, *Relational Leadership* (Carlisle, U.K.: Paternoster, 2000), p. 2.

8Ibid.

9Shirley Roels, *Moving Beyond Servant Leadership*, Leadership Briefing (Pasadena, Calif.: De Pree Leadership Center, 1999), p. 3.

10Robert K. Greenleaf, *Servant Leadership* (New York: Paulist Press, 1977), p. 45.

11James C. Collins and Jerry I. Porras, *Built to Last* (New York: HarperCollins, 1997), p. 94.

12See Peter M. Senge, "Leading Learning Organizations: The Bold, the Powerful, and the Invisible," in *The Leader of the Future*, ed. Frances Hesselbein, Marshall Goldsmith and Richard Beckhard (San Francisco: Jossey-Bass, 1996), pp. 46-56; and chap. 7 of Bill Hybels, *Courageous Leadership* (Grand Rapids: Zondervan, 2002).

13Jean Lipman-Blumen, *Connective Leadership* (New York: Oxford University Press, 1996), p. 30.

14Ibid.

15Ibid., p. 32.

16Leith Anderson, *Leadership That Works* (Minneapolis: Bethany House, 1999), p. 44.

17Senge, "Leading Learning Organizations," p. 45.

18Warren Bennis, "Leading from the Grass Roots," in *The Leader of the Future*, ed. Frances Hesselbein, Marshall Goldsmith and Richard Beckhard (San Francisco: Jossey-Bass, 1996), p. 24.

19Ibid., p. 6.

20Peter Brierley bears out this observation on the basis of his research. In a personal e-mail he writes, "Your comment that churches making a significant impact among under 35-year-olds needing folk in the 70+ category was proved by our research from the 1998 English Church Attendance Survey in a report we wrote in collaboration with Springboard called Growing Churches in the 1990s. We found exactly what you said—42 percent of churches grew when 25 percent of their attenders were 65+, the highest percentage of any age mix."

21Bill Easum, *Leadership on the OtherSide* (Nashville: Abingdon, 2000), p. 32.

22Charles Handy, "The New Language of Organizing and Its Implications for Leaders," in *The Leader of the Future*, ed. Frances Hesselbein, Marshall Goldsmith and Richard Beckhard (San Francisco: Jossey-Bass, 1996), p. 7.

23George Gallup Jr., "Secularism and Religion: Trends in Contemporary America," *Emerging Trends* 9, no. 10 (1987): 3.

24Frances Hesselbein, *Hesselbein on Leadership* (San Francisco: Jossey-Bass, 2002), pp. 33-34.

25See Robert Lewis, *The Church of Irresistible Influence* (Grand Rapids: Zondervan, 2001).

Chapter Two: Why Leadership Styles Must Change

1Charles Handy, "A World of Fleas and Elephants," in *The Future of Leadership*, ed. Warren Bennis, Gretchen M. Spreitzer and Thomas G. Cummings (San Francisco: Jossey-Bass, 2001), pp. 29-30.

2See Steve Bruce, *Religion in the Modern World* (Oxford: Oxford University Press, 1996).

3See Alister McGrath, *The Twilight of Atheism* (New York: Doubleday, 2004).

4John G. Stackhouse Jr., *Humble Apologetics* (New York: Oxford University Press, 2002), p. 12.

5See Eddie Gibbs, *In Name Only* (Wheaton, Ill.: Victor, 1994).

6Jonathan Rauch, "Let It Be," *Atlantic Monthly* 291, no. 4 (2003): 34. Rauch may just be misinterpreting the response of his friends who resolved not to react in the judgmental manner he anticipated.

7Different authors give slightly different age brackets and labels, e.g., Mike Regele, *Death of the Church* (Grand Rapids: Zondervan, 1995), pp.

113-24; George Barna, *The Second Coming of the Church* (Nashville: Word, 1998), p. 72.

8Charles Handy, *The Age of Paradox* (Boston: Harvard Business School Press, 1994), p. 37.

9Andrew Grove, *Only the Paranoid Survive* (New York: Doubleday, 1996), pp. 3-7.

10See Wade Clark Roof, *Spiritual Marketplace* (Princeton, N.J.: Princeton University Press, 1999), pp. 62-65.

11Robert Webber, *Ancient-Future Evangelism* (Grand Rapids: Baker, 2003).

12Dominic Crossan, *The Dark Interval* (Niles, Ill.: Argus, 1975), p. 44.

13Frances Hesselbein, *Hesselbein on Leadership* (San Francisco: Jossey-Bass, 2002), p. 3.

14Ibid., p. 8.

15Harlan Cleveland, *Nobody in Charge* (San Francisco: Jossey-Bass, 2002), p. 119.

16Ibid., p. 122.

17Ibid.

18Ibid., pp. 119-23.

19Ibid., p. 8.

20Ibid., p. 11.

21Spencer Johnson, *Who Moved My Cheese?* (New York: G. P. Putnam's Sons, 2002), p. 46.

Chapter Three: Leaders Passionate About the Great Commission

1David Bosch, *Transforming Mission* (Maryknoll, N.Y.: Orbis, 1991), p. 57.

2See Donald A. Hagner, *Matthew 1-13*, Word Biblical Commentary (Dallas: Word, 1993), 33a:lxv.

3Ibid., 33a:58.

4Bosch, *Transforming Mission*, p. 58.

5Ibid., p. 74.

6See ibid., p. 64.

7Craig S. Keener, *Matthew*, IVP New Testament Commentary (Downers Grove, Ill.: InterVarsity Press, 1997), 1:399.

8 From the longer ending of Mark that is not found in the oldest manuscripts.
9 David J. Bosch, "The Structure of Mission: An Exposition of Matthew 28:18-20," in *Exploring Church Growth*, ed. Wilbert R. Shenk (Grand Rapids: Eerdmans, 1983), p. 219.
10 Bosch, *Transforming Mission*, p. 57.
11 See Greg Ogden, Transforming Discipleship (Downers Grove, Ill.: InterVarsity Press, 2003), p. 48.
12 See Donald A. McGavran, *The Bridges of God* (London: World Dominion Press, 1955).
13 See Claude E. Paine and Hamilton Beazley, *Reclaiming the Great Commission* (San Francisco: Jossey-Bass, 2000).
14 See Eddie Gibbs, *In Name Only* (Wheaton, Ill.: Victor, 1994).
15 Ogden, *Transforming Discipleship*, p. 43.
16 Eugene H. Peterson, *A Long Obedience in the Same Direction*, 2nd ed. (Downers Grove, Ill.: InterVarsity Press, 1980), p. 17.
17 Hagner, *Matthew 1-13*, 33a:885.
18 Keener, *Matthew*, 1:402.
19 Harry Boer, *Pentecost and Missions* (Grand Rapids: Eerdmans, 1961).
20 Bosch, *Transforming Mission*, p. 75.
21 *Mission-Shaped Church: Church Planting and Fresh Expressions of Church in a Changing Context* (London: Church House, 2004) is the report presented by the working group of the Church of England's Mission and Public Affairs Council to the General Synod 2004.
22 See Lesslie Newbigin, *Foolishness to the Greeks* (Grand Rapids: Eerdmans, 1986).
23 Andrew Walls, "Western Society Presents a Missionary Challenge," in *Missiological Education for the Twenty-First Century*, ed. Dudley J. Woodberry et al. (Maryknoll, N.Y.: Orbis, 1996).
24 *See Mission-Shaped Church: Church Planting and Fresh Expressions of Church in a Changing Context*, p. 20.
25 See ibid., pp. 81-82; and "Empirical Indicators of a 'Missional Church,'" *The Gospel and Our Culture* 10, no. 3 (1998): 5-7.
26 See George Lings and Bob Hopkins, *Mission-Shaped Church: The*

Inside and Outside View, Encounters on the Edge 22 (Sheffield, U.K.: Sheffield Centre, 2004), p. 18.

[27]See *Mission-Shaped Church: Church Planting and Fresh Expressions of Church in a Changing Context*, p. 32.

[28]Lings and Hopkins, *Mission-Shaped Church: The Inside and Outside View*, p. 17.

Chapter Four: What's Different?

[1]Peter Drucker, *Managing in a Time of Great Change* (Oxford: Butterworth-Heinemann, 1995), p. 67.

[2]Jean Lipman-Blumen, *Connective Leadership* (New York: Oxford University Press, 1996), p. 6.

[3]Ibid.

[4]Eddie Gibbs, *ChurchNext* (Downers Grove, Ill.: InterVarsity Press, 2000), p. 32.

[5]Harlan Cleveland, *Nobody in Charge* (San Francisco: Jossey-Bass, 2002), p. 119.

[6]Ibid., pp. 121, 122.

[7]Bill Easum, *Leadership on the OtherSide* (Nashville: Abingdon, 2000), p. 53.

[8]See Mike Regele, *Death of the Church* (Grand Rapids: Zondervan, 1995), pp. 47-52.

[9]See Gerd Theissen, ed., *Social Reality and the Early Christians*, trans. Margaret Kohl (Minneapolis: Fortress Press, 1992).

[10]Wayne Meeks, *The First Urban Christians* (New Haven, Conn.: Yale University Press, 1983), pp. 29-30, 75-77; and Rodney Stark, The Rise of Christianity (San Francisco: HarperSanFrancisco, 1997), pp. 29-33.

[11]Cleveland, *Nobody in Charge*, p. 44.

[12]Gifford Pinchot, "Building Community in the Workplace," in *The Community of the Future*, ed. Frances Hesselbein et al. (San Francisco: Jossey-Bass, 1998), p. 129.

[13]Lipman-Blumen, *Connective Leadership*, p. 10.

[14]We must distinguish between a conservatism that is faithful to the biblical text and one that seeks security in a previous age of the church, a

particular tradition or even a culturally conditioned interpretation of the biblical text. For these reasons I have become increasingly uneasy with the label "conservative." I believe that all Christians who seek to be biblically faithful are radicals who constantly reexamine their beliefs in the light of Scripture.

15See Robert Banks and Bernice M. Ledbetter, *Reviewing Leadership* (Grand Rapids: Baker, 2004), pp. 35-42.

16Thomas Stewart, "Trust Me on This—Organizational Support for Trust in a World Without Hierarchies," in *The Future of Leadership*, ed. Warren Bennis, Gretchen M. Spreitzer and Thomas G. Cummings (San Francisco: Jossey-Bass, 2001), p. 68.

17Ibid.

18Margaret J. Wheatley and Myron Kellner-Rogers, "The Paradox and Promise of Community," in *The Community of the Future*, ed. Frances Hesselbein et al. (San Francisco: Jossey-Bass, 1998), p. 12.

19Ibid., p. 11.

20William Bridges, "Leading the De-Jobbed Organization," in *The Leader of the Future*, ed. Frances Hesselbein, Marshall Goldsmith and Richard Beckhard (San Francisco: Jossey-Bass, 1996), p. 16.

21Ibid., p. 21.

22James M. Kouzes and Barry Z. Posner, *Credibility* (San Francisco: Jossey-Bass, 2003), p. 157.

23Cleveland, *Nobody in Charge*, pp. 36-41.

24Tom Beaudoin, *Virtual Faith* (San Francisco: Jossey-Bass, 1998), p. 57. For further information see Andrew Careaga, *eMinistry* (Grand Rapids: Kregel, 2001).

25Howard Rheingold, "Virtual Communities," in *The Community of the Future*, ed. Frances Hesselbein et al. (San Francisco: Jossey-Bass, 1998), pp. 117-19.

26Ibid., pp. 119-20.

27Ibid., pp. 121-22.

28Easum, *Leadership on the OtherSide*, pp. 100-103.

29Wayne Cordeiro, *Doing Church as a Team* (Honolulu: New Hope, 1998), pp. 163-69.

30Ibid., pp. 74-76.
31Suzanne W. Morse, "Five Building Blocks for Successful Leadership," in *The Community of the Future*, ed. Frances Hesselbein et al. (San Francisco: Jossey-Bass, 1998), p. 234.

Chapter Five: Team Building

1See Patrick M. Lencioni, *The Five Dysfunctions of a Team* (San Francisco: Jossey-Bass, 2002).
2Edgar H. Schein, "Leadership and Organizational Culture," in *The Leader of the Future*, ed. Frances Hesselbein, Marshall Goldsmith and Richard Beckhard (San Francisco: Jossey-Bass, 1996), p. 68.
3Ibid., pp. 67, 68.
4See Eddie Gibbs, *Way to Serve* (Leicester, U.K.: Inter-Varsity Press, 2003), pp. 123-41.
5Schein, "Leadership and Organizational Culture," p. 68.
6Peter Drucker, *Managing in a Time of Great Change* (Oxford: Butterworth-Heinemann, 1995), pp. 86-90.
7See Gibbs, *Way to Serve*, pp. 118-22.
8Max De Pree, *Leading Without Power* (San Francisco: Jossey-Bass, 1997), pp. 29-31.
9See George Cladis, Leading the Team-Based Church (San Francisco: Jossey-Bass, 1999), pp. 4, 92-94.
10Ibid., p. 10.
11Rodney A. Whitacre, *John*, IVP New Testament Commentary (Downers Grove, Ill.: InterVarsity Press, 1999), 4:417-18.
12Cladis, *Leading the Team-Based Church*, p. 10.
13Ibid., p. 11.
14Ibid., pp. 37, 39.
15Ibid., pp. 48, 49.
16Leith Anderson, *Leadership That Works* (Minneapolis: Bethany House, 1999), p. 194.
17Cladis, *Leading the Team-Based Church*, p. 66.
18Jim Collins, *Good to Great* (New York: HarperBusiness, 2001), pp. 74-80.
19Cladis, *Leading the Team-Based Church*, p. 88.

20Ibid.
21Harlan Cleveland, *Nobody in Charge* (San Francisco: Jossey-Bass, 2002), p. 163.
22See Jean Lipman-Blumen, Connective Leadership (New York: Oxford University Press, 1996), p. 23.
23Ibid., p. 17.
24Karl Weick, "Leadership as the Legitimation of Doubt," in *The Future of Leadership*, ed. Warren Bennis, Gretchen M. Spreitzer and Thomas G. Cummings (San Francisco: Jossey-Bass, 2001), p. 96.
25Ibid., p. 95.
26Cladis, *Leading the Team-Based Church*, pp. 14, 15.
27Ibid., p. 15.

Chapter Six: Leadership Traits
1See also 1 Cor 4:16; Phil 3:7; 1 Thess 1:6; 2 Thess 3:7, 9.
2Eddie Gibbs, *Way to Serve* (Leicester, U.K.: Inter-Varsity Press, 2003), pp. 99-102.
3Aubrey Malphurs, *Being Leaders* (Grand Rapids: Baker, 2003), p. 36.
4Os Guinness, *The Call* (Nashville: W Publishing Group, 2003), pp. 70, 78.
5Ibid., p. 93.
6James Emery White, *Embracing the Mysterious God* (Downers Grove, Ill.: InterVarsity Press, 2003), p. 121.
7Guinness, *Call*, p. 139.
8Ibid., p. 185.
9Brian McLaren, *The Church on the Other Side* (Grand Rapids: Zondervan, 1998), p. 111.
10Margaret J. Wheatley and Myron Kellner-Rogers, "The Paradox and Promise of Community," in *The Community of the Future*, ed. Frances Hesselbein et al. (San Francisco: Jossey-Bass, 1998), p. 12.
11Max De Pree, *Leading Without Power* (San Francisco: Jossey-Bass, 1997), p. 139.
12Ibid., p. 146.
13For an elaboration of this point, identifying the six areas of leadership credibility, see Steven M. Bornstein and Anthony F. Smith, "The Puzzles

of Leadership," in *The Leader of the Future*, ed. Frances Hesselbein, Marshall Goldsmith and Richard Beckhard (San Francisco: Jossey-Bass, 1996), p. 284.

14Peter Drucker, *Managing in a Time of Great Change* (Oxford: Butterworth-Heinemann, 1995), p. 6.

15Ibid., p. 7.

16Ibid., pp. 7-8. In the final chapter we will explore some of the practical implications of these insights in regard to the selection and training of future leaders.

17Kenneth Cloke and Joan Goldsmith, *The Art of Waking People Up* (San Francisco: Jossey-Bass, 2001), pp. 182-85.

18Henry Cloud, "Leaders That Grow," interview by Jeff Bailey, *Cutting Edge* 8, no. 1 (2004): 5.

19See James M. Kouzes and Barry Z. Posner, "Seven Lessons for Leading the Voyage of the Future," in *The Leader of the Future*, ed. Frances Hesselbein, Marshall Goldsmith and Richard Beckhard (San Francisco: Jossey-Bass, 1996), p. 107.

20Drucker, *Managing in a Time of Great Change*, p. 8.

21Cloud, "Leaders That Grow," p. 5.

22Cloke and Goldsmith, *Art of Waking People Up*, pp. 163-66.

23Cloud, "Leaders That Grow," p. 5.

24De Pree, *Leading Without Power*, p. 127.

25Ibid., p. 129.

Chapter Seven: Activities of Leadership

1Leighton Ford, *Transforming Leadership* (Downers Grove, Ill.: InterVarsity Press, 1991), pp. 53, 54.

2See Peter Brierley, *Coming Up Trumps!* (Milton Keynes, Bucks, U.K.: Authentic Media/Christian Research, 2004), pp. 83-94.

3Ford, *Transforming Leadership*, p. 104.

4Max De Pree, *Leading Without Power* (San Francisco: Jossey-Bass, 1997), p. 117.

5Ford, *Transforming Leadership*, p. 76.

6Bill Hybels, *Courageous Leadership* (Grand Rapids: Zondervan, 2002), p.

32.
7Charles Swindoll, *Quest for Character* (Portland, Ore.: Multnomah Press, 1987), p. 98.
8Hybels, *Courageous Leadership*, p. 36.
9Brierley, *Coming Up Trumps!*, p. 5.
10Peter Drucker, *Managing in a Time of Great Change* (Oxford: Butterworth-Heinemann, 1995), p. 35.
11Ibid., p. 36.
12See chap. 2 of Malcolm Gladwell, *The Tipping Point* (Boston: Little, Brown, 2000).
13Steve Nicholson, "How to Recruit a Church-Planting Team," *Cutting Edge* 8, no. 1 (2004): 16.
14Gladwell, *Tipping Point*, p. 139.
15Ford, *Transforming Leadership*, pp. 15-16.
16Ibid., p. 81.
17See ibid., chap. 11.
18Drucker, *Managing in a Time of Great Change*, p. 3.
19Ford, *Transforming Leadership*, pp. 254-58.
20Charles Handy, "A World of Fleas and Elephants," in *The Future of Leadership*, ed. Warren Bennis, Gretchen M. Spreitzer and Thomas G. Cummings (San Francisco: Jossey-Bass, 2001), p. 31.

Chapter Eight: Leadership Attitudes
1See Gerard Kelly, *Retrofuture* (Downers Grove, Ill.: InterVarsity Press, 1999).
2Margaret J. Wheatley and Myron Kellner-Rogers, "The Paradox and Promise of Community," in *The Community of the Future*, ed. Frances Hesselbein et al. (San Francisco: Jossey-Bass, 1998), p. 17.
3Evelyn Whitehead and James Whitehead, quoted in Catherine Nerney and Hal Taussig, *Reimaging Life Together in America* (Lanham, Md.: Sheed & Ward, 2002), p. 180.
4Wheatley and Kellner-Rogers, "Paradox and Promise," p. 13.
5Barbara Hateley and Warren H. Schmidt, *A Peacock in the Land of Penguins* (San Francisco: Berett-Keohler, 1995), pp. 5, 76, 77.

6Bill Easum, *Leadership on the OtherSide* (Nashville: Abingdon, 2000), p. 58.
7Ibid., pp. 59-60.
8Leighton Ford, *Transforming Leadership* (Downers Grove, Ill.: InterVarsity Press, 1991), p. 92.
9Harlan Cleveland, *Nobody in Charge* (San Francisco: Jossey-Bass, 2002), p. 8.
10Max De Pree, *Leading Without Power* (San Francisco: Jossey-Bass, 1997), p. 160.
11See ibid., pp. 62-64.
12See George Yancey, *One Body, One Spirit* (Downers Grove, Ill.: InterVarsity Press, 2003).
13Jim Collins, *Good to Great* (New York: HarperBusiness, 2001), p. 39.
14De Pree, *Leading Without Power*, p. 71.

Chapter Nine: Facing the Cost of Leadership

1Mark Lau Branson, *Appreciative Inquiry and Congregational Change* (Herndon, Va.: Alban Institute, 2004).
2J. Oswald Sanders, *Spiritual Leadership* (Chicago: Moody Press, 1967), p. 112.
3See chap. 5 of Leith Anderson, *Leadership That Works* (Minneapolis: Bethany House, 1999).
4James M. Kouzes and Barry Z. Posner, *Credibility* (San Francisco: Jossey-Bass, 2003), p. 93. See also Carl Honore, *In Praise of Slowness* (San Francisco: HarperSanFrancisco, 2004).
5Anderson, *Leadership That Works*, pp. 74-80.
6For more information on Servant Partners see ⟨www.servantpartners.org⟩.
7For more information on the Harambee Center see ⟨www.harambee.org⟩.
8E-mail to the author, December 3, 2004.
9Sanders, *Spiritual Leadership*, p. 104.
10Anderson, *Leadership That Works*, pp. 164-74.

Chapter Ten: Leadership Emergence and Development
1 Warren Bennis, "The Future Has No Shelf Life," in *The Future of Leadership*, ed. Warren Bennis, Gretchen M. Spreitzer and Thomas G. Cummings (San Francisco: Jossey-Bass, 2001), p. 13. See also Peter Drucker, *Managing in a Time of Great Change* (Oxford: Butterworth-Heinemann, 1995), pp. 7, 13, 38, 42.
2 Robert Banks, *Re-envisioning Theological Education* (Grand Rapids: Eerdmans, 1998), p. 139.
3 Ibid., p. 144.
4 *Mission-Shaped Church: Church Planting and Fresh Expressions of Church in a Changing Context* (London: Church House, 2004), p. 147.
5 This does not, however, signify that God bypasses those with social standing and academic training. The apostle Paul is a case in point. See Acts 22:3; Phil 3:4-8.
6 Jim Collins, *Good to Great* (New York: HarperBusiness, 2001), p. 63.
7 Ibid.
8 "Educational Philosophy," FORGE ⟨www.forge.org.au/mambo/content/blogcategory/12/54⟩.
9 *Mission-Shaped Church: Church Planting and Fresh Expressions of Church in a Changing Context*, pp. 12, 135.
10 Ibid., p. 147.
11 Ibid., p. 148.
12 Ibid., p. 130.
13 Banks, *Re-envisioning Theological Education*, pp. 176-81.
14 Bill Hybels, *Courageous Leadership* (Grand Rapids: Zondervan, 2002), chap. 9.
15 Jean Lipman-Blumen, *Connective Leadership* (New York: Oxford University Press, 1996), pp. 21-22.
16 *Mission-Shaped Church: Church Planting and Fresh Expressions of Church in a Changing Context*, p. 21.
17 "Mission Statement" and "Educational Philosophy," FORGE ⟨www.forge.org.au/mambo/content/blogcategory/12/54⟩.
18 "Educational Philosophy," FORGE ⟨www.forge.org.au/mambo/content/blogcategory/12/54⟩.

19 Ibid.

20 Charles Handy, "A World of Fleas and Elephants," in *The Future of Leadership*, ed. Warren Bennis, Gretchen M. Spreitzer and Thomas G. Cummings (San Francisco: Jossey-Bass, 2001), p. 40.

21 Kenneth Cloke and Joan Goldsmith, *The Art of Waking People Up* (San Francisco: Jossey-Bass, 2001), p. 31.

22 Ibid., p. 33.

23 Max De Pree, *Leading Without Power* (San Francisco: Jossey-Bass, 1997), chap. 1.

24 Ibid., pp. 11-12, 14.

25 Ibid., pp. 11-16.

26 See Cloke and Goldsmith, *Art of Waking People Up*, p. 34.

27 Bill Easum, *Leadership on the OtherSide* (Nashville: Abingdon, 2000), p. 20.

28 "Forge Internships," FORGE 〈www.forge.org.au/mambo/content/blogcategory/13/62〉.

29 Adapted from Caela Farren and Beverly L. Kaye, "New Skills for New Leadership Roles," in *The Leader of the Future*, ed. Frances Hesselbein, Marshall Goldsmith and Richard Beckhard (San Francisco: Jossey-Bass, 1996), pp. 179-80.

30 "Educational Philosophy," FORGE 〈www.forge.org.au/mambo/content/blogcategory/12/54〉.

31 Os Guinness, *The Call* (Nashville: W Publishing Group, 2003), p. 227.

32 De Pree, *Leading Without Power*, p. 163.

33 See ibid., pp. 166-77.

참고문헌

Anderson, Leith. *Leadership That Works*. Minneapolis: Bethany House, 1999.
Banks, Robert. *Re-envisioning Theological Education*. Grand Rapids: Eerdmans, 1998.
Banks, Robert, and Bernice M. Ledbetter. *Reviewing Leadership*. Grand Rapids: Baker, 2004.
Barna, George. *The Second Coming of the Church*. Nashville: Word, 1998.
Bennis, Warren, Gretchen M. Spreitzer and Thomas G. Cummings, eds. *The Future of Leadership*. San Francisco: Jossey-Bass, 2001.
Boer, Harry R. *Pentecost and Missions*. Grand Rapids: Eerdmans, 1961.
Branson, Mark Lau. *Appreciative Inquiry and Congregational Change*. Herndon, Va.: Alban Institute, 2004.
Brierley, Peter. *Coming Up Trumps! Four Ways into the Future*. Milton Keynes, Bucks, U.K.: Authentic Media/Christian Research, 2004.
_____. *The Tide Is Running Out*. London: Christian Research, 2000.
Bruce, Steve. *Religion in the Modern World: From Cathedrals to Cults*. Oxford: Oxford University Press, 1996.
Careaga, Andrew. *eMinistry*. Grand Rapids: Kregel, 2001.
Cladis, George. *Leading the Team-Based Church*. San Francisco: Jossey-Bass, 1999.
Cleveland, Harlan. *Nobody in Charge*. San Francisco: Jossey-Bass, 2002.
Clinton, J. Robert. *Leadership Emergence Theory: A Self-Study Manual for Analyzing the Development of a Christian Leader*. Pasadena, Calif.: Barnabas, 1989.
Cloke, Kenneth, and Joan Goldsmith. *The Art of Waking People Up*. San

Francisco: Jossey-Bass, 2001.

Collins, James C., and Jerry I. Porras. *Built to Last.* New York: HarperCollins, 1997.

Collins, Jim. *Good to Great.* New York: HarperBusiness, 2001.

Cordeiro, Wayne. *Doing Church as a Team.* Honolulu: New Hope, 1998.

Crossan, Dominic. *The Dark Interval: Towards a Theology of Story.* Niles, Ill.: Argus, 1975.

De Pree, Max. *Leading Without Power.* San Francisco: Jossey-Bass, 1997.

Drucker, Peter. *Managing in a Time of Great Change.* Oxford: Butterworth-Heinemann, 1995.

Easum, Bill. *Leadership on the OtherSide.* Nashville: Abingdon, 2000.

Ford, Leighton. *Transforming Leadership.* Downers Grove, Ill.: InterVarsity Press, 1991.

Gallup, George, Jr., and D. Michael Lindsey, *Surveying the Religious Landscape.* Harrisburg, Penn.: Morehouse Press, 2000.

Gibbs, Eddie. *ChurchNext.* Downers Grove, Ill.: InterVarsity Press, 2000.

_____ . *In Name Only.* Wheaton, Ill.: Victor, 1994.

_____ . *Way to Serve.* Leicester, U.K.: Inter-Varsity Press, 2003.

Gladwell, Malcolm. *The Tipping Point.* Boston: Little, Brown, 2000.

Greenleaf, Robert K. *Servant Leadership: A Journey into the Nature of Legitimate Power and Greatness.* New York: Paulist Press, 1977.

Grove, Andrew. *Only the Paranoid Survive.* New York: Doubleday, 1996.

Guinness, Os. *The Call.* Nashville: W Publishing Group, 2003.

Hagner, Donald A. *Matthew 1-13.* Word Biblical Commentary 33a. Dallas: Word, 1993.

Handy, Charles. *The Age of Paradox.* Boston: Harvard Business School Press, 1994.

Hateley, Barbara, and Warren H. Schmidt. *A Peacock in the Land of Penguins.* San Francisco: Berett-Keohler, 1995.

Hesselbein, Frances. *Hesselbein on Leadership.* San Francisco: Jossey-Bass, 2002.

Hesselbein, Frances, Marshall Goldsmith and Richard Beckhard, eds. *The Leader of the Future.* San Francisco: Jossey-Bass, 1996.

Hesselbein, Frances, et al., eds. *The Community of the Future.* San

Francisco: Jossey-Bass, 1998.

Honore, Carl. *In Praise of Slowness: How a Worldwide Movement is Challenging the Cult of Speed.* San Francisco: HarperSanFrancisco, 2004.

Hybels, Bill. *Courageous Leadership.* Grand Rapids: Zondervan, 2002.

Johnson, Spencer. *Who Moved My Cheese? An A-mazing Way to Deal with Change in Your Work and in Your Life.* New York: G. P. Putnam's Sons, 2002.

Keener, Craig S. *Matthew.* IVP New Testament Commentary 1. Downers Grove, Ill.: InterVarsity Press, 1997.

Kouzes, James M., and Barry Z. Posner. *Credibility: How Leaders Gain and Lose It, Why People Demand It.* San Francisco: Jossey-Bass, 2003.

_____. *The Leadership Challenge.* 3rd ed. San Francisco: Jossey-Bass, 2002.

Lencioni, Patrick. *The Five Dysfunctions of a Team.* San Francisco: Jossey-Bass, 2002.

Lewis, Robert. *The Church of Irresistible Influence.* Grand Rapids: Zondervan, 2001.

Lings, George, and Bob Hopkins. *Mission-Shaped Church: The Inside and Outside View.* Encounters on the Edge 22. Sheffield, U.K.: Sheffield Centre, 2004.

Lipman-Blumen, Jean. *Connective Leadership.* New York: Oxford University Press, 1996.

Malphurs, Aubrey. *Being Leaders: The Nature of Authentic Christian Leadership.* Grand Rapids: Baker, 2003.

McGavran, Donald A. *The Bridges of God.* London: World Dominion, 1955.

McGrath, Alister. The *Twilight of Atheism.* New York: Doubleday, 2004.

McLaren, Brian D. *The Church on the Other Side.* Grand Rapids: Zondervan, 1998.

Meeks, Wayne A. *The First Urban Christians: The Social World of the Apostle Paul.* New Haven, Conn.: Yale University Press, 1983.

Miller, M. Rex. *The Millennium Matrix.* San Francisco: Jossey-Bass, 2004.

Mission-Shaped Church: Church Planting and Fresh Expressions of Church in a Changing Context. London: Church House, 2004.

Newbigin, Lesslie. *Foolishness to the Greeks: The Gospel in Western Cultures.* Grand Rapids: Eerdmans, 1986.

Ogden, Greg. *Transforming Discipleship.* Downers Grove, Ill.: InterVarsity Press, 2003.

Paine, Claude E., and Hamilton Beazley. *Reclaiming the Great Commission.* San Francisco: Jossey-Bass, 2000.

Peterson, Eugene. *A Long Obedience in the Same Direction: Discipleship in an Instant Society.* 2nd ed. Downers Grove, Ill.: InterVarsity Press, 1980.

Regele, Mike. *Death of the Church.* Grand Rapids: Zondervan, 1995.

Roels, Shirley. *Moving Beyond Servant Leadership.* Leadership Briefing. Pasadena, Calif.: De Pree Leadership Center, 1999.

Roof, Wade Clark. *Spiritual Marketplace.* Princeton, N.J.: Princeton University Press, 1999.

Sanders, J. Oswald. *Spiritual Leadership.* Chicago: Moody Press, 1967.

Schaller, Lyle E. *The New Reformation: Tomorrow Arrived Yesterday.* Nashville: Abingdon, 1995.

_____ . *Tattered Trust: Is There Hope for Your Denomination?* Nashville, Tenn.: Abingdon, 1996.

Schwartz, Peter, *The Art of the Long View: Planning for the Future in an Uncertain World.* Chichester, U.K.: John Wiley and Sons, 1998. First published in the U.S. by Doubleday, 1991, 1996.

Shenk, Wilbert R. *Exploring Church Growth.* Grand Rapids: Eerdmans, 1983.

Stackhouse, John G., Jr. *Humble Apologetics.* New York: Oxford University Press, 2002.

Stark, Rodney. *The Rise of Christianity.* San Francisco: HarperSanFrancisco, 1997.

Swindoll, Charles. *Quest for Character.* Portland, Ore.: Multnomah Press, 1987.

Theissen, Gerd, ed. Translated by Margaret Kohl. *Social Reality and the Early Christians:Theology, Ethics, and the World of the New Testament.* Minneapolis: Fortress Press, 1992.

Webber, Robert. *Ancient-Future Evangelism.* Grand Rapids: Baker, 2003.

Wenham, Gordon J. *Genesis.* Word Biblical Commentary. Dallas: Word, 1987.

Whitacre, Rodney A. *John.* IVP New Testament Commentary 4. Downers

Grove, Ill.: InterVarsity Press, 1999.

White, James Emery. *Embracing the Mysterious God: Loving the God We Don't Understand*. Downers Grove, Ill.: InterVarsity Press, 2003.

Woodberry, Dudley J., et al. *Missiological Education for the Twenty-First Century*. Maryknoll, N.Y.: Orbis, 1996.

Wright, Walter. *Relational Leadership*. Carlisle, U.K.: Paternoster, 2000.

Yancey, George. *One Body, One Spirit: Principles of Successful Multiracial Churches*. Downers Grove, Ill.: InterVarsity Press, 2003.

| 판 권 |
| 소 유 |

넥스트 리더십(Leadership Next)

2010년 10월 20일 인쇄
2010년 10월 25일 발행

지은이 | 에디 깁스
옮긴이 | 이민호
발행인 | 이형규
발행처 | 쿰란출판사

주소 | 서울 종로구 이화동 184-3
TEL | 02-745-1007, 745-1301, 747-1212, 743-1300
영업부 | 02-747-1004, FAX / 02-745-8490
본사평생전화번호 | 0502-756-1004
홈페이지 | http://www.qumran.co.kr
E-mail | qumran@hitel.net
　　　　　qumran@paran.com
한글인터넷주소 | 쿰란, 쿰란출판사

등록 | 제1-670호(1988.2.27)

책임교열 | 김유미 · 김향숙

값 12,000원

ISBN 978-89-5922-948-2 93230

* 이 출판물은 저작권법에 의해 보호를 받는 저작물이므로 무단 복제할 수 없습니다.
  잘못된 책은 교환해 드립니다.